Repetitorium Mikroökonomik

Von
Universitätsprofessor
Dr. Hermann Schnabl
Universität Stuttgart

2., überarbeitete Auflage

R. Oldenbourg Verlag München Wien

Die Deutsche Bibliothek - CIP-Einheitsaufnahme

Schnabl, Hermann:
Repetitorium Mikroökonomik / von Hermann Schnabl. - 2., überarb. Aufl. - München ; Wien : Oldenbourg, 1997
ISBN 3-486-24397-7

Rosenheimer Straße 145, D-81671 München
Telefon: (089) 45051-0, Internet: http://www.oldenbourg.de

Gedruckt auf säure- und chlorfreiem Papier
Gesamtherstellung: R. Oldenbourg Graphische Betriebe GmbH, München

ISBN 3-486-24397-7

Inhaltsverzeichnis

Vorwort 5

Symbol- und Abkürzungsverzeichnis 11

Kapitel 1: Haushaltstheorie - Fragen 13
Kapitel 2: Haushaltstheorie - Rechenaufgaben 65
Kapitel 3: Produktions- und Kostentheorie - Fragen 87
Kapitel 4: Produktions- und Kostentheorie - Rechenaufgaben 139
Kapitel 5: Markttheorie - Fragen 161
Kapitel 6: Markttheorie - Rechenaufgaben 215

Erfahrungsbericht: 3 Jahre Computer-Korrektur 239

Sachregister 245

Anhang 249

Vorwort

Was dieses Buch will - und was es nicht sein kann...

Eigentlich sollte ein Buch wie dieses gar nicht geschrieben werden. Daß es dennoch entstand, ist eine Antwort auf die in den letzten Jahren sich zunehmend verschärfende Lage an den Hochschulen, die in bestimmten Studiengängen, allen voran der Betriebswirtschaftslehre, zu äußerst schwierigen Verhältnissen geführt hat.

Setzt man das Jahr 1975 als Bezugspunkt, für den die Personal- und Sachausstattung der Hochschulen einigermaßen sachgerecht gewesen sein dürfte, so müssen wir heute durchschnittlich einen diesbezüglichen "Auslastungsgrad" von ca. 200% (in einigen Fächern, wie z.B. BWL, auch bis zu 220%) konstatieren. Dies ist ein Sachverhalt, der in keiner Industrie auf Dauer haltbar wäre. Lehrende wie Studierende haben sich notgedrungen auf diese Mißstände "eingerichtet". Die Konsequenz dieser Anpassung ist, ökonomisch formuliert, eine "Warteschlange", d.h. eine Verlängerung der Studienzeiten.

Schlagworte wie "Verkürzung der Studienzeit" machen nun die Runde. Die Universität muß *effizienter* werden! Dagegen ist zunächst - angesichts leerer öffentlicher Kassen - wenig einzuwenden. Man kann auch versuchen, aus der Not auch eine Tugend zu machen. Dies versucht das vorliegende Buch insofern, als es einerseits aus Fairneß-Gründen den Prüfungsmodus für die Mikroökonomik-Klausuren an der Universität Stuttgart offenlegt, andererseits aber *gleichzeitig* versucht, den gängigen Lehrstoff unter anderen Aspekten als im Lehrbuch dargestellt, wiederaufzunehmen und unter neuen Gesichtspunkten abzuhandeln bzw. zu erläutern.

Damit sollten sich auch pädagogische Möglichkeiten eröffnen, ähnlich wie bei einem sog. "programmierten" Lehrstoff. Die hier angebotenen Aufgaben werden diesem Ziel sicherlich nicht in allen Fällen gerecht werden - es muß ja auch "normale" Fragestellungen geben, durch deren Verständnis man dann besser darauf vorbereitet wird, auch in schwierigere Zusammenhänge einzudringen.

Wie die Leserin oder der Leser sicherlich schon festgestellt haben, handelt es sich bei der hier vorzustellenden *Innovation* um Multiple-Choice-Aufgaben, die üblicherweise weder von den Studierenden noch von meinen Kollegen oder Kolleginnen sehr geschätzt werden. Auch stellen MC-Aufgaben nun keineswegs eine besondere Neuheit dar. Wozu also die lange Vorrede ?

MC-Aufgaben haben neben all ihren Nachteilen, die auch mir nicht unbekannt sind, unbestreitbar den Vorteil sich ziemlich rasch korrigieren zu lassen, dies ganz besonders, wenn man - wie wir es in Stuttgart seit ca. 3 Jahren tun - mit Hilfe des Computers und dem Einsatz eines Lesegerätes korrigiert. Erst hierdurch sind wir im Institut bei der Belastung aus Klausurkorrekturen (im Vordiplom allein ca. 1300 Klausuren pro Jahr) überhaupt in der Lage, mit der gegebenen Unterausstattung zu "überleben". Die Rechtfertigung für den Einsatz dieses üblen "Folterinstruments" ist natürlich, daß es *nur* im Grundstudium eingesetzt wird und daß durch die erhebliche Zeitersparnis (Faktor 30 bis 50) die äußerst knappen Personalressourcen auf das Hauptstudium konzentriert werden können, so daß die Ausbildung in diesem Bereich verbessert wird.

Hat man sich einmal zu dieser Entscheidung durchgerungen, so kann man auch versuchen, aus der Not eine Tugend zu machen. Die erreichbaren Tugenden bestehen zum einen darin, daß man den Stoff in Mikroökonomik wesentlich *umfassender* abprüfen, d.h. eine Beschäftigung der Studierenden damit in größerem Maße "erzwingen" kann. Sie bestehen darüberhinaus darin, daß man das Instrument auch als Begleitmaßnahme während des laufenden Semesters einsetzen kann, um die Qualität der Ausbildung durch vermehrte Rückmeldung an die Studierenden über den bereits erreichten (oder fehlenden!) Kenntnisstand zu erhöhen bzw. hierdurch auch eine effektivere Nutzung der Studienzeit zu erreichen.

Eine *dritte* Verbesserung ergibt sich, wie bereits erwähnt, durch die Möglichkeit, in den MC-Aufgaben eine *andere Sichtweise* der Stoffgegenstände anzubieten, quasi mit einem "Seitenradar" Theorie-Zusammenhänge zu etablieren und abzuprüfen, was einigermaßen sicherstellt, daß die Zusammenhänge auch verstanden sind und nicht nur auswendig gelernt und nach 3 Tagen wieder vergessen werden.

Technisch impliziert dies, daß nicht die simple *eins aus fünf* - Methode der MC-Klausuren verwendet wird, bei der man selbst mit zufälligem Ankreuzen noch mit einer relativ hohen Wahrscheinlichkeit bestehen kann, sondern daß bei den Antwortvorgaben jeweils eine, zwei, drei, ja sogar vier (in seltenen Fällen auch alle) Antworten richtig sein können, ohne daß den Studierenden bekannt gegeben wird, *wieviele* Lösungen pro Aufgabe richtig sind. Ein fehlerhaftes Markieren (bzw. Nichtmarkieren) eines einzelnen Antwortfeldes kostet aber pro Fehler die halbe Punktzahl (Negativpunkte gibt es allerdings nicht). Dadurch reduziert sich die Wahrscheinlichkeit pro Aufgabe zufällig richtig anzukreuzen, von 20% auf auf ca. 3%.

Natürlich ist die für MC-Aufgaben nötige ideale Präzision der Fragestellung nicht immer gegeben. Ein integriertes Report-System, das für jede Klausur besonders schlecht (oder besonders gut) gelöste Aufgaben anzeigt, erlaubt jedoch, diese Aufgaben daraufhin unter die Lupe zu nehmen, ob dies eventuell an einer unpräzisen (bzw. zu leichten) Fragestellung liegen könnte. Auch daß die Wortwahl der Aufgabenstellung für manche, insbesondere ausländische, Studierende eine zusätzliche Hürde darstellt, ist ein bekannter Nachteil von MC-Klausuren. Als Kompensation hierfür ist deshalb dieses Buch gedacht, das die Denkweise der Aufgaben unter gleichzeitiger Nutzung pädagogischer Möglichkeiten transparent machen soll ebenso wie es ein Gebot der Fairneß ist, den Prüfungsstoff in seinem Umfang abzugrenzen.

Dies kann andererseits natürlich nicht bedeuten, daß zukünftige Aufgaben für die Stuttgarter Mikro-Klausuren *nur* den hier vorgestellten Aufgaben entstammen. Um derartigen Erwartungen hier schon Einhalt zu gebieten, sei an dieser Stelle gleich eine Warnung für die Betroffenen ausgesprochen: Das Computerprogramm erlaubt auch die *Permutation* der angebotenen Lösungen, die in der Aufgaben-Datenbank auch höher als 5 sein werden, so daß von Mal zu Mal die Klausurstellung nicht nur hinsichtlich der ausgewählten Aufgaben sondern auch der dafür ausgewählten Lösungsangebote variieren wird. Darüberhinaus wird natürlich auch die Aufgaben-Datenbank im Sinne einer Überarbeitung der Fragestellungen gepflegt und natürlich auch über die gegenwärtig vorhandene Anzahl von 210 Aufgaben hinaus erweitert werden.

Dies mag hinreichend Warnung sein, das vorliegende Angebot nicht nur mechanisch zu nutzen, sondern die Erläuterungen so nachzuvollziehen, daß man ein eigenes Verständnis erreicht, denn nur dieses wird garantieren, daß man auch permutierte Aufgaben/Lösungen gut beantworten wird.

Zur Erreichung dieses Zieles dient auch die Art und Weise, wie die Erläuterungen zu den einzelnen Aufgaben gestaltet wurden. Leider kann man niemals ganz verhindern, daß auf *Verständnis* der Zusammenhänge orientiertes Lernen durch *mechanisches Auswendiglernen* ersetzt wird, doch wird dem im Rahmen der Erläuterungen möglichst entgegengewirkt. Dies geschieht dadurch, daß primär der hinter der Aufgabe stehende Theoriezusammenhang erläutert wird, aber nicht genau gesagt wird, *welche* Lösungen richtig sind. Wer den Text aufmerksam liest bzw. durcharbeitet *nachdem* er sich bereits ein hinreichendes Verständnis des Stoffes qua Lehrbuch (!) erarbeitet hat, wird sich schnell sicher werden, welche Lösungen richtig sind. Zweifel oder Unsicherheit sollten regelmäßig ein Hinweis darauf sein, den entsprechenden Fragen in einem Lehrbuch (oder notfalls sogar mehreren (!) Lehrbüchern) der Mikroökonomik nachzugehen und *dort* zu klären. Der Sinn der vorliegenden Fragensammlung ist, die Lehrbuchkenntnisse durch den *querliegenden* Aspekt der Fragestellung zu vertiefen bzw. Kenntnisdefizite *sichtbar* und damit reparierbar zu machen. Mikroökonomik-Lehrbücher gibt es wirklich genug auf dem Markt, so daß ich mir den Verweis auf ein bestimmtes hier ersparen kann. Der Stoff ist zudem so hochgradig standardisiert, daß die Wahl des geeigneten Lehrbuches ohnehin dem Studierenden überlassen bleiben kann und primär wohl eher eine Sache des Geschmacks ist.

Das vorliegende Buch ist also ***keinesfalls Ersatz für ein Lehrbuch*** sondern sollte dies lediglich im Sinne eines ***Repetitoriums*** ergänzen, d.h. das Lehrbuchwissen, das es *voraussetzt,* vertiefen helfen. Zu diesem Zweck mag es auch für Studierende anderer Hochschulen von Interesse sein, um ihr Basiswissen in Mikroökonomik damit zu testen. Vielleicht ist es ja auch für den einen oder anderen Kollegen, der ächzend vor der Last der Korrekturen steht, eine kleine Orientierungshilfe dafür, wie man es auch machen könnte (oder besser lassen sollte !? Interessierte seien auf den etwas ausführlicheren Erfahrungsbericht am Ende des Buches verwiesen).

Nach dieser langen Vorrede was das Buch alles bewirken soll, ist es nun Zeit, auch darauf hinzweisen, was es *nicht* kann oder soll:
Das Buch ist im Rahmen eines *betriebswirtschaftlichen* Studiengangs entstanden und für diesen konzipiert (4 Stunden Mikroökonomik inkl. Übung, BWL techn. orientiert an der Universität Stuttgart). Dementsprechend ist es in bezug auf eine Mikroökonomik für Volkswirte an verschiedenen Stellen zu eng oder zu einfach. Hält man sich diese Beschränkung bewußt vor Augen, kann es aber auch für diese Studierenden zur Überprüfung des Basiswissens nützlich sein.

Wie oben bereits vermerkt, ist dieses Buch *kein* Lehrbuch. "Repetitorium" heißt, daß man etwas damit *wiederholt,* was man schon kennt (und dabei vielleicht vertieft). Studierende, die es als Einstieg mißbrauchen, dürfen sich also nicht wundern, wenn sie damit scheitern. Als Vorbereitung auf die Klausur sollte es deshalb auch nicht erst unmittelbar vor dieser Anwendung finden, sondern am besten *parallel* zum Unterricht. In dieser Form ist es am besten eingesetzt, um auch didaktische Effekte zu produzieren, die dann auch dem Klausurergebnis dienlich sind.

Dieses Buch hätte in der vorliegenden Form nicht entstehen können ohne die Mithilfe anderer, für die ich mich an dieser Stelle herzlich bedanken möchte. Einen größeren Teil der Aufgaben kritisch gelesen und kommentiert haben meine studentischen Hilfskräfte Axel Conzelmann, Axel Düring und Bertram König. Einen größeren Teil des Manuskripts

Herbert Greisberger kritisch gelesen und kommentiert. Schließlich bedanke ich mich bei Herrn Dipl. Volksw. Daniel Köstler für seine kritische Sichtung des gesamten Manuskripts sowie seine wertvollen Kommentare. Nobody is perfect - verbliebene Fehler, Unklarheiten oder sonstige eingebaute Mängel zum Ärgern der Studierenden, gehen natürlich zu meinen Lasten, sie sind allerdings letztlich auch nicht völlig zu vermeiden.

Was natürlich bleibt, ist die Bereitschaft, entdeckte Fehler auszumerzen. In diesem Sinne ist Kritik stets willkommen und der Autor würde sich gemäß der pädgaogischen Funktion, die dieses Buch entfalten möge, letzlich freuen, wenn es Ihnen gelingen sollte, die etwaig noch vorhandenen Fehler zu entdecken.

Hermann Schnabl

Vorwort zur 2. Auflage

Das Repetitorium hat sich erfreulicherweise gut bewährt. Es hat auch in didaktischer Hinsicht einige Erfolge zu verzeichnen. Gerade das Konzept, keine definitive Lösung (wie z.B. Aufgabe 37: A,B) anzugeben, sondern die Studierenden durch den Zwang zum Nachvollzug der Lösung zu eigenem Nachdenken zu bewegen und damit mehr oder weniger mit tieferliegenden Zusammenhängen zu konfrontieren, hat - im Verein mit den Vorteilen eines Durcharbeitens in kleinen Arbeitsgruppen - dazu geführt, daß sich der Kenntnisstand in bezug auf das Fach verbesserte und die mühsam erworbenen Kenntnisse auch länger behalten werden.

Für die nun anstehende 2. Auflage wurden kleinere Fehler ausgemerzt und an einigen wenigen Stellen Formulierungen geglättet oder eindeutiger gemacht.

Hermann Schnabl

Symbol- und Abkürzungsverzeichnis:

A	Ausgaben
a,b,c	reellwertige Konstante
ε	Punkt-Elastizität, durch Indizes näher bestimmt
$\bar{\varepsilon}$	Bogen-Elastizität, durch Indizes näher bestimmt
E	Einkommen
EKK	Abk. f. *E*inkommens-*K*onsum-*K*urve
F	Fixkosten
G	Gewinn
g	Stückgewinn
GRS	Abk. f. *G*renz-*R*ate der *S*ubstitution
GRtS	Abk. f. *G*renz-*R*ate der *t*echnischen *S*ubstitution
GRT	Abk. f. *G*renz-*R*ate der *T*ransformation
K	Gesamtkosten
K'	Grenzkosten
k	Stückkosten (= totale Durchschnittskosten)
k_v	variable Durchschnittskosten
λ	Skalenvariations-Faktor
m	Monopolgrad
MKK	Abk. f. *M*inimal-*K*osten-*K*ombination
p	Güterpreis, ggf. näher bestimmt durch Index
p_c	COURNOT'scher Preis
p	Vektor $(p_1, p_2, \ldots, p_n)$ von Güterpreisen
PAF	Abk. f. *P*reis-*A*bsatz-*F*unktion
PKK	Abk. f. *P*reis-*K*onsum-*K*urve
q	Faktorpreis, ggf. näher bestimmt durch Index
r	Homogenitätsgrad
U	Umsatz
u	Nutzen (v. engl. *u*tility)
v	Faktormenge ggf. näher bestimmt durch Index
x	Gütermenge ggf. näher bestimmt durch Index
y	Angebotsmenge, Produktionsergebnis
y_c	COURNOT'sche Angebotsmenge
y^o	Einheitsproduktions-Menge

Kapitel 1

Haushaltstheorie

- Fragen

Aufgabe Nr. 1

Bei einem knappen Gut

o A: *ist immer mehr vorhanden als gebraucht wird*

o B: *ist ein Zuteilungsverfahren erforderlich*

o C: *ist die Nachfrage größer als das Angebot, wenn das Gut nichts kostet*

o D: *ist stets ein Preis größer Null vorhanden*

o E: *betrifft die Nachfrage stets ein seltenes Gut*

Die Frage zielt auf die Unterscheidung zwischen Knappheit und Seltenheit eines Gutes. Während *Seltenheit* eine geringe absolute Häufigkeit des Gütervorkommens bezeichnet, betrifft der Begriff *Knappheit* die Relation zwischen insgesamt gewünschter und vorhandener bzw. verfügbarer Menge des betreffenden Gutes. Bei einem knappen Gut (Beispiel: Autos, Brot usw.) geht der Bedarf über die verfügbare Menge hinaus. Bei einem sog. *freien* Gut (Beispiel: Luft noch heute, Parkraum noch im Jahre 1950) überwiegt die verfügbare Menge.

Die Nachfrage kann sich selbstverständlich auch auf ein *seltenes Gut* beziehen, dann wird die Seltenheit möglicherweise zum Auslösefaktor der Knappheit (Beispiel: Platin, bzw. "seltene Erden"), *wenn* das betreffende Gut ökonomisch verwertbar ist. Dies muß jedoch keineswegs eintreten: Falls eine seltene Sache nicht begehrt wird, wird sie auch nicht zum knappen Gut (Beispiel: der Fliegenpilz)

Die bei knappen Gütern definitionsgemäß vorhandene Disparität zwischen verfügbarer Menge und Bedarf erfordert irgend einen *Zuteilungs- bzw. Verteilungsmodus*. Die Zuteilung kann *auch* durch einen Marktpreis $p > 0$ geregelt werden (ein Preis $p = 0$ würde seine Zuteilungsfunktion einbüßen). Allerdings ist die naheliegende Ansicht, daß bei knappen Gütern stets ein Preis $p > 0$ vorhanden sein muß, falsch: Zwar reflektiert ein positiver Preis Knappheit, aber neben dem Markt als "Verteilungsmechanismus" existieren auch noch andere (z.B. Kontingentierung), deren Existenz verhindern kann, daß sich ein positiver Preis bildet. Ein positiver Preis ($p > 0$) ist also hinreichend für Knappheit, jedoch nicht notwendig.

Aufgabe Nr. 2

Ein relativ superiores Gut:

o A: hat eine Einkommenselastizität kleiner 0
o B: hat eine Einkommenselastizität kleiner 1
o C: hat eine Einkommenselastizität kleiner -1
o D: hat eine Einkommenselastizität größer oder gleich 1
o E: ist immer auch absolut superior

Man kann eine Grobklassifikation der Güter vornehmen, in solche die bei Einkommenswachstum im Mengenkonsum mitwachsen und solche deren Mengenkonsum bei steigendem Einkommen absolut abnimmt. Die ersteren werden absolut superiore, die zur zweiten Kategorie zählenden Güter absolut inferiore Güter genannt. Die Klasse der absolut superioren Güter läßt sich wieder in relativ inferiore und relativ superiore Güter einteilen, je nachdem ob die konsumierte Menge unterproportional oder überproportional zum Einkommen wächst.

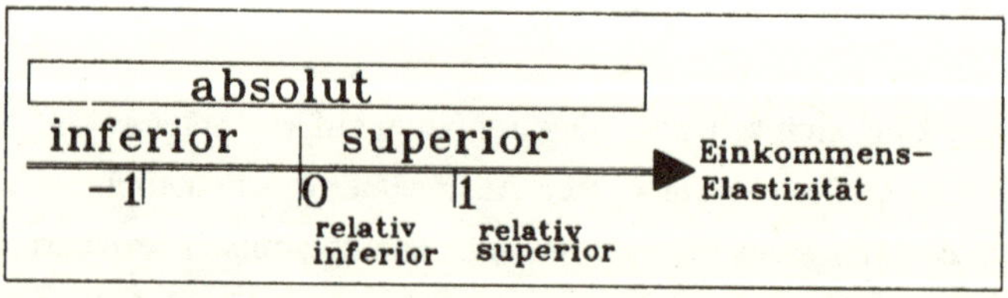

Die Ordnung der Güter nach absolut/relativ bzw. inferior/superior läßt sich noch eleganter nach Maßgabe der ihnen zugeordneten *Einkommenselastizitäten* vornehmen: Güter mit negativen Einkommenselastizitäten sind absolut inferior, Güter mit Einkommenselastizitäten größer null hingegen absolut superior. Der Bereich positiver Einkommenselastizitäten ist weiter unterteilt in das Intervall (ohne Intervallgrenzwerte), das den relativ inferioren Gütern zugeordnet wird, und den Bereich der mit dem Grenzwert 1 beginnend und höher den relativ superioren Gütern zugeordnet ist. Es ist klar, da *relativ superiore* Güter durch eine Einkommenselastizität $\varepsilon_{x,E} \geq 1$ gekennzeichnet sind, daß damit gleichzeitig auch eine Aussage über ihre Zugehörigkeit zur Klasse der *absolut superioren* Güter ausgesagt ist.

Aufgabe Nr. 3

Bei einem (Handels-) PARETO-Optimum

o A: *gelten für alle Tauschpartner die gleichen Preisrelationen*

o B: *sind die zugeteilten Gütermengen für jeden Haushalt gleich*

o C: *kann keiner mehr seine Nutzenlage verbessern ohne daß sich die Lage eines anderen verschlechtert*

o D: *bewirkt eine Umverteilung der Güter noch eine Steigerung des Gesamtnutzens*

o E: *ist durch eine Umverteilung der Güter keine Steigerung des Gesamtnutzens mehr möglich*

Ein PARETO-Optimum der *Güterverteilung* (auch Handels-PARETO-Optimum genannt) liegt dann vor, wenn das Nutzenniveau eines der Beteiligten durch eine Umverteilung der Güter nur dadurch erhöht werden kann, daß es mit einem *Nutzenverlust* eines anderen erkauft wird. Dies bedeutet, daß der *Gesamtnutzen* durch Umverteilung nicht mehr zu steigern ist, bzw. daß das Gesamtnutzen*maximum* erreicht ist. Für zwei Tauschpartner und zwei Güter wird dieser Fall üblicherweise in der sog. EDGEWORTH-Box dargestellt.

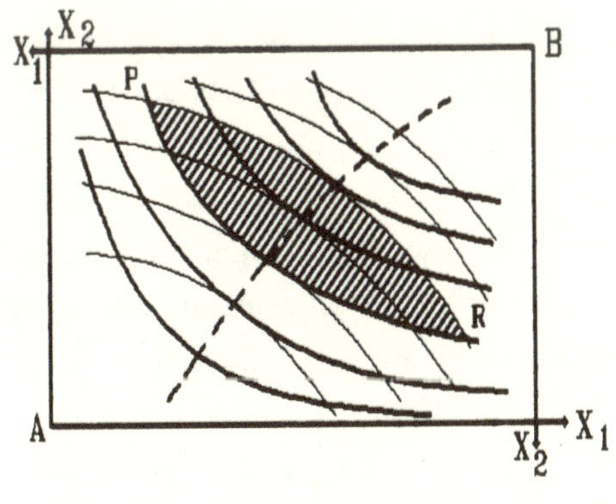

Der geometrische Ort aller *Tangentialpunkte* der beiden Indifferenzkurven-Systeme (= Kontraktkurve, gestrichelt) bildet dabei die Menge aller möglichen PARETO-Optima. Ist einer dieser Punkte einmal erreicht, würde die Besserstellung des einen (bedeutet für ihn eine höhere Indifferenzkurve) automatisch eine Schlechterstellung des anderen (niedrigere Ind.-Kurve für diesen) bedeuten. Die Erreichbarkeit der Kontraktkurve ist jedoch nicht beliebig, sondern durch die Ausgangssituation der Güterverteilung eingeschränkt (schraffierte Linse). Auf der Kontraktkurve ergibt sich automatisch für beide dieselbe Tangentensteigung d.h. Grenzrate der Substitution (GRS) und damit auch für beide die *gleiche Preisrelation*. Da die Präferenzen der Individuen verschieden sind, werden auch die konsumierten Gütermengen für jeden Haushalt differieren.

Aufgabe Nr. 4

Eine schwache Ordnung des Konsumraums ist gekennzeichnet durch:

o A: ausschließliche Gültigkeit der Präferenzrelation "p"
o B: die gleichzeitige Verwendung von "p"- und "i"- Relationen
o C: eine geringe Fähigkeit des Haushalts, Präferenzen zu ordnen
o D: die Möglichkeit einer vollständigen und konsistenten Ordnung des Konsumraums
o E: eine allgemeine Unsicherheit, wie man ein bestimmtes Gut einordnet

Der Konsumraum besteht - als mathematische Repräsentation von Güterkombinationen - im zweidimensionalen Fall aus dem positiven Quadranten des x_1/x_2 Koordinatensystems. Zur Ordnung dieses Konsumraums d.h. zur Festlegung einer Präferenzrelation zwischen zwei beliebig gewählten Güterkombinationen in diesem Konsumraum verwenden wir üblicherweise die Präferenzrelationen *p* (oder $\succ$) und *i* (oder $\sim$). Die Formulierung A *p* B (oder A $\succ$ B) besagt, daß die Güterkombination A gegenüber der Kombination B *präferiert* wird. Wegen des üblicherweise unterstellten *Nichtsättigungsaxioms* gilt daß von zwei Kombinationen, die - gemäß dem Ordnungskriterium der Indifferenzkurven - vom Ursprung *weiter* weggelegene (d.h. auf einer "höheren" Indifferenzkurve gelegene) Kombination präferiert wird. Die Formulierung A *i* B (bzw. A $\sim$ B) hingegen besagt, daß die Kombinationen A und B gleich d.h. *indifferent* eingeschätzt werden. Läßt ein Ordnungssystem *sowohl* die *p*- als auch die *i*-Relation gleichermaßen zu, so heißt sie eine *schwache* Ordnung. Hingegen ist eine Ordnung, die *nur* die Präferenzrelation *p* benützt eine *starke* Ordnung.

Eine schwache Ordnung hat mithin nichts damit zu tun, ob ein einzelner Haushalt seine Präferenzordnung unter Schwierigkeiten aufstellt. Vielmehr geht die Nutzentheorie davon aus, daß es jedem Haushalt gelingt, eine konsistente Präferenzordnung aufzustellen, in der der gesamte Konsumraum (Vollständigkeitsaxiom!) d.h. sämtliche denkbaren Güterkombinationen, die diesen Raum bilden, im Sinne der "schwachen Ordnung" geordnet werden kann.

Aufgabe Nr. 5

Eine Indifferenzkurve ist:

o A: eine sog. Iso-Nutzenkurve

o B: eine zusammenhängende (dichte) Punktemenge im Konsumraum

o C: eine zum Ursprung konvexe Kurve, die keine der Achsen schneiden darf

o D: der geometrische Ort aller Güter-Kombinationen gleicher Präferenz

o E: nicht existent, da der Haushalt nie indifferent ist.

Indifferenzkurven werden in der Mikroökonomik verwendet, um die Gleichschätzung von Güterkombinationen graphisch darzustellen. Sie sind üblicherweise zum Ursprung konvex gekrümmt und als Kurven zusammenhängend, d.h. eine dichte Punktmenge. Bildet man in einem weitergehenden Schritt Präferenzrelationen in bezug auf Güter mit einer Nutzen(index)funktion ab, so kann man eine Indifferenzkurve auch als Iso-Nutzenkurve bezeichnen, weil auf ihr überall der Nutzenindexwert gleich ist (griechisch: *isos*, soviel wie gleich).

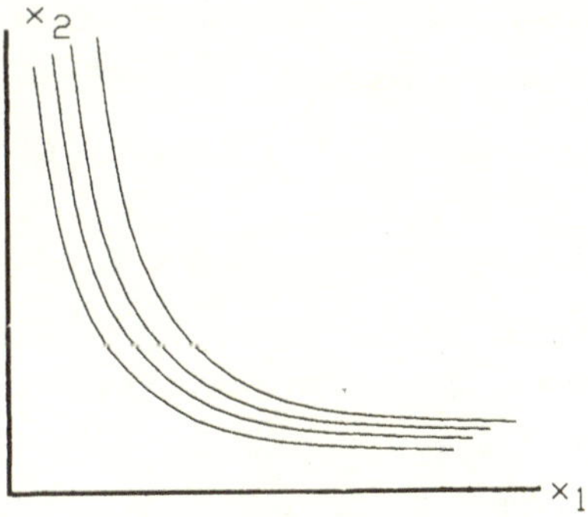

Man kann beweisen, daß Indifferenzkurven sich *untereinander* nicht schneiden (Vgl. Aufgabe 38), wohl aber kann eine Indifferenzkurve eine der beiden Achsen x_1 bzw. x_2 schneiden. Dies bedeutet lediglich, daß der Konsument in diesem speziellen Fall auch bereit ist, mit einem einzigen Gut vorlieb zu nehmen. Die Indifferenzkurve ist ein theoretisches Konstrukt mit dessen Hilfe der Konsumraum vollständig und eindeutig geordnet werden kann. Darüber hinaus ist aber auch im Alltagsleben Indifferenz durchaus zu beobachten und das Konstrukt mithin realitätsnah.

Aufgabe Nr. 6

Das 1. GOSSEN'sche Gesetz

o A: sagt etwas über den Ausgleich der Grenznutzen zweier Güter

o B: besagt eine Abnahme des Grenznutzens bei steigendem Konsum eines Gutes

o C: kennt auch negative Grenznutzenwerte

o D: ist mit dem Äquimarginalprinzip identisch

o E: behauptet, daß der Grenznutzen sich asymptotisch dem Wert Null nähert

Das *erste* und *zweite* GOSSEN'sche Gesetz (HERMANN HEINRICH GOSSEN: Entwicklung der Gesetze des menschlichen Verkehrs und der daraus fließenden Regeln für menschliches Handeln, 1854) stellen einen Meilenstein in der Entwicklung der nationalökonomischen Theorie, insbesondere der Werttheorie, dar. Dabei besagt das *erste* GOSSEN'sche Gesetz etwas über die Variation des Grenznutzens mit steigendem Konsum des betreffenden Gutes: "*Die Größe eines und desselben Genusses nimmt, wenn wir mit der Bereitung des Genusses ununterbrochen fortfahren, fortwährend ab, bis zuletzt Sättigung eintritt.*", während das *zweite* GOSSEN'sche Gesetz eine Voraussage über Grenznutzen*relationen* im Gleichgewicht macht, d.h. Gleichheit des Grenznutzens der letzten Geldeinheit (z.B. Pfennig) postuliert, unabhängig davon, welches von zwei Gütern gekauft wird (= Äquimarginalprinzip, vgl. auch Aufgabe 8) .

Die GOSSEN'schen Gesetze sind Bestandteil der älteren, *kardinalen* Nutzentheorie, die *Meßbarkeit* des Nutzens auf einem sehr hohen, quasi-metrischen Skalenniveau unterstellte. Unter diesem Aspekt wird verständlich, daß das 1. GOSSEN'sche Gesetz nicht nur eine Abnahme des Grenznutzens u' auf den Wert 0 sondern sogar darüber hinausgehend auch auf *negative* Grenznutzenwerte unterstellt (Vgl. Graphik). Demgegenüber ist es ein Kennzeichen der moderneren *ordinalen* Theorie, daß der Grenznutzen nicht ne-

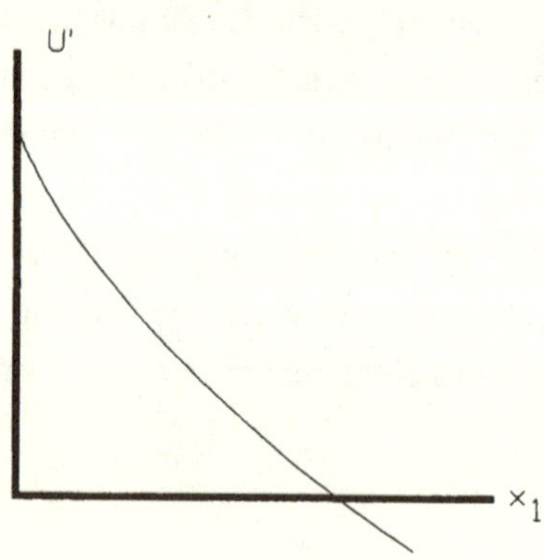

Aufgabe Nr. 7

Damit ein Gut Geldfunktion ausüben kann, muß es

o *A: haltbar sein*
o *B: knapp sein*
o *C: ein Edelmetall sein*
o *D: allgemein akzeptiert sein*
o *E: vom Staat als Geld dekretiert sein*

Geld ist als generalisiertes *Tauschgut* definiert, übt darüber hinaus aber auch die Funktion eines *Rechenmittels*, (quasi als Voraussetung für die Tauschfunktion) und *Wertaufbewahrungsmittels* aus. Im Laufe der Geschichte ist die Geldfunktion im Sinne dieser drei Teilfunktionen von einer Vielzahl von Gegenständen ausgeübt worden, wie z.B. Salz, Muscheln, Edelmetallen wie Gold und Silber oder in moderner Form als Papiergeld. Noch stärker abstrahiert von einer "Substanz" sind die Entwicklungsformen des *Buchgeldes* oder des *Kreditgeldes* z.B. in Form von Kreditkarten (Plastikgeld).

Üblicherweise sind bei verschiedenen Geldformen diese Teilfunktionen unterschiedlich stark ausgeprägt. Damit das Geld seine Funktion als Ganzes hinreichend gut erfüllen kann, müssen sie jedoch jeweils in einem gewissen Mindestumfang realisiert sein. So muß Geld natürlich (physisch) haltbar sein, aber auch knapp. Beide Eigenschaften sind auch eine gewisse Voraussetzung dafür, daß es allgemein akzeptiert ist (hiervon kommt übrigens auch der Name "Geld" nämlich von "gelten"). Weder hinreichend noch notwendig für die Akzeptanz einer bestimmten Geldform, allenfalls förderlich in diesem Sinne ist der Gehalt an Edelmetallen oder eine Dekretierung von Seiten des Staates. So kann z.B. *trotz* staatlicher Dekretierung die Geldfunktion einer bestimmten Geldform obsolet werden, wenn die Wirtschaft das Vertrauen in diese Geldform verliert, umgekehrt muß es keineswegs Edelmetallgehalt besitzen was die funktionierende Papierwährung der Banknoten, die mittlerweile weltweit vorkommt, belegt. Daß auch ein vom Staat nicht dekretiertes "Tauschgut" trotzdem Geldfunktion erlangen kann, zeigen die in der Nachkriegszeit in einem Prozeß der Selbstorganisation etablierten "Zigarettenwährungen".

Aufgabe Nr. 8

Die Aussage des 2. GOSSEN'schen Gesetzes

o A: *ist gleichbedeutend mit dem Äquimarginalprinzip*
o B: *beinhaltet gleiche Geldausgaben für alle Güter*
o C: *beinhaltet gleiche Preise für alle Güter*
o D: *besagt gleichen Nutzenzuwachs durch die letzte Geldeinheit, unabhängig von der Verwendung*
o E: *besagt, daß sich der Haushalt so verhält, daß das Preisverhältnis dem negativen reziproken Verhältnis der Grenznutzen gleich wird.*

Das *zweite* GOSSEN'sche Gesetz (Vgl. auch Aufgabe 6) macht eine Aussage über die *Relation* zwischen Grenznutzen und Preisen, die ein Individuum im Haushaltsgleichgewicht zu zahlen bereit ist, nämlich $u'_1/p_1 = u'_2/p_2$. Oder anders formuliert: Im Haushaltsgleichgewicht sind die mit ihren Preisen *gewogenen* Grenznutzen der Güter gleich. Der einzelne Quotient u'_i/p_i läßt sich mithin auch als *Grenznutzen der Geldeinheit* interpretieren. Originalzitat GOSSEN: "*Der Mensch, dem die Wahl zwischen mehreren Genüssen freisteht, dessen Zeit aber nicht ausreicht, alle vollaus sich zu bereiten,..muß..,um die Summe seines Genusses zum Größten zu bringen, ..., sie alle theilweise bereiten, und zwar in einem solchen Verhältniß, daß die Größe eines jeden Genusses in dem Augenblick, in welchem seine Bereitung abgebrochen wird, bei allen noch die gleiche bleibt.*"

Der Geldgrenznutzen ist also im *Haushaltsgleichgewicht* in allen Verwendungen gleich (= Äquimarginalprinzip). Dies beinhaltet natürlich keineswegs, daß die Ausgaben für die einzelnen Güterkategorien gleich groß sein werden, noch gar daß die Preise für alle Güter gleich sind, denn wie hoch der Grenznutzen pro einzelnem Gut in einer bestimmten Situation ist, hängt unter anderem auch von der Stärke der Wirksamkeit des *ersten* GOSSEN'schen Gesetzes nämlich der Abnahme des Grenznutzens mit zunehmendem Konsum desselben Gutes zusammen. Formt man die obige Formel so um, daß die Grenznutzen auf der einen, und die Preise auf der anderen Seite stehen, so sieht man, daß das Preisverhältnis direkt dem entsprechenden Grenznutzenverhältnis gleich ist. Also gilt $u'_1/u'_2 = p_1/p_2$, während das negative reziproke Grenznutzenverhältnis der GRS (Grenzrate der Substitution) gleicht.

Aufgabe Nr. 9

Die sog. Kontraktkurve der EDGEWORTH-Box zeigt

o A: die Menge der möglichen Tauschgleichgewichtspunkte

o B: die Tauschkombinationen, zu denen schon getauscht wurde

o C: alle Tangentialpunkte der beiden Indifferenzkurvenscharen

o D: die Form einer Indifferenzkurve

o E: den geometrischen Ort aller PARETO-Optima

Die EDGEWORTH-Box ist ein Diagramm, in dem *zwei* Indifferenzkurvensysteme einander gegenüber gestellt werden, so daß bestimmte Indifferenzkurven ein *linsenförmiges* Gebilde darstellen (z.B. zwischen P und R). Durch die Gegenüberstellung der beiden Indifferenzkurvenscharen ergeben sich jedoch nicht nur Schnittpunkte zwischen solchen Kurven, sondern auch *Tangentialpunkte*. Verknüpft man die Tangentialpunkte der beiden Indifferenzkurvenscharen miteinander, so erhält man die sogenannte *Kontraktkurve* (gestrichelt). Alle Punkte auf dieser Kontraktkurve stellen insofern ein Optimum dar, als ein Abweichen von einem einmal erreichten Punkt auf dieser Kurve (weil Tangentialpunkt !) bestenfalls *einen* der beiden Tauschpartner besser stellen würde, dies allerdings auf Kosten des anderen. Der potentiell schlechter gestellte wird deshalb in der Regel nicht mehr zum Tausch bereit sein. Eine derartige, auf der Kontraktkurve liegende Tauschsituation wird PARETO-optimal genannt (nach VILFREDO PARETO, einem Ökonomen der Lausanner Schule). Damit versteht sich von selbst, daß das Erreichen einer Tauschsituation, die einem Punkt der Kontraktkurve entspricht, ein Tausch*gleichgewicht* beinhaltet. Dieser Punkt ist darüberhinaus gekennzeichnet durch die Tatsache, daß beide Tauschpartner bezüglich der getauschten Güter die gleiche Grenzrate der Substitution erreicht haben, woraufhin weitere Tauschanstrengungen entfallen, weil sie zu keiner Verbesserung mehr führen könnten. Tauschpunkte deren Realisierung noch eine Veränderung der Grenzrate der Substitution zur Folge hat, können somit nicht Bestandteil der Kontraktkurve sein.

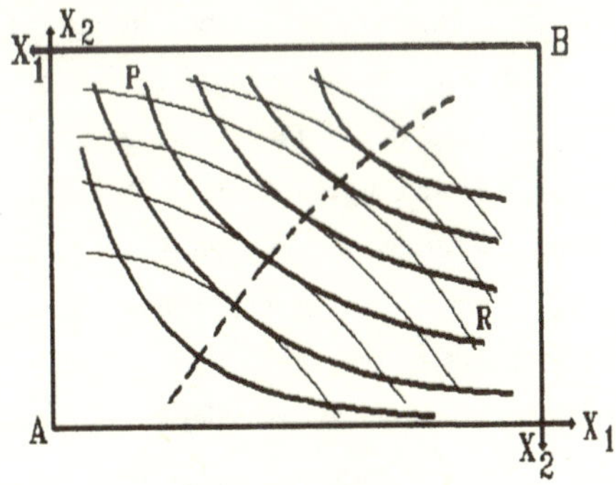

Aufgabe Nr. 10

Die Budgetlinie des Haushalts

o A: verschiebt sich parallel, wenn das Einkommen steigt

o B: dreht sich im Uhrzeigersinn, wenn das Einkommen steigt

o C: ist eine Gerade

o D: ist immer konvex zum Ursprung

o E: dreht sich im Uhrzeigersinn, wenn das Einkommen sinkt

Die sog. Budgetlinie des Haushalts, auch *Budgetgerade* genannt, begrenzt den Raum der Konsummöglichkeiten (im zwei-Güter-Fall gegeben durch eine Gerade, vgl. Graphik) der durch das vorgegebene Einkommen definiert ist. Sie wird analytisch durch die Funktion $E = p_1 x_1 + p_2 x_2$ gegeben. Diese Gerade weist eine negative Steigung auf und verläuft zwischen den Achsenabschnitten E/p_2 und E/p_1. Hieraus folgt logisch, daß eine Steigerung des Einkommens eine parallele Rechtsverschiebung der Geraden, d.h. weg vom Ursprung zur Folge hat. Da die Steigung dieser Geraden durch den Quotienten $-p_1/p_2$ (bzw. dessen reziproken Wert, wenn man sich auf die andere Achse bezieht) darstellbar ist und dieser Quotient bei einer Einkommenssteigerung *konstant* bleibt, ergibt sich somit, daß eine Einkommenssteigerung immer eine *Parallelverschiebung* (und keine Drehung) der Budgetgeraden zur Folge hat. Die Konstanz der Steigung der Budgetgeraden ist mit Konvexität (zum Ursprung) inkompatibel, da diese eine Veränderung der Steigung voraussetzt (vgl. Gesetz der abnehmenden GRS).

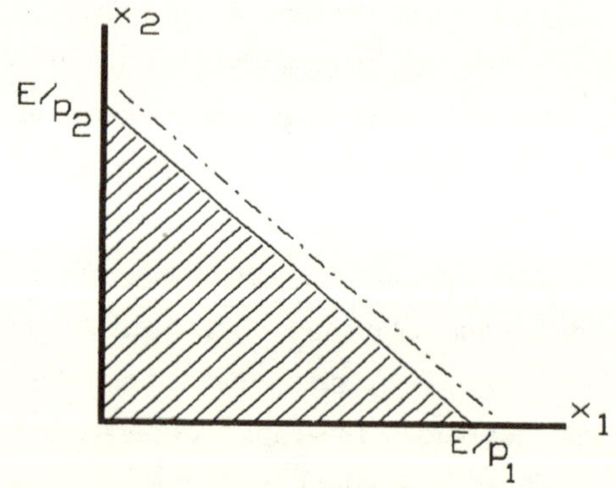

Daß es sich bei der Budgetlinie des Haushalts um eine *Gerade* handelt, ist daran zu ersehen, daß (nach der Umformung $x_2 = E/p_2 - p_1/p_2 \cdot x_1$, unmittelbar zu sehen)

- bei einem $x_1 = 0$ genau E/p_2 Einheiten von x_2 konsumiert werden und
- für jede weitere Einheit x_1 der Mengenkonsum von x_2 um die gleichbleibende Rate p_1/p_2 *abnimmt,* d.h. alle Tangenten entlang der Kurve identische Steigung besitzen. Dies ist eine Eigenschaft von Geraden.

Aufgabe Nr. 11

Im Haushaltsoptimum

o A: *ist die Grenzrate der Substitution (GRS) gleich dem Grenznutzen von* x_1

o B: *ist die GRS gleich der Steigung der Budgetgeraden*

o C: *gilt das Äquimarginalprinzip*

o D: *erreicht der Haushalt den Gipfelpunkt seiner Nutzenfunktion*

o E: *kann auch* $x_1 = 0$ *gelten*

Unter der Voraussetzung, daß der Haushalt Nutzenmaximierung betreibt, nicht gesättigt ist, und darüberhinaus weiter vom Ursprung entfernt liegende Güterkombinationen prinzipiell *höher* einschätzt als näher zum Ursprung liegende, wird er bei dem üblichen, zum Ursprung konvexen Verlauf der Indifferenzkurven jene auswählen, die durch die Begrenzungswirkung der Budgetgeraden (= alle Güterkombinationen, die mit gegebenem Budget käuflich sind) gerade noch erreichbar ist, d.h. die Budgetgerade *tangiert*, sofern der Tangentialpunkt im positiven x_1/x_2 Quadranten liegt. In diesem Fall ist die Steigung der Budgetgeraden gleich der Steigung der Tangente an die Indifferenzkurve. Dies impliziert, daß im Haushaltsoptimum die Grenzrate der Substitution (weil Steigung der Tangente an die Indifferenzkurven) der Steigung der Budgetgeraden gleich ist.

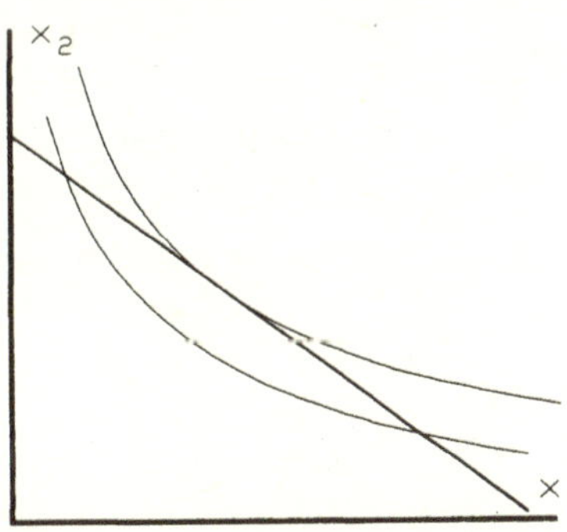

Dieser Sachverhalt ist Gegenstand des sogenannten Äquimarginalprinzips. Dies impliziert, daß die GRS gleich dem *negativen reziproken* Verhältnis u_1'/u_2' der beiden partiellen Grenznutzen ist. Liegt der Tangentialpunkt allerdings *außerhalb* des positiven Quadranten, so kann sich auch ein sogenanntes *Randoptimum* ergeben. In diesem Fall *schneidet* die Indifferenzkurve eine der Achsen, so daß die Verfolgung des Rationalprinzips auch einen derartigen *Schnittpunkt* selektieren kann. Im Falle eines derartigen Randoptimums kann natürlich dann auch $x_1 = 0$ gelten (Vgl. Aufg. 40). Hingegen ist ein Haushaltsoptimum das mit einem - bei ordinalen Nutzenfunktionen *im Unenendlichen* liegenden - Gipfelpunkt der Nutzenfunktion zusammenfällt, wegen des realen, endlichen Konsumraums ausgeschlossen.

Aufgabe Nr. 12

Die Äquimarginalformel lautet:

o A: $u'_1/u'_2 = -p_1/p_2$
o B: $u'_1/u'_2 = p_1/p_2$
o C: $u'_1/u'_2 = p_2/p_1$
o D: $u'_1/p_1 = u'_2/p_2$
o E: $u'_1/p_2 = u'_2/p_1$

In der Äquimarginalformel treffen sich die ältere *kardinale* Nutzentheorie und die modernere *ordinale* Theorie. Das zweite GOSSEN'sche Gesetz formuliert (Vgl. das Zitat in Aufgabe 8) einen *Ausgleich* der mit den jeweiligen Preisen gewogenen Grenznutzen, der sich im Zuge folgender rationaler Überlegungen ergibt:

Würde eine *zusätzliche* Geldeinheit in irgendeiner Verwendung noch einen höheren Grenznutzen stiften als in allen anderen Verwendungen, so könnten wir dadurch den Gesamt-Nutzen noch steigern, hätten also das Nutzen*maximum* noch nicht erreicht.

Im Umkehrschluß folgt daraus, daß der grenznutzenstiftende Wert einer Geldeinheit in allen Verwendungen gleich sein muß, oder anders formuliert: der Quotient aus Grenznutzen und dem Preis der Gütereinheit muß in allen Güterverwendungen identisch sein. Formt man diese Relation um, so erhält man die für das *Äquimarginalprinzip* typische, alternative Form:

$$u'_1/u'_2 = p_1/p_2$$

nach der im Haushaltsoptimum das *Verhältnis der Grenznutzen* zweier Güter dem Preisverhältnis dieser Güter gleich sein muß.

Aufgabe Nr. 13

Ein allgemeines Tauschmittel muß u.a. folgende Eigenschaft(en) besitzen, damit es Geld-Funktion erfüllen kann:

o *A: Knappheit*
o *B: gesetzliche Legitimation*
o *C: Teilbarkeit*
o *D: Edelmetallgehalt*
o *E: Haltbarkeit*

Die wichtigsten *Geldfunktionen* sind ohne Zweifel die Tauschfunktion, die Wertaufbewahrungsfunktion und - verknüpft mit der Tauschfunktion - die Eigenschaft des Geldes, *Recheneinheit* darzustellen.

Wie das lateinische Wort *pecunia* (bedeutet sowohl "Geld" als auch "Vieh") zeigt, hat damals - wohl mehr schlecht als recht - auch Vieh diese Funktion innegehabt. Wie die Geschichte lehrt, haben die verschiedensten Güter im Laufe der Zeit die Funktion eines *generalisierten Tauschgutes* ausgeübt: Salz, Muscheln, Kupfer, Gold (zunächst ungeprägt, später geprägt in Münzform), Silber bis hin zum modernen Papier- oder Buchgeld.

Die allgemeine *Tauschfunktion* kann von einem Gut im Sinne der Geldfunktion nur dann erfüllt werden, wenn es hinreichend *knapp* ist. Die *Wertaufbewahrungsfunktion* hingegen verlangt analog eine hinlängliche *Haltbarkeit*. Für die *Rechenbarkeit* wiederum ist eine Voraussetzung daß Geld einen Rechenmaßstab darstellen kann, der entsprechende *Teilbarkeit* des "Geld-Gutes" voraussetzt. Die Existenz modernen Papiergeldes oder gar des sog. "Plastikgeldes" (Kreditikarten) zeigt, daß weder Edelmetallgehalt noch gesetzliche Legitimation *notwendige* Bedingungen zur Erfüllung der Geldfunktion sind. Wohl aber können diese Eigenschaften das für die allgemeine Akzeptanz notwendige Vertrauen in die Gültigkeit des Geldes günstig beeinflussen.

Aufgabe Nr. 14

Ein absolut superiores Gut hat

o A: stets eine Einkommenselastizität kleiner 0
o B: stets eine Preiselastizität kleiner 0
o C: stets eine Einkommenselastizität größer 0
o D: eine nichtnegative Einkommenselastizität
o E: notwendigerweise eine Einkommenselastizität $\varepsilon_{x,E} \geq 1$

Absolut superiore Güter sind dadurch gekennzeichnet, daß sich ihr Mengenkonsum bei einer Einkommenssteigerung erhöht bzw. bei einer Einkommenssenkung verringert. Bei absolut superioren Gütern sind also Mengenkonsum und Einkommen positiv korreliert. Drückt man dies im Sinne einer Elastizität aus, so ergibt sich daraus, daß die Einkommenselastizität immer positiv d.h. größer 0 sein muß, falls ein absolut superiores Gut vorliegt.

Ein *absolut inferiores* Gut ist hingegen dadurch gekennzeichnet, daß dessen Einkommenselastizität *negativ* bzw. kleiner 0 ist. Bei einer Einkommenselastizität von exakt 0 läge hingegen keine positive Korrelation vor, vielmehr reagiert der Konsum nicht auf eine Einkommensvariation. Zwar ist hier die Einkommenselastität auch nicht negativ, aber wir würden auch nicht von einem absolut superioren Gut sprechen.

Eine Steigerung des Güterkonsums wird *relativ* superior genannt, wenn das Mengenwachstum in bezug auf eine gegebene Einkommenssteigerung zumindest proportional bzw. *überproportional* erfolgt, die Einkommenselastizität also $\varepsilon_{x,E} \geq 1$ ist. Die *relativ superioren* Güter stellen jedoch nur eine Teilmenge der absolut superioren Güter dar.

Absolut superiore Güter werden als die *normalen* Güter des Wirtschaftslebens betrachtet, sie weisen keine Anomalien auf, und haben deswegen "normale", d.h. *negative* Preiselastizitäten. Wie der sog. GIFFEN-Fall zeigt, setzt die dort evt. auftretende positive Preiselastizität *absolute Inferiorität* des GIFFEN-Gutes voraus, kann folglich bei absoluter Superiorität nicht auftreten.

Aufgabe Nr. 15

Die Einkommens-Konsum-Kurve

o *A: ist der geometrische Ort aller Haushalts-Optima für alternative Einkommen*

o *B: ist gleichbedeutend mit der Engelkurve*

o *C: wird im x_1/x_2-Koordinatensystem abgebildet*

o *D: ist immer eine Gerade*

o *E: ist der geometrische Ort aller Tauschpunkte zweier Konsumenten*

Die Einkommens-Konsum-Kurve (EKK) ist definiert als jene Kurve im x_1/x_2 Koordinatensystem, die sich als Verbindung aller Tangentialpunkte, d.h. Haushaltsoptima, für *variierendes* Einkommen ergeben. Hingegen ist eine Engelkurve definiert als jene Kurve in einem x/E Koordinatensystem, die den Mengenkonsum eines bestimmten Gutes in Abhängigkeit von der Einkommenshöhe darstellt (Vgl. Aufgabe 16).

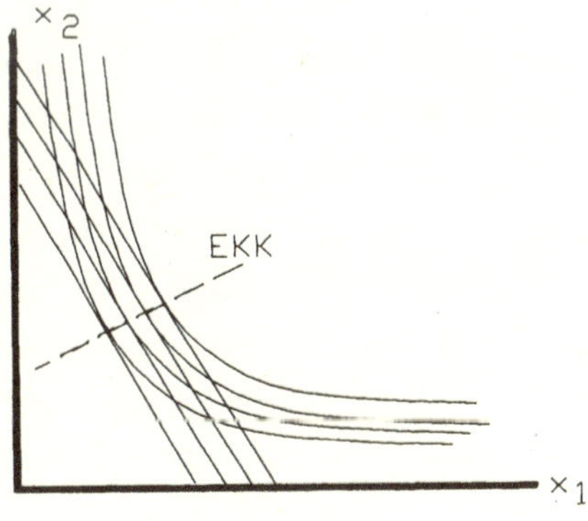

Je nach zugrunde liegendem Funktionstyp der Indifferenzkurve, d.h. der Nutzenfunktion, kann eine Einkommens-Konsum-Kurve eine Gerade sein, muß es jedoch keineswegs. Eine Einkommens-KonsumKurve wird definitionsgemäß nur für einen einzelnen Haushalt aufgestellt, sagt also über Tauschmöglichkeiten mit anderen Konsumenten nichts aus. Dies ist vielmehr Gegenstand der Analyse im Rahmen der *EDGEWORTH-Box* (Vgl. Aufgabe 3 und 9).

Analytisch ergibt sich die Einkommens-Konsum-Kurve, indem man die Äquimarginalformel (Vgl. Aufgabe 12) für *konstante* Preise aufstellt. Da im Haushaltsoptimum gilt: GRS = Steigung der Budgetgeraden (= $-p_1/p_2$), beinhaltet dies *konstante* Steigung und mithin *Parallelverschiebung* der Budgetgeraden, bei steigendem Einkommen weg vom Ursprung.

Aufgabe Nr. 16

Die Engelkurve zeigt

o A: den Zusammenhang von x_1 und x_2 bei variierendem Einkommen
o B: den Zusammenhang zwischen Einkommenshöhe und Mengenkonsum eines Gutes
o C: den Zusammenhang zwischen Einkommen und Ausgaben für ein Gut
o D: ein Initialeinkommen > 0 falls es sich um kein existenznotwendiges Gut handelt
o E: stets die Form einer Geraden

Eine Engelkurve, benannt nach dem Statistiker ERNST ENGEL, der im 19. Jahrhundert Familienbudgets untersuchte, stellt den Zusammenhang zwischen dem Mengenkonsum *x* eines Gutes und alternativen Einkommenshöhen *E* des betreffenden Haushaltes her. Es gibt theoretische, d.h. aus der Nutzenfunktion *ableitbare* Engelkurven und *statistische* d.h. empirisch erhobene Engelkurven (s. nebenstehende Graphik). Engelkurven weisen üblicherweise d.h. für sog. "normale Güter" - zumindest in gewissen Einkommensintervallen - eine positive Steigung auf (durchgezogener Kurvenast E_i-Q).

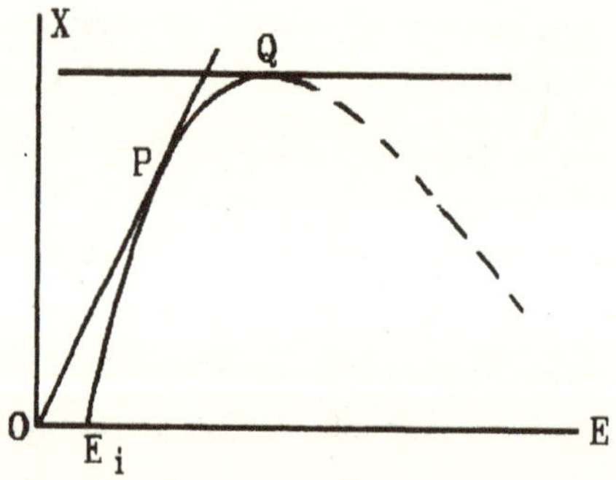

Das Einkommen, bei dem ein Gut zum ersten Mal in der Konsumliste eines Haushaltes auftaucht, nennt man Initialeinkommen (E_i). Dieses liegt in der Regel bei höheren Einkommen ($E_i > 0$), falls es sich um kein *existenznotwendiges Gut* handelt, während ein typisches existenznotwendiges Gut dadurch gekennzeichnet ist, daß es auch bei einem Einkommen E = 0 konsumiert wird. Dort wo die Engelkurve eine Ursprungstangente besitzt (in P) herrscht eine Einkommenselastizität von $\varepsilon_{x,E} = 1$, die mit steigendem *E* sinkt, bis sie in *Q* den Wert $\varepsilon_{x,E} = 0$ erreicht (Horizontaltangente).

Sowohl aus Nutzenfunktionen abgeleitete, wie auch empirisch erhobenen Engelkurven können *nichtlinear* sein. Der Zusammenhang zwischen x_1 und x_2 bei alternativen Einkommenshöhen wird hingegen Einkommens-Konsum-Kurve (EKK) genannt.

Aufgabe Nr. 17

Das Engel'sche Gesetz besagt

o A: eine Zunahme der Nahrungsmittelausgaben für sinkendes Einkommen
o B: eine Abnahme der Nahrungsmittelausgaben für steigendes Einkommen
o C: eine Abnahme des Nahrungsausgabenanteils für steigendes Einkommen
o D: daß die Grenzausgabe für Nahrung größer als die Durchschnittsausgabe ist
o E: daß Nahrungsmittel relativ inferiore Güter sind

Das von dem Statistiker ERNST ENGEL entdeckte und nach ihm benannte Gesetz besagt, daß der *Anteil* der Nahrungsmittelausgaben am Einkommen mit steigendem Einkommen *sinkt*. Dies ist - wie man einer einfachen Umformung entnehmen kann - gleichbedeutend mit der Tatsache, daß (Preiskonstanz vorausgesetzt) die Einkommenselastizität für Nahrungsmittel kleiner 1 ist.

Der Nahrungsmittelausgaben*anteil* als Durchschnittsgröße kann jedoch nur *sinken*, wenn die Grenzgröße hierzu, nämlich die Grenzausgabe für Nahrungsmittel, kleiner als die Anteilsgröße ist, also:

$$A_N/E > dA_N/dE$$

oder umgeformt:

$$\varepsilon_{A,E} = dA_N/dE : (A_N/E) < 1$$

Da Güter deren Einkommenselastizität $\varepsilon_{x,E}$ zwischen 0 und 1 liegt, als *relativ inferiore* Güter bezeichnet werden, fallen Nahrungsmittel offenkundig in diese Kategorie.

Aufgabe Nr. 18

Die Preiserhöhung eines Gutes

o A: hat stets einen negativen Substitutionseffekt zur Folge

o B: hat manchmal einen positiven Substitutionseffekt zur Folge

o C: hat manchmal einen positiven Einkommenseffekt zur Folge

o D: hat stets einen positiven Einkommenseffekt zur Folge

o E: bewirkt stets eine anomale Reaktion, wenn das Gut absolut inferior ist

Die "normale" Nachfragereaktion auf die Preiserhöhung eines Gutes ist ein Rückgang des Mengenkonsums dieses Gutes. Dieser *Gesamteffekt* läßt sich in die beiden Teileffekte *Substitutionseffekt* und *Einkommenseffekt* zerlegen. Steigt der Preis (in der Graphik: p_2), so wird der Ordinatenabschnitt - gemessen durch E/p_2 - verkürzt, was eine Drehung der Budgetgeraden bezüglich der x_2-Achse in Richtung Ursprung zur Folge hat. Verschieben wir diese *neue* Budgetgerade parallel bis zur Ausgangsindifferenzkurve, (gestrichelte Gerade in P^1), so ergibt der Vergleich des Ausgangspunkts P^o mit diesem neuen synthetischen Vergleichspunkt P^1, daß die Menge des im Preis gesteigerten Gutes ab- und die des anderen Gutes zugenommen hat. Der Substitutionseffekt war mithin "negativ" in dem Sinn, daß eine Steigerung des Preises p_2 einen Rückgang der Menge (x_2, Abwärtspfeil links) zur Folge hat. Dieser synthetisch ableitbare, sog. Substitutionseffekt ist wegen der überall negativ geneigten Indifferenzkurven ($dx_2/dx_1 < 0$) also stets negativ. Der sog. *Einkommenseffekt* hängt in *Richtung und Stärke* hingegen davon ab, um welche Güterkategorie es geht. Die faktische (Real-)Einkommens*senkung* bewirkt bei absolut inferioren Gütern einen positiven, bei absolut superioren (=normalen) Gütern aber einen negativen Einkommenseffekt. Eine anomale Preisreaktion (= Nachfragesteigerung bei einer Preissteigerung) setzt mithin ein absolut inferiores Gut voraus, verlangt jedoch *zusätzlich*, daß der positive Einkommenseffekt den negativen Substitutionseffekt überkompensiert. Dies geschieht nur in Ausnahmefällen (Vgl. Aufgabe 36).

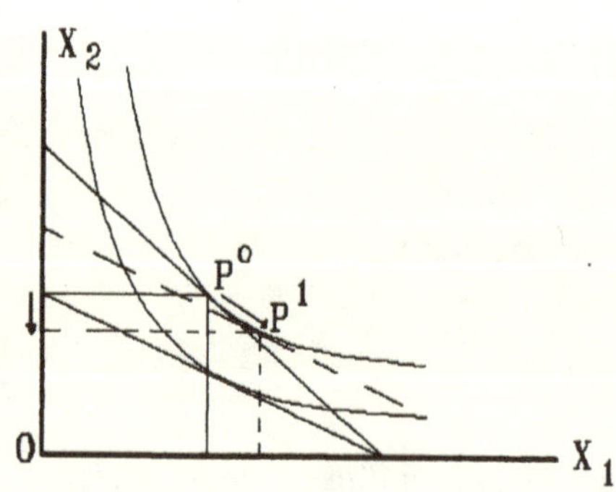

Aufgabe Nr. 19

Die sog. Preis-Konsum-Kurve

o A: ist nur eine andere Bezeichnung für die Nachfragekurve

o B: ist der geometr. Ort aller Haushaltsoptima bei variierender Preisrelation

o C: wird im p/x-Koordinaten-System abgebildet

o D: wird im x_1/x_2-Koordinaten-System abgebildet

o E: ist immer eine gekrümmte Kurve

Die sog. Preis-Konsum-Kurve (PKK_i in Abhängigkeit vom variierten Preis p_i) ist die Kurve aller Haushaltsoptima bzw. aller Güterkombinationen, die Haushaltsoptima darstellen, unter der Bedingung daß *ein* Preis (In der Graphik: p_1) konstant gehalten wurde, während der andere Preis (hier p_2) *variiert* wird. Sie wird mithin in einem x_1/x_2-Koordinatensystem abgebildet und besteht aus allen Tangentialpunkten zwischen dem Indifferenzkurvensystem und der sich um den Punkt E/p_1 drehenden Budgetgeraden).

Nachfragekurven stellen hingegen den Mengenkonsum *x* eines Gutes in Abhängigkeit von dessen Preis *p* dar und werden mithin in einem p/x-Koordinatensystem abgebildet.

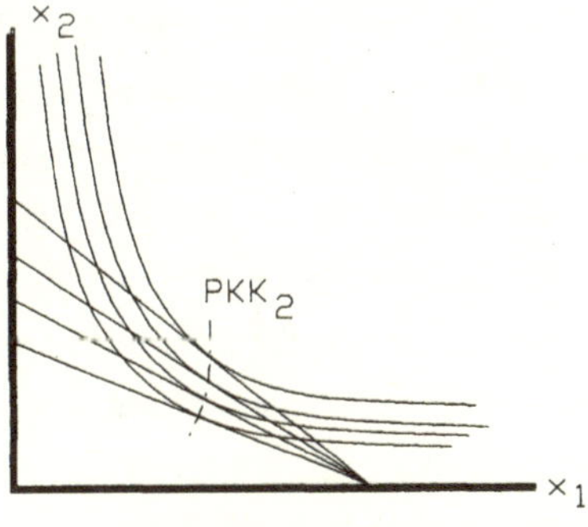

Die Form der Preis-Konsum-Kurve für eine bestimmte Preisänderung hängt von der Form der Indifferenzkurve und damit von der Nutzenfunktion ab. Sie kann in bestimmten Fällen eine Gerade sein, aber ebenso durch eine nichtlineare Kurve gebildet werden.

Aufgabe Nr. 20

Ein Student behauptet nach einigen Umformungen der Elastizitätsformel, die direkte Preiselastizität der Nachfrage ergebe sich auch nach der Formel:

p/(p-Prohibitivpreis)

o A: Er hat generell recht

o B: Er hat sich total verrechnet

o C: Er hat recht, wenn die Nachfragekurve linear und negativ geneigt ist

o D: Er hat vergessen, den Differentialquotionen dx/dp zu berücksichtigen

o E: Er hat übersehen, daß man auch die Menge x berücksichtigen muß

Die Elastizitätsformel $\varepsilon_{x,p} = dx/dp \cdot (p/x)$ kann vereinfacht durch die verallgemeinerte Formel:

$$\varepsilon_{W,U} = \frac{\text{Wirkungsabschnitt}}{\text{Ursachenabschnitt}}$$

abgeschätzt werden (Vgl. Aufgabe 23). Im vorliegenden Falle ist die *Wirkungsachse* die x-Achse während die *Ursachenachse* mit der Preisachse zusammenfällt. Bezeichnen wir den in Frage stehenden Punkt auf der Nachfragekurve HS mit Q, so ergäbe sich die Nachfrageelastizität $\varepsilon_{x,p}$ im Punkte Q aus dem Quotienten der Strecken SQ und QH, also SQ/QH. Nach dem Ähnlichkeitssatz der Geometrie ist aber SQ/QH = OP/PH. Da nun OP gleich dem Preis p, OH gleich dem Prohibitivpreis und PH mithin gleich der (negativen) Differenz (Prohibitivpreis - p) ist, hat der Student recht, solange es sich um eine *lineare* Nachfragekurve handelt, wie sie in der nebenstehenden Graphik gezeigt ist.

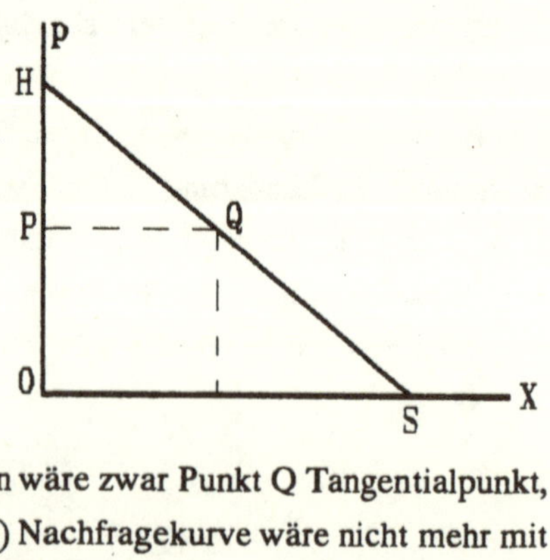

Bei einer *nichtlinearen* Nachfragekurve hingegen wäre zwar Punkt Q Tangentialpunkt, aber der Prohibitivpreis (der hier nicht gezeigten) Nachfragekurve wäre nicht mehr mit dem Ordinatenabschnitt der Tangente OH, identisch. Der Differentialquotient dx/dp ist in der Formel für die *verallgemeinerte Abschätzung* bereits ebenso berücksichtigt, wie die Menge x.

Aufgabe Nr. 21

Eine Nachfragekurve ist isoelastisch, wenn sie

o A: überall dasselbe Nutzenniveau besitzt
o B: eine Parallele zur Preisachse darstellt
o C: eine Parallele zur Mengenachse darstellt
o D: das durch sie festgelegte Produkt p · x konstant ist
o E: eine negativ geneigte Gerade ist.

Die Preiselastizität der Nachfrage $\varepsilon_{x,p}$ = dx/dp · (p/x) kann in ihrem Wert dominiert werden, wenn einer der beiden Faktoren dx/dp oder p/x einen *extremen* Wert, d.h. Null oder Unendlich, annimmt. Beim zweiten Term ist dies nur für bestimmte p bzw. x der Fall, (beim sog. Prohibitivpreis bzw. Sättigungsmenge), er scheidet damit für eine die *ganze Nachfragekurve* betreffende Elastizität aus. Es gibt jedoch Nachfragekurven, bei denen *im gesamten Kurvenverlauf* dieselbe Steigung dx/dp gilt. Im Falle der starren Nachfrage (Parallele zur Preisachse) - Preisänderungen bleiben *ohne* Wirkung auf die Nachfragemenge - haben wir einen Differentialquotienten dx/dp = 0, der in diesem Falle auf die Elastizität ε "durchschlägt". Analog ist die Elastizität *überall* gleich $-\infty$ wenn die Nachfragekurve horizontal, d.h. parallel zur Mengenachse verläuft: eine infinitesimale Erhöhung des Preises führt dann zu einem totalen Rückgang der Nachfrage. In diesem Falle ist die Nachfrage auf der gesamten Nachfragekurve unendlich elastisch. Einen *Sonderfall der Isoelastizität* stellt die Nachfragekurve vom Typus der *gleichseitigen Hyperbel* dar. Hier ist p · x = *a* (*a* ist eine Konstante) oder in anderer Schreibweise $x = ap^{-1}$. Als 1. Ableitung erhält man $dx/dp = -ap^{-2}$. Ergänzt man sie zur Elastizität $\varepsilon_{x,p}$ so ergibt sich :

$$\epsilon_{x,p} = \frac{-a \cdot p^{-2} \cdot p}{a \cdot p^{-1}}$$

Durch Kürzen erhalten wir $\varepsilon_{x,p} = -1$, also *isoelastischen Verlauf*, für den die negative Steigung alleine nicht hinreichend ist. Auch ist das Nutzenniveau entlang einer Nachfragekurve - bedenkt man ihre Herleitung aus der Preis-Konsum-Kurve - höchst unterschiedlich.

Aufgabe Nr. 22

Die Kreuzpreiselastizität für 2 Güter

o A: ist stets negativ

o B: kann prinzipiell positiv oder negativ sein

o C: ist positiv, wenn es sich um Substitutionsgüter handelt

o D: ist negativ, wenn es sich um Substitutionsgüter handelt

o E: ist negativ, wenn es sich um Komplementärgüter handelt

Die Kreuzpreiselastizität mißt die Reaktion der Gütermenge x_j auf eine Preisänderung p_i des Gutes i. Die Definition lautet mithin

$$\epsilon_{i,j} = \frac{dx_j}{dp_i} \frac{p_i}{x_j}$$

Das Vorzeichen der Kreuzpreiselastizität ergibt sich aus dem Differentialquotienten dx_j/dp_i, da Preise und Mengen stets positiv sind. Bei der *direkten* Preiselastizität der Nachfrage (i = j) erwarten wir ein *negatives* Vorzeichen, da die Reaktion auf eine Preis*steigerung* eine Abnahme der betreffenden Menge ist.

Bei *komplementären Gütern* können wir mithin eine *analoge* Reaktion erwarten (Beispiel: Ölpreis *steigt* - Ölöfen werden *weniger* gekauft), d.h. *negative* Kreuzpreiselastizitäten kennzeichnen *komplementäre* Güter.

Bei *Substitutionsgütern* steigt der Mengenkonsum des Gutes *j*, wenn der Preis des Gutes *i* zunimmt (Beispiel: Butterpreis *steigt* - es wird *mehr* Margarine gekauft). Die Folge ist eine positive *Korrelation* zwischen Preis und Menge der beteiligten Güter.

Aufgabe Nr. 23

Die zur graphischen Abschätzung einer Elastizität verwendete Formel:

$\varepsilon_{W,U}$ = Wirkungsabschnitt/Ursachenabschnitt

o A: gilt nur für Bogenelastizitäten

o B: gilt nur für Preiselastizitäten

o C: gilt nur für Einkommenselastizitäten

o D: gilt für alle in Kurven erfaßbaren Zuordnungen zweier Größen

o E: kann auch bei nichtlinearen Kurven angewandt werden

Die Formel für die graphische *Abschätzung* von Elastizitäten stellt eine Verallgemeinerung im Sinne der Definition $\varepsilon_{W,U} = dW/dU \cdot (U/W)$ dar, worin *W* und *U* für beliebige ökonomische Größen stehen, die sinnvoll aufeinander bezogen werden können und dabei im Zähler die *endogene* (= *W*irkungsgröße), im Nenner die *exogene* Größe (= *U*rsache) festlegt. Der Vorteil dieser Verallgemeinerung besteht darin, daß man sich nicht mehr die Lage einzelner Achsen oder Achsabschnitte merken muß, die bei verschiedenen Elastizitäten (z.B. Preis-, Einkommens-, Kostenelastizität etc.) sehr verschieden liegen würden. Man braucht sich nur noch zu vergegenwärtigen, welche Achse der abhängigen (= Zähler-, = Wirkungs-) Größe zuzuordnen ist und welcher die exogene (= Ursache). Bei linearen "Kurven" braucht man dann nur die Länge des Geradenabschnitts PW (= Wirkungssabschnitt) analog in Beziehung zu setzen zum Geradenabschnitt PU (= Ursachenabschnitt) und schon ergibt sich die gesuchte Elastizität.

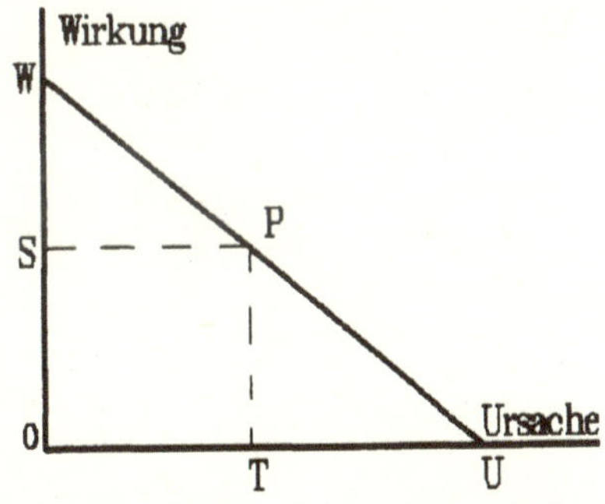

Bei *nichtlinearen* Kurven wird in P die Tangente angelegt und genauso verfahren, als sei diese Tangente die eigentlich zu untersuchende Kurve, auf der die Elastizität $\varepsilon_{W,U}$ im Punkte P gesucht wird. Aus dem gesagten ergibt sich, daß diese Abschätzung nur durchführbar ist, wenn man eine Kurve gegeben hat, auf der P liegt, nicht jedoch wenn man lediglich 2 Stützstellen hat, für die nur eine Bogenelastizität ermittelt

Aufgabe Nr. 24

Der Satz "Die allgemeine Nachfragefunktion ist homogen vom Grad Null"

o *A: ist falsch*

o *B: gilt nur, wenn das Nominal-Einkommen konstant ist*

o *C: gilt unter den üblichen mikroökonomischen Grundannahmen immer*

o *D: besagt Konsumkonstanz bei linearer simultaner Erhöhung der Preise und Einkommen*

o *E: gilt nur wenn keine Inflation existiert*

Die allgemeine Nachfragefunktion eines Haushalts lautet:

$$x = x(E, p_1, p_2)$$

Macht man den Test auf Homogenitität dieser Funktion, also:

$$x = \lambda^r \cdot x_0 = x_0(\lambda E, \lambda p_1, \lambda p_2)$$

so kann man schon graphisch leicht zeigen, daß $x = x_0$ mithin $\lambda^r = \lambda^0 = 1$ und der Homogenitätsgrad $r = 0$ ist, weil die Budgetgerade in ihrer Lage *unverändert* bleibt:

Die Ordinatenabschnitte E/p_i, $i= 1,2$ bleiben konstant. Zwar wird E einerseits um das λ-fache erhöht, gleichzeitig aber werden auch die Preise p_i um das λ-fache gesteigert, was die Auswirkungen kompensiert.

Da die Budgetgerade durch ihre Achsabschnitte festgelegt ist und ihre Lage nicht verändert, bleibt auch der Tangentialpunkt zwischen Budgetgerader und Indifferenzkurvenschar unverändert auf derselben Koordinatenposition. Dies bedeutet, daß die, diesen Punkt definierenden Konsummengen x_1 und x_2 konstant bleiben.

Aufgabe Nr. 25

Die AMOROSO-ROBINSON-Relation besagt, daß

o A: die Grenzausgabe für negative Elastizitäten kleiner ist als der Preis
o B: Grenzausgabe und Preis immer gleich sind
o C: die Grenzausgabe gleich der Einkommenselastizität ist
o D: die Grenzausgabe Null wird für eine Preiselastizität von -1
o E: die Preiselastizität immer -1 ist

Die AMOROSO-ROBINSON-*Relation* definiert die Höhe der Grenzausgabe dA/dx eines Haushalts (Hinweis: analog auch den Grenzumsatz eines Monopolisten dU/dy) als Tangentensteigung der Ausgabenkurve in Abhängigkeit von der konsumierten Menge des Gutes x und der dabei gültigen Nachfrageelastizität $\varepsilon_{x,p}$ und hat die folgende Form:

$$A' = {}^{dA}/_{dx} = p\,(1 + {}^{1}/_{\varepsilon_{x,p}})$$

Sie wird durch Differenzieren der Ausgabenfunktion A = x · p(x) nach x unter Verwendung der Produktregel abgeleitet, wobei sich der entstehende (kursiv ausgewiesene) Teil-Term

$$A' = p + \frac{x \cdot dx \cdot p}{p \cdot dp}$$

(nach Ergänzung mit p) durch die reziproke Preiselastizität ${}^{1}/_{\varepsilon_{x,p}}$ substituieren läßt.

Wie man durch Nachrechnen leicht überprüft, wird der Klammerausdruck im rechten Term für negative Elastizitäten < 1 und damit gilt für diesen Fall immer A' < p. Bei der Preiselastizität $\varepsilon_{x,p}$ = -1 wird A' = 0, was nichts anderes besagt, als daß die Ausgabenkurve hier ihr *Maximum* besitzt (Horizontaltangente mit Steigung dA/dx = 0). Die Preiselastizität nimmt hingegen bei den üblichen Nachfragekurven sehr unterschiedliche Werte an, die sich im Intervall [-∞, 0] bewegen. Wie die Notation der Formel zeigt, hängt A' von der Preis- und nicht von der Einkommenselastizität ab.

Aufgabe Nr. 26

Das totale mikroökonomische Gleichgewicht beinhaltet, daß

o *A: die Zahl der Anbieter und Nachfrager gleich groß ist*
o *B: immer ein Preisvektor existiert, der alle Märkte räumt*
o *C: alle Substitutionsgüter ihre Konkurrenzprodukte verdrängt haben*
o *D: ein Preisvektor existiert, der genau einen von mehreren Märkten räumt*
o *E: die Grenzraten der Substitution über alle Haushalte hinweg gleich sind*

Das *totale mikroökonomische Gleichgewicht* beinhaltet, daß ein Preisvektor

$$\mathbf{p}^o = (p_1, p_2, ..., p_n)$$

für *n* Märkte *existiert*, dessen Elemente p_i sicherstellen, daß *alle n Märkte "geräumt"* werden. Es existiert *immer* ein derartiger Gleichgewichtspreisvektor. Dies ist zunächst als Behauptung im Sinne der Existenz zu interpretieren. Die weitergehende Frage ist, ob sich dieser Gleichgewichtspreisvektor auch *einstellt*, bzw. welche Bedingungen hierfür gegeben sein müssen. Eine graphische Analyse für den zwei-Güter-Fall, die auch die *Interdependenz zwischen* den Märkten miteinbezieht (via Kreuzreaktion) macht plausibel, daß die auf *einem* Partialmarkt entstehende Überschußnachfrage bzw. -angebote vermittels der durch sie ausgelösten Preisreaktionen - zumindest bei den "normalen" Nachfragekurve - zu einer Anpassung in Richtung Gleichgewicht aller Märkte führen.

Ein derart erzieltes Marktgleichgewicht setzt weder voraus, daß die Zahl der Anbieter und Nachfrager sich gleicht, noch daß Substitutionsgüter Konkurrenzprodukte verdrängen. Hingegen impliziert die Existenz eines Gleichgewichts-Preisvektors $\mathbf{p}^o$ - daß die Preisrelationen p_i / p_j für beliebige i und j ($i \neq j$, $i,j = 1,2,...,n$) für *alle* Haushalte simultan gelten. Da es sich um Gleichgewichte handelt, gilt im Haushaltsoptimum auch Identität von GRS und Preisquotient für alle Haushalte gleichermaßen.

Aufgabe Nr. 27

Im sog. Sozialökonomischen Optimum einer Wirtschaft ist

o A: die GRT gleich der GRS der kollektiven Indifferenzkurve

o B: die GRT gleich der GRtS

o C: eine für alle gültige, einheitliche Preisrelation gegeben

o D: die Zahl der Anbieter und Nachfrager gleich

o E: die GRT gleich dem geeignet gewählten, negativen Quotienten aus p_1 und p_2

(Hinweis: GRT = Grenzrate der Transformation, GRS = Grenzrate der Substitution GRtS = Grenzrate der technischen Substitution)

Im Sozialökonomischen Optimum (SO) einer Wirtschaft sind *drei* Tangenten identisch: Die Tangente an die Produktions-Möglichkeiten-Kurve (Synonym: Transformationskurve), die Tangente an die (kollektive) Indifferenzkurve, die die Präferenzen repräsentiert und die "Tangente" an die gesamtwirtschaftliche Budgetlinie, eine Gerade, die mit ihrer Tangente in jedem Punkt zusammenfällt, deren Steigungsmaß durch die Preisrelation d.h. $-p_1/p_2$ (für den Winkel bezüglich der x_1-Achse) oder $-p_2/p_1$ (Winkel an der x_2-Achse) gegeben ist.

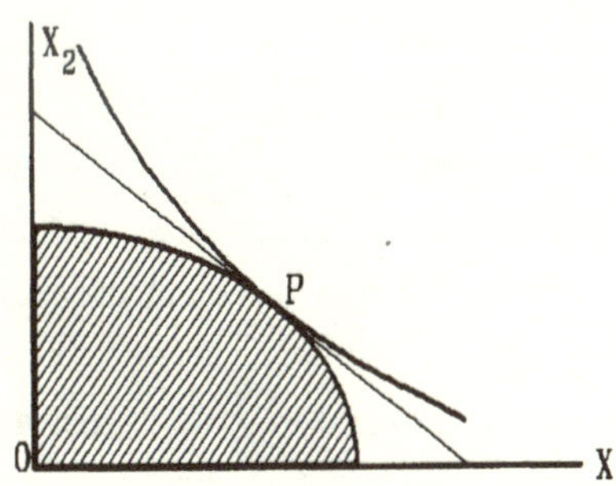

Die Tangentensteigung bezüglich der Transformationskurve wird üblicherweise als GRT (= *G*renz-*R*ate der *T*ransformation), die bezüglich der kollektiven Indifferenzkurve als GRS (= *G*renz-*R*ate der *S*ubstitution) bezeichnet. Im SO sind beide - wie nebenstehende Graphik zeigt - identisch (Punkt P der Graphik). Da der Quotient der Preise die Steigung der gesamtwirtschaftlichen "Budgetgeraden" festlegt, die im Gleichgewicht gilt, wird auch für jeden einzelnen Haushalt in seinem Optimum die GRS gleich der entsprechenden Preisrelation sein. Die GRtS bezieht sich hingegen auf den Einsatz der Produktionsfaktoren v_1 und v_2.

Aufgabe Nr. 28

Aus der Tatsache, daß eine Marktnachfragekurve negativ geneigt ist, darf man schließen, daß

o A: alle Haushalte negativ geneigte Nachfragekurven besitzen

o B: die Nachfrageelastizität auf dem Markt für dieses Gut kleiner Null ist

o C: daß hier die AMOROSO-ROBINSON-Relation nicht gilt

o D: daß die Ausgabensumme aller Haushalte konstant ist.

o E: Man kann keine Rückschlüsse auf einzelne Haushalte daraus ziehen

Die meist zu beobachtende Tatsache, daß Marktnachfragekurven negativ geneigt sind, d.h. daß eine Preisanhebung zu einem Mengenrückgang führt (und umgekehrt) kommt primär durch den *Kumulationseffekt* der Höchstpreiswirkungen bei der Individualnachfrage zustande. Das *Hinzutreten* weiterer Nachfragemengen bei einer Preissenkung, wenn hierdurch die individuellen Höchstpreise (= Preisbereitschaften) weiterer Nachfrager unterschritten werden, bewirkt ein Fallen der Gesamtnachfragekurve von links nach rechts selbst dann, wenn die *individuellen* Nachfragekurven *rechteckig* sind. Da sich diese Wirkung unabängig davon ergibt, ob die individuelle Nachfragekurve eines Haushalts negativ geneigt oder rechteckig ist, kann man den Rückschluß von der Form der Marktnachfragekurve auf die individuelle Nachfragekurve nicht vornehmen.

Da die Nachfrageelastizität immer als Quotient aus Grenzgröße (dx/dp) und Durchschnittsgröße (x/p) darstellbar ist, und die Tatsache der negativen Steigung der Marktnachtfragekurven ihren Ausdruck in einer negativen ersten Ableitung dx/dp findet, muß auch gelten, daß die Nachfrageelastizität $\varepsilon_{x,p} < 0$, weil Menge x und Preis p überall > 0 sind und damit die Durchschnittsgröße stets positiv ausfällt.

Aufgabe Nr. 29

Eine Engelkurve ist immer isoelastisch, wenn gilt: Die Einkommenselastizität ist

o *A: in jedem Punkt gleich groß*
o *B: überall Null*
o *C: überall +1*
o *D: überall größer Null*
o *E: gleich der Preiselastizität der Nachfrage*

Wir unterscheiden empirisch erhobene und theoretisch aus der Nutzenfunktion abgeleitete Engelkurven x = x(E). Empirisch erhobene Engelkurven, die dem Typus nach einen superioren und einen inferioren Ast aufweisen (vgl. hierzu Aufgabe 16 und die dortige Graphik) manifestieren einen Wechsel im Vorzeichen der 1. Ableitung dx/dE und können von daher schon nicht isoelastisch sein. Isoelastizität ist definiert als Gleichheit der (Punkt-)Elastizität über den gesamten Kurvenverlauf hinweg. Dies ist bei Engelkurven der Fall, wenn die Kurve z.B. eine Ursprungsgerade ist. In diesem Fall sind sämtliche Elastizitäten, unabhängig von der Lage des betrachteten Punktes immer gleich +1.

Eine andere, prinzipiell ebenso mögliche Form der Engelkurve wäre eine *Parallele zur Einkommensachse*, die einen einkommens*unabhängigen*, fixen Konsum eines Gutes spiegeln würde (Vgl. nebenstehende Graphik). In diesem Falle hätten wir eine durchgängige Einkommenselastizität von 0. Hingegen ist eine Elastizität $\varepsilon_{x,E} > 0$ im Gesamtbereich der Engelkurve nicht hinreichend für ihre Isoelastizität und auch eine allfällige (wenn auch eher zufällige) Identität mit der Preiselastizität wäre bestenfalls in einem bestimmten Punkt des Einkommens gegeben, nicht jedoch über den gesamten Verlauf der Engelkurve, bzw. hat nichts mit dem Konzept der Isoelastizität zu tun.

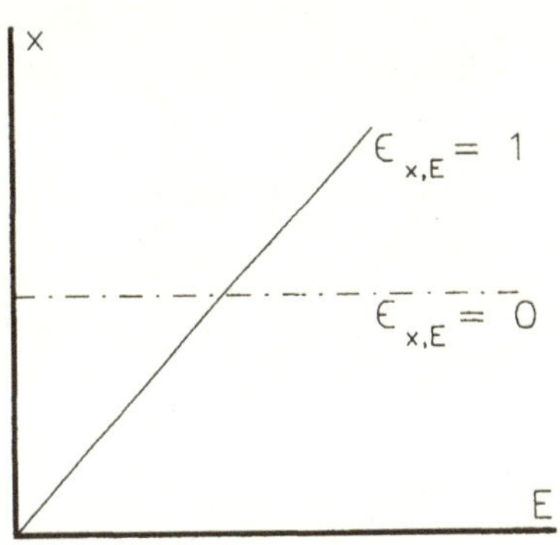

Aufgabe Nr. 30

Welche(s) der folgenden Axiome ist (sind) in der modernen Haushaltstheorie u.a. nötig, um Aussagen über Wahlhandlungen ableiten zu können ?

o A: Die Präferenzordnung des Haushalts ist stark

o B: Der Konsument befindet sich für keines der Güter im Sättigungsbereich

o C: Der Nutzen wird stets maximiert

o D: Indifferenzkurven sind konkav zum Ursprung

o E: Drei beliebige Güterkombinationen können bezüglich der ihnen zugeordneten Präferenzen stets in eine eindeutige Rangfolge gebracht werden.

Die Wahlhandlungstheorie moderner Prägung basiert auf der *ordinalen* Nutzentheorie. Unter Verwendung einer Reihe von Axiomen, unter denen sich z.B. das Vollständigkeits-, das Nichtsättigungs-, das Transitivitätsaxiom und das Axiom der Nutzenmaximierung (rationales Handeln) befinden, versucht sie eine logisch konsistente und eindeutige Wahl abzuleiten. Die genannten Axiome stellen in der Regel *unabdingbare* Voraussetzungen zur Erreichung dieses Zieles dar.

Der *Wegfall* eines dieser Axiome kann somit bedeuten, daß das theoretische Ergebnis nicht mehr erzielbar ist:

> Das *Vollständigkeitsaxiom* setzt lediglich eine sog. *schwache* Präferenzordnung voraus - dadurch gekennzeichet, daß sowohl Indifferenz- wie auch Präferenzrelationen gleichzeitig auftreten.
>
> Das *Nichtsättigungsaxiom* und das *Nutzenmaximierungsaxiom* sind unverzichtbar, um die Eindeutigkeit der Lösung zu sichern.
>
> Dasselbe gilt für das *Transitivitätsaxiom*, das beinhaltet:
>
> *wenn* $x_A \prec x_B$ *und* $x_B \prec x_C$ *dann auch* $x_A \prec x_C$
>
> oder anders geschrieben: $x_A \prec x_B \prec x_C$,
>
> wobei das Zeichen "$\prec$" die Relation "wird präferiert gegenüber" bezeichnet.

Aufgabe Nr. 31

Ein Gleichgewichtspreisvektor

o *A: existiert theoretisch immer*

o *B: kann nur unter der Bedingung eines Produktionsoptimums erreicht werden*

o *C: existiert nie*

o *D: ist stets PARETO-optimal*

o *E: stellt sicher, daß alle Nachfragerwünsche befriedigt werden*

Ein Gleichgewichtspreisvektor ist definiert als derjenige Vektor von Güterpreisen,

$$\mathbf{p}^0 = (p_1, p_2, ..., p_n)$$

der auf *allen* Märkten ein Gleichgewicht zwischen Angebot und Nachfrage garantiert. Wie die mikroökonomische Theorie zeigt, kann ein derartiger Gleichgewichtspreisvektor *immer* gefunden werden. Dies impliziert nicht, daß er durch die Marktkräfte auch automatisch erreicht wird. Angebotsseitig beinhaltet dieser Gleichgewichtspreisvektor ein gegebenes Angebot, das nicht notwendigerweise einem Produktionsoptimum entsprechen muß.

Ein Gleichgewichtspreisvektor ist jedoch in bezug auf die Güterallokation aller Haushalte insofern ein "Gleichmacher", als die auf individueller Ebene für jedes Haushaltsoptimum gültige Gleichheit von Grenzrate der Substitution zwischen zwei Gütern (GRS) und der zugehörigen Preisrelation die Grenzraten der Substitution aller Nachfrager identisch werden läßt und damit bewirkt, daß eine Veränderung der Allokation zwischen zwei Nachfragern bezüglich eines Gutes nicht möglich wäre ohne die Verbesserung der Position eines Nachfragers mit der Verschlechterung der Position eines anderen zu erkaufen.

Der Gleichgewichtspreisvektor setzt gegebene Einkommen voraus und beinhaltet damit automatisch eine Begrenzung der Nachfragerwünsche durch die aus den Einkommen abgeleiteten Budgetgeraden. Damit ist klar, daß nicht sämtliche vorhandenen Nachfragewünsche befriedigt werden, sondern nur jene, die aufgrund gegebener Budgets befriedigt werden können.

Aufgabe Nr. 32

Ein relativ inferiores Gut hat eine

o A: Einkommenselastizität von 0

o B: Einkommenselastizität kleiner 0

o C: Einkommenselastizität größer 0 aber kleiner 1

o D: Einkommenselastizität größer 1

o E: höhere Einkommenselastizität als ein absolut inferiores Gut

In der Mikroökonomik werden Güter u.a. in die beiden Klassen der *absolut inferioren* und der *absolut superioren* Güter eingeteilt. Die Klasse der absolut superioren Güter kann ihrerseits wieder in die der *relativ inferioren* und der *relativ superioren* unterteilt werden (Vgl. Graphik zu Aufg. 2). Hierbei sind relativ inferiore Güter dadurch gekennzeichnet, daß ihr Wachstum *unterproportional* zum Wachstum des Einkommens verläuft.

Beschreibt man diese Zusammenhänge mit Hilfe der *Einkommenselastizität*, so ist klar, daß das unterproportionale Wachstum relativ inferiorer Güter einer Einkommenselastizität zwischen 0 und 1 entspricht, wobei die Randwerte dieses Intervalls nicht dazugehören, da die Einkommenselastizität von 1 bereits relativ superiore Güter definiert.

Absolut inferiore Güter sind hingegen durch eine *negative Korrelation* mit dem Einkommen gekennzeichnet d.h., weisen damit auch *negative* Elastizitäten auf. Hingegen bewegt sich die Einkommenselastizität eines relativ inferioren Gutes immer im Bereich des positiven Zahlenstrahls.

Aufgabe Nr. 33

Ein Gut ist zwangsläufig absolut inferior, wenn für seine Einkommenselastizität $\varepsilon_{x,E}$ gilt:

o A: $\varepsilon_{x,E} < 1$
o B: $\varepsilon_{x,E} > 0$
o C: $\varepsilon_{x,E} < 0$
o D: $\varepsilon_{x,E} < -1$
o E: $0 < \varepsilon_{x,E} < 1$

Absolut inferiore Güter sind dadurch gekennzeichnet, daß ihr mengenmäßiger Konsum bei wachsendem Einkommen ***absolut*** zurückgeht. Damit wird der erste Term der Definition der Einkommenselastizität nämlich dx/dE negativ, was auf die gesamte Elastizität "durchschlägt", d.h. die Einkommenselastizität absolut inferiorer Güter ist negativ.

Ein Gut, dessen Einkommenselastizität kleiner 0 ist, oder gar kleiner -1 ist damit zwangsläufig absolut inferior.

Hingegen ist ein Gut dessen Elastizität ***zwischen*** 0 und 1 liegt, ***relativ inferior*** und damit automatisch auch absolut superior (Vgl. auch Aufgabe 32). Ein Gut, dessen Einkommenselastizität ***unter*** 1 liegt, könnte damit zwar auch eine negative Elastizität aufweisen. Da dies damit jedoch ***nicht notwendigerweise*** gegeben ist, ist es auch nicht zwangsläufig im Sinne der Fragestellung (Vgl. auch die Graphik zu Aufgabe 2).

Aufgabe Nr. 34

Ein Gut ist zwangsläufig relativ superior, wenn für seine Einkommenselastizität ε gilt:

o *A:* $\varepsilon > 0$
o *B:* $\varepsilon \geq 1$
o *C:* $0 < \varepsilon < 1$
o *D:* $-1 < \varepsilon < 0$
o *E:* $\varepsilon > 1$

Relativ superiore Güter sind eine *Teilmenge* der *absolut superioren* Güter (Vgl. Graphik zu Aufgabe 2). Diese Oberklasse ist dadurch definiert, daß ihre Verbrauchsveränderung *positiv* mit der Einkommensveränderung korreliert ist oder anders formuliert: daß ihr Verbrauch absolut zunimmt, wenn das Einkommen steigt.

Die Untermenge der *relativ superioren* Güter teilt natürlich diese Eigenschaft, ist darüber hinaus aber noch dadurch spezifiziert, daß ihre Wachstumsrate proportional *oder überproportional* im Verhältnis zur Wachstumsrate des Einkommens steht.

Verwenden wir zur Beschreibung dieses Sachverhalts die Elastizitätsdefinition,

$$\varepsilon_{x,E} = dx/x : dE/E$$

so ergibt sich, daß die Einkommenselastizität bei relativ superioren Gütern größer oder gleich 1 sein muß. Güter, deren Einkommenselastizität $\varepsilon_{x,E} \geq 1$ ist, sind damit als relativ superior anzusehen.

Aufgabe Nr. 35

Der Gütertausch mit einem Tauschpartner lohnt sich stets,

o A: *solange man noch nicht auf der Kontraktkurve angelangt ist*

o B: *sofern die Grenzraten der Substitution bei den potentiellen Tauschpartnern noch verschieden sind*

o C: *wenn der Preis des einen Gutes höher ist, als der des anderen*

o D: *wenn die Güterkombination einen Tangentialpunkt zweier Indifferenzkurven in einer geeignet gewählten EDGEWORTH-Box darstellt*

o E: *wenn der eine mehr von einem Gut hat, als der andere*

Allgemein formuliert, lohnt sich ein Tausch immer dann, wenn die Verteilung der Güter *noch nicht* PARETO-optimal ist. Auf die EDGEWORTH-Box übertragen, ist dies immer dann der Fall, wenn die Güterverteilung der Ausgangslage einen *Schnittpunkt* (z.B. R in der Graphik zu Aufgabe 3) *zweier Indifferenzkurven* darstellt. In diesem Schnittpunkt gelten *verschiedene* Grenzraten der Substitution (GRS), dargestellt durch differierende Tangentensteigungen in diesem Punkt. Wie in Aufgabe 3 bereits ausgeführt, ist ein PARETO-optimaler Tauschpunkt jedoch dadurch gekennzeichnet, daß hier die GRS bei beiden Individuen identisch sind.

Da die *Kontraktkurve* definiert ist als die Kurve der PARETO-Optima, ist somit Tausch immer möglich und lohnend, solange man noch nicht auf der Kontraktkurve ist. Man könnte dies auch als eine andere Formulierung des Sachverhaltes bezeichnen, daß die GRS bezüglich zweier Güter bei beiden Tauschpartnern *noch unterschiedlich* sind, während sie auf der Kontraktkurve wegen der Tangentialdefinition identisch sind.

Hingegen spielt es überhaupt keine Rolle für den Tausch, wenn eine Preisdifferenz zwischen den beiden Gütern besteht oder wenn die Ausstattung bezüglich der Güter bei verschiedenen Personen verschieden ist, sofern diese den Präferenzen entsprechen.

Tausch käme hingegen nicht mehr zustande, wenn die Ausgangslage bereits einen Tangentialpunkt d.h. ein PARETO-Optimum beinhaltet.

Aufgabe Nr. 36

Der sog. Giffen-Fall der Nachfragetheorie

o *A: stellt eine anomale Reaktion dar*

o *B: beruht auf einer vom Normalfall abweichenden Lage der Indifferenzkurven*

o *C: setzt voraus, daß das Gut absolut superior ist*

o *D: beinhaltet dx/dp > 0*

o *E: kann nicht auftreten, wenn das Gut absolut inferior ist*

Der sog. *Giffen-Fall*, nach Sir ROBERT GIFFEN benannt, bezieht sich auf eine "wahre Begebenheit" die er - nach ALFRED MARSHALL - im Englischen Oberhaus berichtet haben soll, (Hafenarbeiter kauften bei einer Steigerung des Brotpreises mehr Brot als vorher), wird aber von der Lehrbuchliteratur nicht in diesem Sinne, sondern - wie nebenstehende Graphik zeigt, als Konsequenz besonders geformter, stark asymmetrischer Indifferenzkurven behandelt. Dabei ist *Voraussetzung*, daß das betrachtete, im Preis gesteigerte Gut (hier x_2) *absolut inferior* ist und zwar so stark inferior (Pfeil $P_1 \rightarrow P_2$), daß dadurch die "normale" Reaktion im Sinne des immer "negativen", d.h. invers arbeitenden Substitutionseffektes ($P_o \rightarrow P_1$) gegen- bzw. sogar überkompensiert wird.

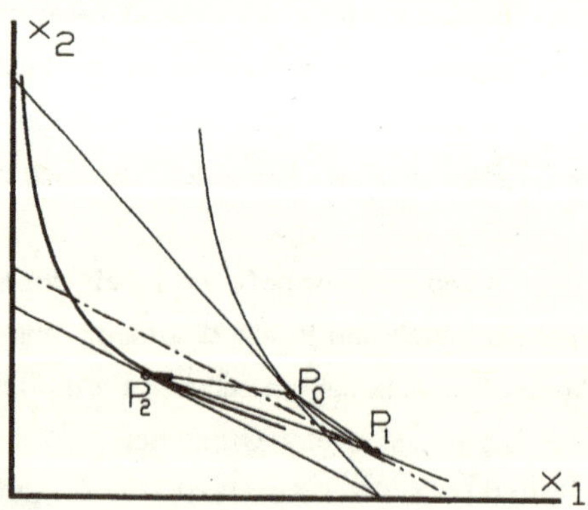

Die Erhöhung von p_2 bewirkt zunächst eine *Drehung* der Budgetgeraden im Gegenuhrzeigersinn. Der *neue* Tangentialpunkt beinhaltet aber eine höhere x_2- Menge als vorher, statt, wie nach dem Gesetz der Nachfrage ($dx/dp < 0$) zu erwarten gewesen wäre, eine niedrigere. Der Gesamteffekt ($GE = P_o \rightarrow P_2$) der Preissteigerung läßt sich aus dem Substitutionseffekt ($SE = P_o \rightarrow P_1$, vgl. Aufgabe 42) *und* dem Einkommenseffekt ($EE = P_1 \rightarrow P_2$) zusammensetzen und als Vektoraddition darstellen. Der Einkommenseffekt ist dabei derjenige Teileffekt, der sich aus der *Einkommensreduktion* (Parallelverschiebung der gestrichelten Linie gegen den Ursprung) ergibt. Während bei einem absolut superioren Gut der Mengenkonsum x_2 nun *abnehmen* würde, reagiert er bei absolut inferioren Gütern genau umgekehrt.

Aufgabe Nr. 37

Das Gesetz von der "abnehmenden Grenzrate der Substitution" ist identisch damit, daß

o A: *der Haushalt bei steigendem Konsum von x_1 immer weniger bereit ist, durch Aufgabe von x_2 für eine zusätzliche Einheit x_1 "zu zahlen"*

o B: *die Tangentensteigung dx_2/dx_1 der Indifferenzkurve (mathematisch) für wachsendes x_1 zunimmt*

o C: *die Tangente an die Indifferenzkurve negativ geneigt ist*

o D: *die Indifferenzkurve konvex zum Ursprung ist*

o E: *die erste Ableitung dx_2/dx_1 mit wachsendem x_1 (mathematisch) kleiner wird*

Das Gesetz der abnehmenden Grenzrate der Substitution (GRS) ist eine alternative Formulierung für die *Konvexität* der Indifferenzkurve in bezug auf den Ursprung. Verfolgt man den Verlauf dieser Indifferenzkurve für *wachsendes* x_1 (s. Graphik) so sieht man, daß sie *linksgekrümmt* ist. Formuliert man diesen Zusammenhang mit Hilfe der Tangentensteigung in bezug auf die x_1-Achse, so ergibt sich, daß für wachsendes x_1 der *Betrag* der Tangentensteigung sinkt. Da die Tangentensteigung als GRS definert wird, ist dies gleichbedeutend mit der Formulierung von der abnehmenden Grenzrate der Substitution. Mathematisch exakt nimmt jedoch die Tangentensteigung *zu*, da ihr *negativer* Betrag *kleiner* wird und sich dem Wert 0 nähert. Eine alternative Formulierung stellt gleichbleibenden Zunahmen von x_1 ($\Delta x_1 = 1$) den Verzicht von x_2 gegenüber. Da die Indifferenzkurve als geometrischer Ort gleichen Nutzens eine Gleichschätzung aller darauf liegenden Güterkombinationen beinhaltet, bedeutet dies, daß die Verringerung des x_2-Verzichts als "Preis" einer zusätzlichen Einheit von x_1, wachsende Minderschätzung von x_1 beinhaltet, wenn der Konsum von x_1 fortwährend gesteigert wird. Hierin drückt sich eine gewisse *Sättigung* in bezug auf x_1 mit wachsendem x_1-Konsum aus. Damit ist klar, daß das Gesetz von der abnehmenden GRS eine Aussage über die Konvexität der Indifferenzkurve und nicht bloß über die Tatsache ihrer negativen Steigung ist, die sie zusätzlich voraussetzt.

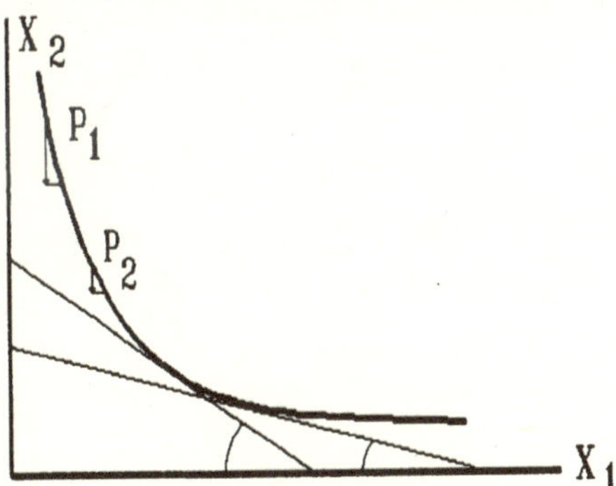

Aufgabe Nr. 38

Die in der Mikroökonomik üblicherweise verwendeten Indifferenzkurven haben folgende Eigenschaften: sie können prinzipiell

o *A: einen Schnittpunkt haben;*
o *B: eine der Güter-Achsen schneiden;*
o *C: rechteckig sein;*
o *D: konkav zum Ursprung sein;*
o *E: Unstetigkeitsstellen aufweisen.*

Indifferenzkurven müssen eine Reihe von Eigenschaften aufweisen, soll nicht das Axiomensystem gestört werden. Würden sich beispielsweise zwei Indifferenzkurven schneiden, so wäre dies ein Verstoß gegen das Vollständigkeitsaxiom (Vgl. Graphik), denn der Schnittpunkt P wäre z.B. gegenüber zwei geeignet gewählten Punkten S und T indifferent, wegen des Unersättlichkeits-Axioms wäre aber gleichzeitig S $\succ$ T, was einen *Widerspruch* darstellt.

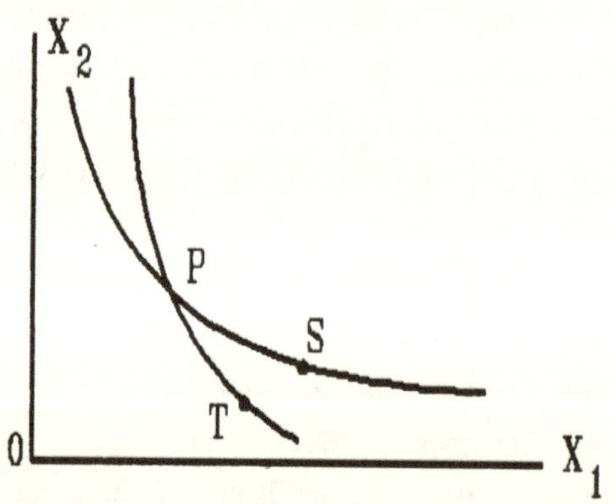

Eine zum Ursprung *konkav* verlaufende Indifferenzkurve würde das Gesetz der abnehmenden Grenzrate der Substitution (Vgl. Aufgabe 37) auf den Kopf stellen und eine Indifferenzkurve, die *Unstetigkeitsstellen* aufweist, gegen das Stetigkeitsaxiom verstoßen.

Es steht jedoch nichts dagegen, daß eine Indifferenzkurve eine der Güter-Achsen schneidet, denn dies bedeutet lediglich, daß das Individuum unter gewissen Voraussetzungen bereit ist, auf den Konsum des anderen Gutes zu verzichten. Es ist auch nichts dagegen einzuwenden, daß die Konvexität von Indifferenzkurven so stark übertrieben wird, daß dabei ein *rechteckiges* Indifferenzkurvensystem entsteht. Dies würde Komplementarität der beiden Güter beinhalten.

Aufgabe Nr. 39

In der modernen Mikroökonomik ist der Nutzen

o *A: ordinal*
o *B: kardinal*
o *C: nur im Sinne eines Nutzenindex zu verstehen*
o *D: als metrisch meßbare Größe definiert*
o *E: durch einen Funktionswert (bis auf eine monotone Transformation) darstellbar*

Die Väter der Grenznutzentheorie JEVONS, MENGER und WALRAS und - nicht zu vergessen - HERMANN HEINRICH GOSSEN verstanden den Nutzen *kardinal* d.h. im Sinne einer quasi *metrischen* Größe, die genauso meßbar wäre ("util") wie das Gewicht eines Gegenstandes in Gramm oder die Länge eines Fadens in Zentimetern.

Während ein *ordinales* Meßniveau lediglich fordert, daß das Individuum sagen kann, ob es die Güterkombination A gegenüber der Güterkombination B vorzieht, würde ein *kardinales Meßniveau* darüberhinaus verlangen, daß das Individuum auch sagen kann *um wieviel* es genau die Kombination A gegenüber B präferiert.

Da VILFREDO PARETO zeigen konnte, daß die Beschränkung des Skalenniveaus auf ordinale Nutzen letztlich zum selben Ergebnis führt wie die kardinale Nutzentheorie, wird seitdem in der modernen Mikroökonomik das ordinale Nutzenkonzept verwendet.

Eine gewisse "Annäherung" an das kardinale Nutzenkonzept erreicht man dadurch, daß über dem Konsumraum eine Nutzenfunktion definiert wird. Diese liefert einerseits Funktionswerte $u = u(x_1; x_2)$. Anderseits ist diese Nutzenfunktion nur bis auf eine beliebige (monotone) Transformation (z.B. Addition einer Konstante oder Quadrieren) festgelegt, so daß ihre Nutzenwerte lediglich ordinal interpretiert werden dürfen. Dies impliziert, daß ein derart definierter Funktionswert lediglich als Nutzen*index* verstanden werden darf.

Aufgabe Nr. 40

Bei einem Haushaltsoptimum, das sich als sog. Randoptimum darstellt,

o *A: gilt stets auch die Äquimarginalformel*

o *B: ist die GRS ungleich dem negativen reziproken Verhältnis der Grenznutzen*

o *C: ist die Steigung der Budgetgeraden stets gleich der Steigung der zugehörigen Tangente an die Indifferenzkurve*

o *D: gilt entweder $x_1 = E/p_1$ oder $x_2 = E/p_2$*

o *E: ist immer noch das Axiom der Nutzenmaximierung erfüllt*

(Hinweis: GRS = Grenzrate der Substitution)

Bei einem Randoptimum gilt zwar immer noch das Axiom der *Nutzenmaximierung*, nicht jedoch die Tangentiallösung im positiven Quadranten. Da im Falle des Randoptimums die Budgetgerade die Indifferenzkurve nicht mehr tangiert, sondern *schneidet*, sind auch die GRS als Steigungsmaß einer beliebigen Tangente und die Steigung der Budgetgeraden nicht mehr identisch, mithin gilt auch die Äquimarginalformel nicht mehr.

Da wegen der Nutzenmaximierungs-Bedingung jene Indifferenzkurve gewählt wird, die im Rahmen des durch die Budgetgerade abgesteckten Möglichkeiten-Raumes (in der Zeichnung schraffiert) gerade noch erreichbar ist, deckt sich dieser Punkt mit einem der Achsabschnitte der Budgetgeraden also

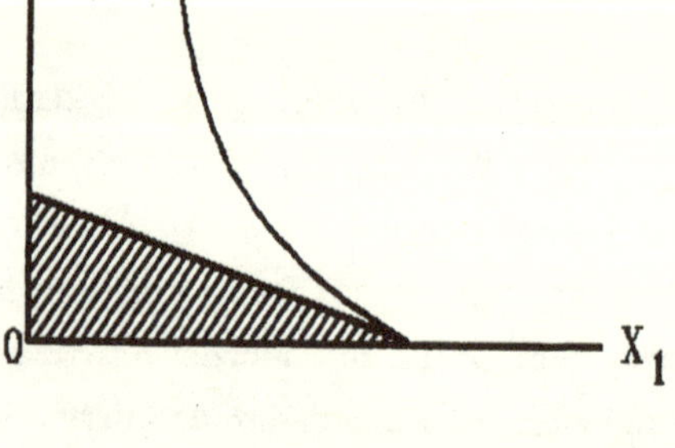

$$x_1 = 0 \text{ und } x_2 = E/p_2$$

oder:

$$x_2 = 0 \text{ und } x_1 = E/p_1$$

wobei in der Graphik letzteres zutrifft.

Aufgabe Nr. 41

Die typische, empirisch erhobene Engelkurve

o *A: ist stets eine Gerade*

o *B: hat einen superioren, gefolgt von einem inferioren Ast, falls die Einkommensspanne groß genug ist*

o *C: weist eine Einkommenselastizität von -1 auf, wo der Fahrstrahl an die Kurve diese zugleich tangiert*

o *D: weist eine Einkommenselastizität von 0 auf, wo ihr Sättigungsniveau liegt*

o *E: ist stets isoelastisch*

Engelkurven zeigen den Mengenverbrauch eines Gutes in Abhängigkeit von der Einkommenshöhe *E*. Engelkurven lassen sich einerseits *theoretisch* aus einem Indifferenzkurvensystem ableiten oder aber *empirisch* erheben. Der Grundtypus einer empirisch erhobenen Engelkurve ist in der nebenstehenden Graphik gezeigt. Danach beginnt die Engelkurve bei einem sog. Initialeinkommen E_i, steigt kontinuierlich bis zum Sättigungsniveau Q, um sodann - falls die in der Meßbasis erfaßten Einkommen weit genug reichen - in einen abwärts geneigten, sog. *inferioren* Ast umzuschwenken (gestrichelter Teil der Kurve). Der durchgehend gezeichnete Teil der Kurve, E_iQ, wird *superiorer Ast* genannt, weil in diesem Bereich der Güterkonsum *mit* dem Einkommen steigt. Auf dem (gestrichelten) *inferioren Ast* hingegen sinkt der Güterkonsum mit wachsendem Einkommen. Die Einkommenselastizität im Punkt P, dem Tangentialpunkt der Ursprungsgeraden, ist +1, im Punkt Q, dem Tangentialpunkt der Horizontaltangente hingegen wegen dieser Tangentensteigung genau 0. Da, wie man leicht überprüft, die Einkommenselastizitäten für verschiedene Punkte wechseln, ist die typische empirisch erhobene Engelkurve nicht isoelastisch.

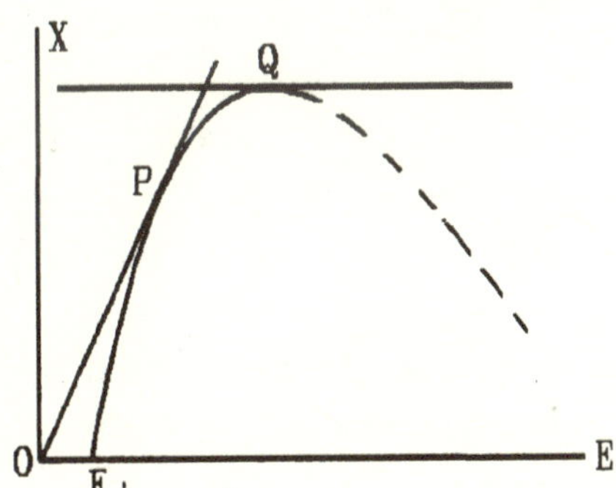

Aufgabe Nr. 42

Der sog. Substitutionseffekt einer Preisänderung bedeutet, daß

o A: *das im Preis gestiegene Gut von einem anderen Gut vollständig ersetzt wird.*

o B: *das im Preis gestiegene Gut nun vermehrt konsumiert wird*

o C: *der der Substitution zugerechnete Teileffekt einer Preisänderung durch Bewegung auf der (alten) Indifferenzkurve darstellbar ist*

o D: *aufgrund des Substitutions-Teileffekts einer Preissteigerung der Mengenkonsum des im Preis gestiegenen Gutes zurückgeht*

o E: *bei jeder Preissteigerung eines Gutes stets auch ein Rückgang der konsumierten Menge dieses Gutes zu beobachten ist*

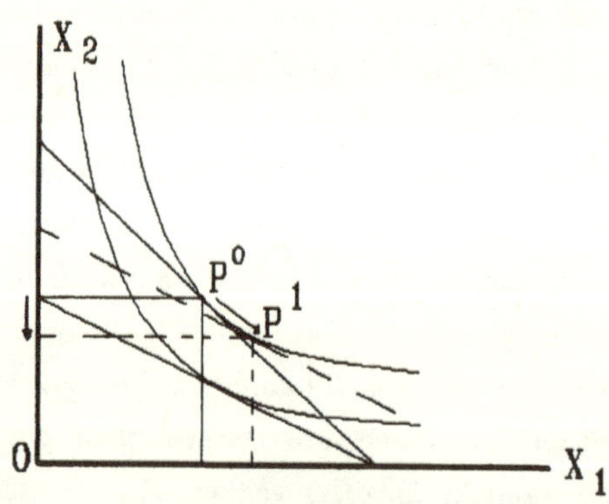

Bei einer Preissteigerung (hier p_2) *dreht* sich die Budgetgerade im *Gegenuhrzeigersinn*, weil der Ordinatenabschnitt E/p_2 sich verkürzt. Wie nebenstehende Grafik zeigt, ergibt sich ein neuer Tangentialpunkt auf einer tiefergelegenen Indifferenzkurve. Verschiebt man nun die *neue* Budgetgerade parallel, so daß die *alte Indifferenzkurve* tangiert wird, so erhalten wir ein Maß für die nutzenneutrale Einkommenskompensation des Haushalts (entspricht der Parallelverschiebung, um das alte Nutzenniveau beibehalten zu können). *Falls* er diese Kompensation erhielte, würde die Preissteigerung lediglich eine Verschiebung von P^o nach P^1 bedeuten (Vgl. den Pfeil $P^o \rightarrow P^1$ der Graphik). Dieser Pfeil beschreibt intuitiv den *Substitutionseffekt* der sich bezüglich der Veränderung der Mengen x_1 und x_2 noch zerlegen läßt: Einer Zunahme von x_1 steht eine *Abnahme* von x_2 gegenüber. Dieser Zusammenhang ist durch die überall negative Neigung der Indifferenzkurve gegeben. Die negative Steigung bewirkt, daß aufgrund des Substitutions-Teileffekts der Preis*steigerung* von Gut 2 *immer* eine Mengen*senkung* von x_2 gegenübersteht (fetter Pfeil links von der x_2-Achse). Da der Haushalt die Einkommenskompensation nicht erhält, hängt der Gesamteffekt zusätzlich von der Wirkung dieses Einkommenseffekts ab, die bei inferioren Gütern den Substitutionseffekt auch überkompensieren könnte (Vgl. Aufgabe 36).

Aufgabe Nr. 43

Die Grenzrate der Substitution eines Haushalts ist allgemein gegeben durch

o *A: das negative reziproke Verhältnis der partiellen Grenznutzen*
o *B: die Tangentensteigung an die Indifferenzkurve*
o *C: das negative reziproke Verhältnis der Mengen*
o *D: das totale Differential einer Mengenvariation* dx_1
o *E: den (positiven) Quotienten aus* u'_1 *und* u'_2

Die Grenzrate der Substitution ist definiert als die Steigung der Tangente an die Indifferenzkurve im betreffenden Punkt der Kurve. Da die Indifferenzkurve nichts anderes als die Projektion einer "Höhenlinie" des Nutzengebirges, d.h. Iso-Nutzenkurve in die x_1/x_2-Ebene ist, können wir für sie das totale Differential ableiten, nämlich:

$$du = u'_1 \cdot dx_1 + u'_2 \cdot dx_2$$

Ein Verbleiben auf der Indifferenzkurve (= gleichbleibendes Nutzenniveau) trotz einer marginalen Variation von x_1 und x_2 beinhaltet du = 0. Die Umformung der Gleichung unter den genannten Nebenbedingungen ergibt dann:

$$dx_1/dx_2 = - u'_2 / u'_1$$

mithin also das *negative* reziproke Verhältnis der partiellen Grenznutzen.

Da die Grenznutzen für sich jeweils positiv sind, die Tangentensteigung an die Indifferenzkurve jedoch *negativ*, entspricht das negative Vorzeichen vor dem Quotienten der partiellen Grenznutzen genau dem Verlauf der Steigung. Wie die Herleitung zeigt, ist also die GRS dx_1/dx_2 durch die (negative) Tangentensteigung gegeben.

Aufgabe Nr. 44

Im sog. Haushaltoptimum gilt, daß...

o A: die GRS gleich dem negativen reziproken Preisverhältnis ist
o B: die GRS gleich dem (positiven) reziproken Preisverhältnis ist
o C: die Steigung der Budgetgeraden gleich der GRS ist (es sei denn es ergäbe sich ein Randoptimum)
o D: der Nutzenindex sein absolutes Maximum erreicht
o E: der je Geldeinheit erzielte Grenznutzen für alle Güter gleich ist
(Hinweis: GRS = Grenzrate der Substitution)

Wie in Aufgabe 43 bereits dargelegt, ist die Grenzrate der Substitution (abgekürzt GRS) gleich dem *negativen reziproken Verhältnis* der Grenznutzen. Von der Äquimarginalformel wissen wir andererseits, daß sich im Haushaltsoptimum die Preise verhalten wie die partiellen Grenznutzen (Vgl. Aufgabe 12). Mithin kann auch die GRS dem *negativen reziproken* Preisverhältnis $-p_1/p_2$ gleichgesetzt werden.

Handelt es sich beim Haushaltsoptimum nicht um ein sog. Randoptimum so ergibt sich die sog. Tangentiallösung bei der die Indifferenzkurve gewählt wird, die die Budgetgerade *tangiert*. Hieraus folgt, daß die Steigung der Budgetgeraden und die der Tangente in diesem Punkt gleich sind, d.h. der GRS entspricht.

Da die Ausstattung des Haushaltes mit Geldmitteln nur ein *relatives Maximum* der Nutzenfunktion erreichbar macht, nicht jedoch ein absolutes, kann der Nutzenindex nicht dieses absolute Maximum erreichen.

Im Haushaltsoptimum gilt die sog. *Äquimarginalformel* (vgl. Aufgabe 12). Formt man diese um, so zeigt sich, daß analog dem zweiten GOSSEN'schen Gesetz (vergleiche Aufgabe 8) die mit den Preisen gewogenen Grenznutzen gleich sind oder anders formuliert: der je Geldeinheit noch erzielbare Grenznutzen in allen Verwendungen *identisch* ist.

Aufgabe Nr. 45

Die Nachfragekurve eines Haushalts nach einem Gut ist

o A: *dasselbe wie die sog. Offer-curve*

o B: *identisch mit der Preis-Konsum-Kurve*

o C: *der geometrische Ort aller Haushalts-Optima bei alternativen Preisen*

o D: *die Zuordnung alternativer Preise und Mengen dieses Gutes*

o E: *isoelastisch, wenn die Ausgaben für dieses Gut bei alternativen Preisen konstant bleiben*

Die Nachfragekurve eines Haushalts stellt den Mengenkonsum eines Gutes dem zugehörigen Preis gegenüber, wird also im p/x-Koordinatensystem abgebildet. Demgegenüber beschreibt die sog. *Offer-Curve* bzw. *Preis-Konsum-Kurve* eine Zuordnung von Haushaltsoptima im x_1/x_2-Koordinatensystem unter der Annahme impliziter Preisvariationen.

Eine Nachfrage-Kurve kann aus einer Offer-Curve oder Preis-Konsum-Kurve dadurch *hergeleitet* werden, daß man die implizite Preisvariation auf einer gesonderten Achse explizit darstellt. Hat eine Nachfragefunktion die Form einer gleichseitigen Hyperbel d.h. $p = A/x$ wobei A einen konstanten Ausgabenbetrag bezeichnet, so ist die Kurve *isoelastisch* mit dem Elastizitätswert $\varepsilon_{x,p} = dx/dp \cdot p/x = -1$.

Dies läßt sich leicht ableiten, indem man die Funktion in die Form $x = Ap^{-1}$ bringt, sodann nach p differenziert (also dx/dp bildet) und das Ergebnis anschließend mit p/x multipliziert, wobei für x der ursprüngliche Funktionswert $x = Ap^{-1}$ eingesetzt wird. Nach Kürzen der p in Zähler und Nenner verbleibt $\varepsilon_{x,p} = -1$ (Vgl. Aufgabe 21).

Aufgabe Nr. 46

Die sog. allgemeine Nachfragefunktion eines Haushalts

o A: ist homogen vom Grad Null

o B: ist homogen vom Grad 1

o C: ist überhaupt nicht homogen, da die Präferenzordnung dies verhindert

o D: ist von allen Preisen und vom Einkommen abhängig

o E: zeigt, daß die Haushalte der Geldillusion unterliegen

Die *allgemeine Nachfragefunktion* eines Haushaltes ist eine Funktion der Form:

$$x = x(E, p_1, p_2).$$

Wendet man auf diese Gleichung die übliche Homogenitätsprüfung an, d.h. also:

$$x = \lambda^r \cdot x_0 = x(\lambda E, \lambda p_1, \lambda p_2)$$

so sieht man bzw. kann es graphisch leicht ableiten, daß:

$$x = x_0 \qquad \text{bzw.} \qquad \lambda^r = \lambda^0 = 1$$

ist, was $r = 0$ impliziert. Dies ist auch damit zu belegen, daß die Budgetgerade

$$E = p_1x_1 + p_2x_2,$$

von der λ-fachen Steigerung in Einkommen und in beiden Preisen völlig unberührt bleibt und identisch ist mit der ursprünglichen Budgetgeraden. Teilen wir nämlich die veränderte Budgetgleichung wieder durch λ, also

$$\lambda E = \lambda p_1x_1 + \lambda p_2x_2 \qquad | :\lambda$$

so ergibt sich wieder die "alte" Budgetgerade:

$$E = p_1x_1 + p_2x_2$$

Der Tangentialpunkt mit dem Indifferenzkurvensystem muß mithin ebenfalls gleich bleiben, was eine *Konstanz* des entsprechenden Konsumgüterkorbes und den Homogenitätsgrad $r = 0$ beinhaltet. Daß die allgemeine Nachfragefunktion eines Haushaltes homogen vom Grad 0 ist, d.h. nicht auf gleichzeitige Einkommens- und Preissteigerungen desselben Umfangs reagiert, beinhaltet, daß die Haushalte *keiner* Geldillusion unterliegen.

Aufgabe Nr. 47

Der sog. VEBLEN - Effekt

o *A: zählt zu den externen Konsumeffekten*

o *B: zählt nicht zu den externen Konsumeffekten, da er sich aus dem individuellen Verhalten allein ergibt*

o *C: ergibt sich aus einer Zunahme der nachgefragten Gesamtmenge am Markt*

o *D: ergibt sich durch eine Veränderung des von Nichtkäufern vermuteten Preises*

o *E: gilt nur für ärmere Einkommensschichten*

Bei *externen Konsumeffekten* kommt die Nachfrage nicht allein aufgrund individueller Präferenzen und Budgetbeschränkungen zustande, sondern wird *zusätzlich* durch andere Einflußfaktoren bestimmt, die zumeist in der *sozialen Umgebung* des Haushaltes zu suchen sind. Zu diesen Effekten zählt auch der sog. VEBLEN-Effekt, benannt nach dem Wirtschaftswissenschaftler THORSTEIN VEBLEN (Theory of the Leisure Class 1899), auch *Prestige*-Effekt genannt.

Der VEBLEN-Effekt orientiert sich an der Höhe *vermuteter* Preise. D.h., die Vermutung, daß ein bestimmtes Gut teuer ist, liefert dem VEBLEN-Käufer zusätzliches Prestige, so daß eine positive Korrelation zwischen Preishöhe und Kaufmenge entsteht oder zumindest entstehen kann. Hieraus folgt auch, daß der VEBLEN-Effekt eher für höhere Einkommensschichten zutrifft, nicht jedoch für untere.

Der VEBLEN-Effekt ist lediglich eine Reaktion auf *vermutete* Preishöhen, nicht jedoch auf Modeerscheinungen, die am Markt zu beobachtende, vergrößerte Gesamtnachfragemengen beinhalten. Diese Kopplung zwischen individueller Nachfrage und beobachteter Marktnachfrage definiert vielmehr den Mitläufer-Effekt (Vgl. Aufgabe 48)

Aufgabe Nr. 48

Der sog. Mitläufer-Effekt

o A: *zählt zu den externen Konsumeffekten*

o B: *zählt nicht zu den externen Konsumeffekten, weil er sich nur im Zuge von Werbemaßnahmen ergibt*

o C: *sagt eine Abnahme der Nachfrage bestimmter Haushalte aufgrund einer Zunahme der Marktnachfrage voraus*

o D: *sagt eine Zunahme der Nachfrage bestimmter Haushalte bei einer Steigerung der Marktnachfrage voraus*

o E: *sagt eine Zunahme der Nachfrage von Haushalten mit höherem Einkommen voraus, wenn von Nichtkäufern ein höherer Preis vermutet wird*

Der *Mitläufer-Effekt* beschreibt eine *positive* Korrelation zwischen Gesamtmarktnachfrage und Nachfrage des einzelnen Haushalts. Mitläufereffekte treten im Rahmen sog. *Modeerscheinungen* auf. Sieht der Konsument, daß auf dem Markt ein bestimmtes Produkt verstärkt gekauft wird, so läßt er sich eventuell davon "anstecken" und wird zum Mitläufer.

Der Mitläufer-Effekt, englisch *band-wagon-Effekt* genannt, gehört zu den externen Konsum-Effekte wie auch VEBLEN- und Snob-Effekt. Wie bereits in der Antwort zu Aufgabe 47 ausgeführt, entstehen *externe Konsumeffekte* durch die Sozialeinbettung der Konsumentscheidung über die rein individuelle Bestimmung des Haushaltsoptimums hinaus. Werbemaßnahmen, die derartige Konsumeffekte herbeiführen, wären also ebenfalls zu den Ursachen externer Effekte zu zählen.

Dieser Effekt ist relativ *unabhängig* von der Einkommenshöhe und kann prinzipiell in allen Einkommensschichten vorkommen. Mitläufereffekte sind nicht von vermuteten Preishöhen abhängig.

Aufgabe Nr. 49

Der sog. "Snob"-Effekt

o A: *trägt seinen Namen nach einem englischen Ökonomen des späten 18. Jahrhunderts*
o B: *zählt nicht zu den externen Konsumeffekten, weil er eine individuelle Reaktion des Haushalts bewirkt*
o C: *ist identisch mit dem sog. Demonstrations-Effekt*
o D: *unterstellt abnehmenden Konsum einiger Haushalte bei Zunahme der am Markt insgesamt nachgefragten Menge*
o E: *ist an die Voraussetzung eines hohen Einkommens gebunden und stellt die Reaktion auf die tatsächliche Preissteigerung dar*

Der Snob-Effekt ist der dritte im Bunde der *externen Konsumeffekte* (zur Definition externer Konsumeffekte vgl. Aufgabe 47). Seine Bezeichnung ist auf das snobistische Verhalten einiger Leute zurückzuführen, die bestimmte Konsumgüter dann *nicht mehr* konsumieren, wenn sie feststellen, daß eine größere Zahl anderer Konsumenten sie konsumiert. Die "Externalität" hat als Ursache den Einfluß der Umgebung, wirkt als solche jedoch auf individuelles Verhalten ein.

Von seiner Wirkung her ist der Snob-Effekt das genaue *Gegenteil* des Mitläufer-Effekts. Er ist jedoch nicht identisch mit dem Demonstrations-Effekt (to keep up with the Joneses) weil dieser Konsumstärke mittels Konsum demonstriert, während der Snob-Effekt gerade Konsum*enthaltung* als Folge des Konsums *anderer* Haushalte beschreibt.

Der Snob-Effekt ist zwar bei höheren Einkommen wahrscheinlicher, jedoch nicht definitionsgemäß an höhere Einkommen oder an tatsächliche Preissteigerungen gebunden.

Aufgabe Nr. 50

Das Axiom der Transitivität in der Nutzentheorie besagt, daß

o A: *ein Güterbündel höher, geringer oder gleich eingeschätzt wird, verglichen mit einem anderen*

o B: *wenn Güterbündel A vor B und B vor C, dann auch C vor A präferiert wird*

o C: *wenn Güterbündel A vor B und B vor C, dann auch A vor C präferiert wird*

o D: *zwei Güterkombination nicht indifferent eingeschätzt werden können*

o E: *der Nutzenindex von stark geordneten Güterkombinationen widerspruchsfrei auf dem positiven Zahlenstrahl abgebildet werden kann*

In der Mathematik beschreibt *Transitivität* die Möglichkeit, mehrere verschiedene *Zahlen* konsistent ihrer Größe nach auf dem Zahlenstrahl anzuordnen. Dies beinhaltet, daß eine Zahl A, die größer ist als eine Zahl B auch größer ist als eine Zahl C falls B größer C, in mathematischer Notation also:

$$\text{aus} \quad A > B \quad \text{und} \quad B > C \quad \text{folgt:} \quad A > C$$

Diese Betrachtungsweise läßt sich prinzipiell auf *Präferenzen* übertragen, wenn wir statt der für reelle Zahlen gültigen Beziehung "größer" (>) die analoge Präferenz-Relation "*p*" ($\succ$) setzen.

Ordnen wir einem derartigen Präferenzschema via Nutzenfunktion wieder Nutzen*indices* zu, so ist nur logisch, daß die den einzelnen Präferenzsituationen zuordenbaren Nutzenindices auch ihrerseits wieder *transitiv* geordnet werden können, d.h. dem Transitivitätsaxiom genügen, falls es die den Nutzenprojektionen zugrundeliegenden Präferenzsituationen tun.

Kapitel 2

Haushaltstheorie

- Rechenaufgaben

Aufgabe Nr. 1

Ein Haushalt besitzt die Nutzenfunktion $u = x_1 \cdot x_2$ und die Budgetgleichung $2x_1 + 3x_2 = 10$. Seine Nachfragefunktion für Gut 1 lautet:

o A: $x_1 + 2 = 2x_2$
o B: $p_1 x_1 = 10$
o C: $p_1 x_1 + p_1 = 10$
o D: $p_1 = x_1 / 10$
o E: *Keine der Antworten A - D ist richtig*

Im Haushaltsoptimum gilt immer die sogenannte Äquimarginalformel, d.h.

$$u'_1 / u'_2 = p_1 / p_2$$

oder: das Verhältnis der Grenznutzen der beiden Güter ist gleich dem Verhältnis der betreffenden Preise. In der vorliegenden Aufgabe wird nach der Nachfrage*funktion* $x_1 = f(p_1)$ gefragt, die wir dadurch erhalten, daß wir in der Äquimarginalformel den Preis des zweiten Gutes (p_2) konstant halten.

Da sich die partiellen Grenznutzen zu $\partial u/\partial x_1 = x_2$ und $\partial u/\partial x_2 = x_1$ ergeben, erhalten wir somit $x_2/x_1 = p_1/3$ oder nach Umformung: $3x_2 = p_1 x_1$.

Dies ist allerdings noch nicht die Nachfragefunktion, da diese lediglich Variable im p_1/x_1-Koordinatensystem beinhalten kann, d.h. keine x_2-Variable mehr enthalten darf. Um x_2 aus dieser Gleichung zu entfernen, substituieren wir durch einen Ausdruck, den wir aus der *Budgetgleichung* (zusätzliche Information aus einer unabhängigen zweiten Gleichung) unter gleichzeitiger Umformung für *variables* p_1 ableiten:

Budgetgleichung, in p_1 variabel: $p_1 x_1 + 3x_2 = 10$

aufgelöst nach x_2 ergibt sich: $3x_2 = 10 - p_1 x_1$

Substituieren wir nun $3x_2$, so erhalten wir das gewünschte Resultat.

Aufgabe Nr. 2

Ein Haushalt habe die Nutzenfunktion $u = x_1 \cdot x_2$ und die Budgetfunktion $2\,x_1 + 3\,x_2 = 60$. Sein Haushaltsoptimum ist dann gekennzeichnet durch:

o A: $x_2 = 10$
o B: $x_2 = 12$
o C: $x_1 = 12$
o D: $x_1 = 15$
o E: Keine der Antworten A - D ist richtig

Bei dieser Frage geht es um die Ermittlung des Haushaltsopimums, d.h. jenes Gütervektors (x_1, x_2) im x_1/x_2-Koordinationsystem, der die Nutzenmaximierung nach der gegebenen Nutzenfunktion unter Einhaltung der gegebenen Budgetgleichung (= Beschränkung) garantiert. Da im Haushaltsoptimum immer die Äquimarginalformel (s. Aufgabe 1) gilt, erhalten wir auf dem in der vorausgehenden Aufgabe bereits beschriebenen Rechenweg, konkret eingesetzt:

$$x_2 / x_1 = 2/3 \qquad \text{oder umgeformt:} \qquad 3x_2 = 2x_1.$$

Damit haben wir eine durch den Ursprung gehende Geradengleichung ermittelt, auf der das Haushaltsopimum liegen muß. Um nun die Wirkung der Beschränkung durch die Budgetgleichung und die damit verknüpfte Lokalisierung des Haushaltsopimums auf dieser Geraden darzustellen, beziehen wir die Budgetgleichung entsprechend ein, indem wir sie geeignet umformen, nämlich:

$$3x_2 = 60 - 2x_1.$$

Hieraus erhalten wir durch geeignetes Einsetzen des obigen Resultats:

$$6x_2 = 60$$

und daraus die gesuchten Werte für x_2 und x_1.

Aufgabe Nr. 3

Ein Haushalt besitze die Nutzenfunktion $u = x_1 \cdot x_2$. Seine Budgetfunktion laute: $2 x_1 + x_2 = 20$. Wie lautet seine Engelkurve für Gut 2 ?

o A: $x_1 = E - 4$
o B: $x_2 = E - 4$
o C: $x_2 = E/4$
o D: $x_2 = E/5$
o E: Keine der Antworten A - D ist richtig

Es ist nach der Ableitung der Engelkurve für x_2 gefragt. Die sog. Engelkurve ist eine Kurve, die den mengenmäßigen Konsum des Gutes 2 in Abhängigkeit von der Höhe des Einkommens E darstellt. Ausgangspunkt ist wieder die Äquimarginalformel, die analog zu Aufgabe 1, konkret eingesetzt, sich wie folgt darstellt:

$$x_2 / x_1 = 2/1.$$

oder nach Umformung $x_2 = 2x_1$. Dies ist genaugenommen die sogenannte Einkommens-Konsumkurve (EKK), die im x_1/x_2-Koordinatensystem den geometrischen Ort aller Haushaltsoptima unter Konstanzannahme des Preisverhältnisses p_1/p_2 beschreibt, wobei das Einkommen implizit variiert wird, d.h. ein höheres Einkommen einem weiter vom Ursprung auf dieser Geraden gelegenen Punkt entspricht. Um aus dieser Kurve die Engelkurve abzuleiten, müssen wir unter entsprechender Substitution das Einkommen explizit einführen. Dies geschieht, indem wir die Budgetgleichung zunächst für *variables* Einkommen umformulieren, also in die Form:

$$2x_1 + x_2 = E$$

umschreiben und dann nach x_1 auflösen, d.h.:

$$2x_1 = E - x_2.$$

Substituieren wir nun in geeigneter Weise $2x_1$, so erhalten wir:

$$x_2 = E - x_2 \qquad \text{bzw.} \quad 2x_2 = E$$

Aufgabe Nr. 4

Ein Haushalt hat die Nutzenfunktion $u = (x_1-2) \cdot (x_2-1)$, seine Budgetfunktion ist durch $2x_1 + 3x_2 = 100$ gegeben. Wie lautet seine Einkommens-Konsum-Kurve?

o *A:* $x_2 = 2 \cdot x_1 + 2$
o *B:* $3 \cdot x_2 = 2 \cdot (x_1 - 1)$
o *C:* $x_1 = 2 \cdot (x_2 + 1)$
o *D:* $2 \cdot x_2 = 3 \cdot x_1 + 3$
o *E: Keine der Antworten A - D ist richtig*

Es ist nach der sogenannten Einkommens-Konsum-Kurve (EKK) gefragt. Die Einkommens-Konsum-Kurve beschreibt den geometrischen Ort alle Haushaltsoptima für *alternative Einkommen* E unter Konstanz der Preisrelation p_1/p_2.

Bei Gültigkeit des zugrundgelegten Indifferenzkurvensystems erhalten wir nach der Äquimarginalformel:

$$u'_1 / u'_2 = p_1 / p_2$$

konkretisiert:

$$(x_2 - 1) / (x_1 - 2) = 2/3$$

oder umgeformt: $3x_2 - 3 = 2x_1 - 4$ bzw. $3x_2 = 2x_1 - 1$.

Obwohl in dieser Gleichung das Einkommen nicht explizit erscheint, ergibt sich die Eigenschaft der Einkommens-Konsum-Kurve daraus, daß das Preisverhältnis $p_1/p_2 = 2/3$ als *Voraussetzung* zur Ableitung verwendet wurde. Das konstant gehaltene Preisverhältnis entspricht damit einer konstanten GRS bzw. der Parallelverschiebung der als Tangente(n) an die Indifferenzkurve(n) fungierenden Budgetgeraden.

Aufgabe Nr. 5

Die Engelkurve eines Haushalts laute $x = 20 + \sqrt{E}$. Wie groß ist seine Einkommenselastizität $\varepsilon_{x,E}$ bei einem Einkommen von 900 ?

o A: $0{,}78 < \varepsilon_{x,E} < 0{,}8$
o B: $0{,}55 < \varepsilon_{x,E} < 0{,}6$
o C: $0{,}29 < \varepsilon_{x,E} < 0{,}32$
o D: $0{,}44 < \varepsilon_{x,E} < 0{,}46$
o E: Keine der Antworten A - D ist richtig

Bei dieser Aufgabe geht es um die Berechnung der sogenannten *Einkommenselastizität*

$$\varepsilon_{x,E} = dx/dE \cdot (E/x)$$

im Sinne einer Punktelastizität für den Punkt E = 900 und x = 50 (wie man durch einsetzen in die entsprechende Funktion leicht errechnet).

Da E und x von vorneherein feststehen und mit ihren Werten Voraussetzung für die Lösung der Aufgabe sind, besteht lediglich das Problem, den ersten Term der Elastizitätsdefinition dx/dE zu ermitteln. Dies erreichen wir, indem wir die Funktion der Engelkurve links und rechts nach E differenzieren. Wir erhalten damit:

$$dx/dE = \tfrac{1}{2} \cdot E^{-\frac{1}{2}}$$

(da $\sqrt{E}$ in die Schreibweise $E^{\frac{1}{2}}$ transformiert werden kann.) Damit ergibt sich die Elastizität zu

$$\varepsilon_{x,E} = \frac{E}{2 \cdot \sqrt{E} \cdot 50}$$

bzw. nach Einsetzen von E = 900:

$$\varepsilon_{x,E} = \frac{900}{30 \cdot 100}$$

Aufgabe Nr. 6

Die Einkommens-Konsum-Kurve eines Haushalts sei durch $x_1 = 2x_2 + 5$ gegeben. Wie lautet die Gleichung der Engelkurve für Gut 1, wenn die Güterpreise $p_1 = 4$ und $p_2 = 2$ betragen ?

o A: $x_1 = E + 5$
o B: $x_1 = E - 2$
o C: $x_1 = E/2 - 2$
o D: $x_1 = E/5 + 1$
o E: Keine der Antworten A - D ist richtig

Ziel dieser Aufgabe ist, aus der vorgegebenen Gleichung der Einkommens-Konsum-Kurve $x_1 = 2x_2 + 5$ auf die sogenannte Engelkurve des Gutes 1 zu schließen. Während - zur Erinnerung - die Einkommens-Konsum-Kurve (EKK) im x_1/x_2-Koordinatensystem definiert ist, ist die sogenannte Engelkurve für Gut 1 (= EK_1) im x_1/E-Koordinatensystem definiert.

Durch Substitution, unter Verwendung der noch für variables *E* zu formulierenden Budgetgleichung, gelangen wir von dem einen in das andere Koordinatensystem in folgender Weise:

Budgetgleichung umformuliert:

$$E = 4x_1 + 2x_2$$

aufgelöst nach x_2:

$$2x_2 = E - 4x_1.$$

Wir substituieren für x_2 in der EKK und erhalten:

$$x_1 = E - 4x_1 + 5$$

und daraus abgeleitet:

$$5x_1 = E + 5$$

Aufgabe Nr. 7

Ein Haushalt mit der Nutzenfunktion $u = x_1 \cdot x_2$ besitze die Budgetfunktion $2 \cdot x_1 + 5 \cdot x_2 = 100$. Wie lautet seine Nachfragefunktion für Gut 1 ?

o A: $p_1 \cdot x_1 = 100$
o B: $p_1 \cdot x_1 = 50$
o C: $p_1 \cdot x_1 = 50 - p_1$
o D: $p_1 \cdot x_1 = 50 - x_1$
o E: Keine der Antworten A - D ist richtig

In dieser Aufgabe ist nach der Nachfragefunktion für Gut 1, also einer Funktion im p_1/x_1-Koordinatensystem gefragt, die aus der Nutzenfunktion und der gegebenen Budgetfunktion abzuleiten ist.

Für einzelne Haushaltsoptima gilt immer die Äquimarginalformel, also:

$$u'_1 / u'_2 = p_1 / p_2$$

im konkreten Fall, da p_1 variabel ist, also:

$$x_2 / x_1 = p_1 / 5$$

oder umformuliert:

$$p_1 x_1 = 5x_2.$$

Damit können wir direkt in die Budgetgleichung an der Stelle $5x_2$ substituieren, sodaß wir erhalten:

$$p_1 x_1 + p_1 x_1 = 100$$

Durch eine kleine Vereinfachung erhalten wir das endgültige Resultat.

Aufgabe Nr. 8

Die Nachfragefunktion auf einem Markt laute x = 100 - 2p. Der sog. Prohibitivpreis p° beträgt dann:

o A: po = 100
o B: po = 200
o C: po = 60
o D: po = 40
o E: Keine der Antworten A - D ist richtig

Der sogenannte ***Prohibitivreis***, hier mit dem Symbol p° bezeichnet, ist jener Preis, bei dem - im simplen *linearen* Fall - die Nachfragekurve die Preisachse *schneidet* oder inhaltlich formuliert: Derjenige Preis, bei dem die Nachfragemenge auf 0 zurückgeht, weil ihn offensichtlich alle Nachfrager für zu hoch halten.

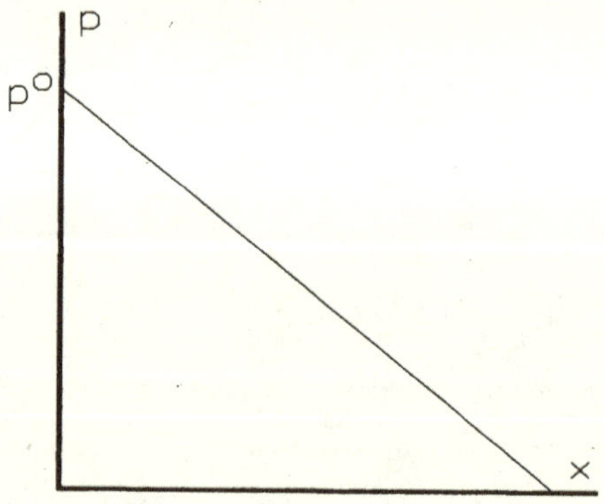

Wir erhalten diesen Preis - indem wir x = 0 setzen - aus der gegebenen Nachfragefunktion, also:

$$x = 0 = 100 - 2p$$

bzw. nach *p* aufgelöst:

$$p° = 100/2$$

Aufgabe Nr. 9

Die Nachfragekurve auf einem Markt sei durch $x = 50 - 2p$ gegeben. Das starre Angebot liege bei 30 Stück. Der Gleichgewichtspreis p^* beträgt dann:

o A: $p^* = 20$
o B: $p^* = 10$
o C: $p^* = 15$
o D: $p^* = 5$
o E: Keine der Antworten A-D ist richtig

Hier geht es um die Frage des *Gleichgewichtspreises* p^*, der sich aus dem Schnitt von Angebots- und Nachfragekurve ergibt. Im vorliegenden Fall ist die Angebotskurve eine *vertikale Gerade* für die Menge $y = 30$. Die von links nach rechts fallende Nachfragefunktion schneidet diese Gerade. Den Schnittpunkt erhalten wir, indem wir die Angebotsmenge $y = 30 = x$ in diese Gleichung einsetzen, mithin also erhalten:

$$30 = 50 - 2p$$

oder umgeformt

$$p^* = 10.$$

Der Gleichgewichtspreis liegt mithin beim Preis 10.

Aufgabe Nr. 10

Eine Marktnachfragekurve sei durch die Gleichung x = 100 - p gegeben. Der einzige Anbieter kann den Markt mit maximal 60 Stück beliefern. Unter welchen Bedingungen erzielt er sein Umsatzmaximum ?

o *A: bei einem Preis von 40*

o *B: bei einem Preis von 50*

o *C: bei einem Preis, der eine Preiselastizität von* $\varepsilon_{x,p} = -1$ *besitzt*

o *D: beim halben Prohibitivpreis*

o *E: Keine der Antworten A - D ist richtig*

Bei einer von links nach rechts fallenden linearen Nachfragefunktion des angegebenen Typs ergibt sich die zugehörige *Umsatzfunktion* als eine nach unten offene Parabel über der sogenannten *Sättigungsmenge*, d.h. derjenigen Menge OS, die sich bei einem Preis 0 ergeben würde (vgl. Graphik).

Dies kann man leicht durch Umformung der Nachfragefunktion, Ausmultiplizieren mit x, und Anfertigung einer Wertetabelle nachprüfen:

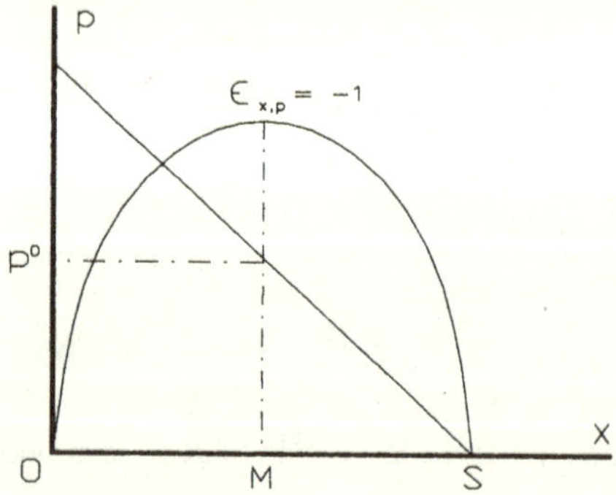

$$U = xp = 100x - x^2$$

Die Symmetrieeigenschaft dieser Umsatz-Parabel ergibt nun automatisch, daß sich das Umsatzmaximum wegen der AMOROSO-ROBINSON-Relation (U'= dU/dx = 0) bei der Preiselastizität $\varepsilon_{x,p} = -1$, d.h. in der Mitte der Nachfragekurve bzw. bei M, der halben Sättigungsmenge befinden muß.

Durch Anwendung des *Strahlensatzes* folgt daraus, daß dies auch dem halben Prohibitivpreis, nämlich p^o entsprechen muß, da der zur Menge M gehörige Preis p^o ist. Rein rechnerisch ergibt sich der halbe Prohibitivpreis p^o, indem wir x = 0 setzen, woraus 100 - p = 0 bzw. p = 100 folgt und somit $p^o = 50$.

Aufgabe Nr. 11

Die Nachfragemenge auf einem Markt sei durch die Funktion x = 10 - p/2 gekennzeichnet, das starre Angebot liege bei 6. Bei einem Preis von p = 15

o A: liegt ein Nachfrageüberhang vor
o B: liegt ein Angebotsüberhang vor
o C: ist das Angebot um 3 Einheiten größer als die Nachfrage
o D: ist die Nachfrage elastisch
o E: Keine der Antworten A - D ist richtig

Wie man durch jeweiliges Nullsetzen von x und p in der gegebenen Nachfragefunktion sofort ermittelt, liegt der Prohibitivpreis bei 20 GE und die sogenannte Sättigungsmenge x_s bei 10. Da das starre Angebot y = 6 niedriger als x_s = 10 ist, ergibt sich somit grundsätzlich, ein Schnittpunkt zwischen der vertikalen starren Angebotskurve und der fallenden Gesamtnachfragekurve. Um die angebotenen Lösungen richtig einzuordnen, ist es zunächst wichtig, den *Schnittpunkt* zwischen diesen beiden Kurven zu ermitteln zu dem wir die Abszisse y = 6 bereits kennen.

Setzen wir diesen Wert in die Nachfragefunktion ein, so ergibt sich:

$$6 = 10 - p/2$$

und somit

$$p = 8 = p^*$$

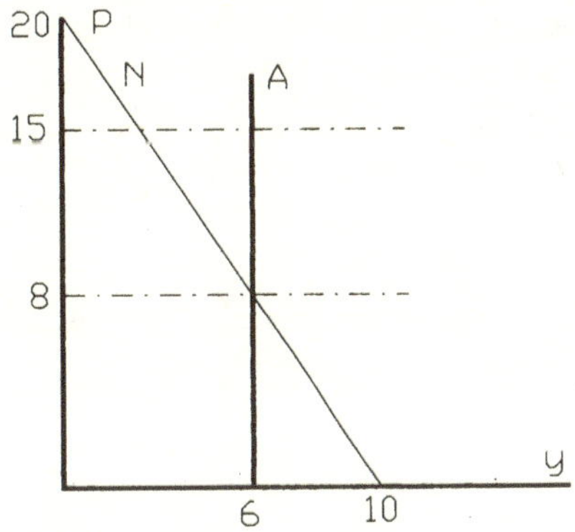

d.h. der Gleichgewichtspreis beträgt 8. Bei einem Preis von p = 15, der somit höher liegt als der Gleichgewichtspreis p^* = 8 ergibt sich also, daß die Nachfrage *geringer* sein muß als das Angebot. Hierzu müssen wir den angegebenen Preis p = 15 in die Nachfragfunktion einsetzen und die sich hieraus ergebende tatsächliche Nachfrage ermitteln.

Es ergibt sich x = 10 - 15/2. Die ermittelte Menge ist kleiner als die halbe Sättigungsmenge $x_s/2$, woraus sich eine Elastizität $\varepsilon_{x,p} < -1$ ergibt.

Aufgabe Nr. 12

Ein Student gönnt sich beim Preis von DM 2.-- an 6 Tagen der Woche ein Glas Bier. Ein Preisanstieg auf DM 2,40 veranlaßt ihn, nur noch an 5 Tagen ein Bier zu trinken. Wie hoch ist seine Preiselastizität der Nachfrage ε ? Welche Formel müssen Sie zur Bestimmung dieser Elastizität benutzen ?

o A: -0,9 < ε < -0,8
o B: -0,6 < ε < -0,5
o C: -1,1 < ε < -0,99
o D: Bestimmung mittels der Formel für die Punktelastizität
o E: Bestimmung mittels der Formel für die Bogenelastizität

Die Aufgabe fordert die Berechnung der *Einkommenselastizität* eines Studenten. Da nicht seine vollständige Nachfragefunktion für Bier bekannt ist, sondern lediglich zwei "empirisch" erfaßte Punkte aus dieser Funktion gegeben sind, läßt sich diese nur als sog. *Bogenelastizität* bestimmen.

Die allgemeine Formel für die Bogenelastizität lautet:

$$\bar{\varepsilon}_{x,p} = \frac{x_1 - x_2}{p_1 - p_2} \cdot \frac{p_1 + p_2}{x_1 + x_2}.$$

Setzen wir in diese Formel ein, so erhalten wir:

$$\bar{\varepsilon}_{x,p} = \frac{6 - 5}{2 - 2{,}4} \cdot \frac{2 + 2{,}4}{6 + 5}$$

Das nach Kürzen ermittelte Ergebnis ist auch insofern plausibel, (d.h. die Formel der Bogenelastizität gibt eine gute Annäherung des Elastizitätverhaltens wieder) als wir von der *Punktelastizität* her wissen, daß dieser Fall dadurch gekennzeichnet ist, daß die *Ausgabensumme unverändert* bleibt. Gerade dies ist nämlich hier der Fall, denn

$$6 \cdot 2 = 5 \cdot 2{,}40 = 12 \text{ DM}.$$

Aufgabe Nr. 13

Ein Haushalt besitze die Nutzenfunktion $u = (x_1\text{-}3)\cdot(x_2\text{-}1)$. Er findet am Markt die Güterpreise $p_1 = 4$ und $p_2 = 5$ vor. Seine Engelkurve für Gut 2

o A: ist isolelastisch

o B: hat im gesamten Verlauf eine Einkommens-Elastizität kleiner 1

o C: lautet $x_2 = E - 5$

o D: hat im gesamten Verlauf eine Einkommens-Elastizität größer 1

o E: Keine der Antworten A - D ist richtig

Im Haushaltsoptimum gilt grundsätzlich die Äquimarginalformel:

$$u'_1/u'_2 = p_1/p_2$$

Im konkreten Falle eingesetzt:

$$(x_2 - 1)/(x_1 - 3) = 4/5 \quad \text{bzw.} \qquad 4x_1 = 5x_2 + 7.$$

Um die Engelkurve zu bestimmen, benötigen wir noch eine zweite Informationsbasis, die wir in der Budgetgleichung finden. Diese etablieren wir für *variables E*, nämlich:

$$E = 4x_1 + 5x_2.$$

Da nach der Engelkurve für Gut 2 gefragt ist, mithin nach einer Funktion in x_2 und E ist auf dem bisherigen Rechnungsweg x_1 überflüssig und muß durch Substitution eliminiert werden. Dies bedeutet, wir lösen die Budgetgleichung nach x_1 auf und setzen dies in das obige Ergebnis ein. Wir erhalten dann:

$$E = 10x_2 + 7 \quad \text{bzw.} \ x_2 = E/10 - 0.7$$

Wie man sofort sieht, ist dies eine positiv geneigte Funktion im x_2/E-Koordinatensystem mit einem *negativen Ordinatenabschnitt*. Aus diesem Grund oder wie man sich leicht anhand der Ursachen-/Wirkungsasbschnitt-Analyse (vgl. Aufgabe Nr. 23 Haushaltstheorie-Fragen) klarmacht, ergibt sich, daß die Elastizitäten im gesamten Bereich > 1 sind, allerdings mit gegen 1 konvergierenden Punktelastizitäten.

Aufgabe Nr. 14

Auf einem Markt sei innerhalb einer Woche die nachgefragte Menge von 80 auf 60 Stück gefallen, während der Preis von 20 auf 25 GE stieg. Wie hoch ist die direkte Preiselastizität der Nachfrage $\varepsilon_{x,p}$?

o A: $-1{,}88 < \varepsilon_{x,E} < -1{,}82$
o B: $-0{,}95 < \varepsilon_{x,E} < -0{,}91$
o C: $-0{,}82 < \varepsilon_{x,E} < -0{,}79$
o D: $-1{,}30 < \varepsilon_{x,E} < -1{,}26$
o E: Keine der Antworten A - D ist richtig

Ähnlich wie in Aufgabe 12 handelt es sich auch hier um die Berechnung einer *Bogenelastizität*, da nicht die ganze Nachfragefunktion gegeben ist, sondern lediglich zwei Stützstellen auf einer solchen Funktion vorliegen.

Die Bogenelastizitäts-Formel lautet:

$$\bar{\varepsilon}_{x,p} = \frac{x_1 - x_2}{p_1 - p_2} \cdot \frac{p_1 + p_1}{x_1 + x_2}.$$

Setzen wir entsprechend ein, so ergibt sich:

$$\bar{\varepsilon}_{x,p} = \frac{80 - 60}{20 - 25} \cdot \frac{20 + 25}{80 + 60}$$

Aufgabe Nr. 15

Die Nachfragekurve eines Haushalts habe die Form x = 10 - 3p. Bei einer Menge von x = 5 hat er

o A: eine Preiselastizität von -0,8
o B: eine Preiselastizität von -1,3
o C: eine Grenzausgabe von 0
o D: die höchsten Ausgaben für dieses Gut
o E: Keine der Antworten A - D ist richtig

In dieser Aufgabe geht es um die Berechnung sowohl von *Preiselastizität* wie auch *Grenzausgabe*. Die Grenzausgabe ist definiert als die erste Ableitung des Ausgabenbetrages für das betreffende Gut nach der Menge x, wofür die sogenannte AMOROSO-ROBINSON-Relation den entsprechenden Zusammenhang liefert. Die Formel der AMOROSO-ROBINSON-Relation lautet:

$$dA/dx = p \cdot (1 + 1/\varepsilon_{x,p})$$

Um die gegebenen Antworten überprüfen zu können, müssen wir mithin zuerst die *Punktelastizität* ermitteln, die sich nach der Formel

$$\varepsilon_{x,p} = dx/dp \cdot p/x$$

errechnet. Der Differentialquotient ergibt sich zu dx/dp = - 3. Setzen wir andererseits die Menge x in die Nachfragefunktion mit dem Wert 5 ein, so erhalten wir als zugehörigen Preis p = 5/3. Preis und Menge in die Elastizitätsformel eingesetzt, ergeben mithin:

$$\varepsilon_{x,p} = - 3 \cdot 5/(5 \cdot 3) \quad = -1$$

Setzt man diesen Wert in die obige AMOROSO-ROBINSON-Formel ein, so ergibt sich die *Grenzausgabe*. Diese Lösung entspricht dem höchsten Punkt der Gesamtausgabenfunktion, die eine nach unten offene Parabel über der Mengenachse darstellt, was sich dadurch erklärt, daß die Grenzausgabe an dieser Stelle der Ausgabenfunktion einer *Horizontaltangente* entspricht (Vgl. Aufgabe 10).

Aufgabe Nr. 16

Ein Haushalt gebe sein Budget zu je einem Drittel für die Güter x_1, x_2 und x_3 aus, deren Einkommenselastizitäten entsprechend 0,5 bzw. 1,0 und 2,5 betragen. Nach einer Einkommensanhebung um 10% gelten die folgenden *neuen* Budgetanteile:

o A: $0{,}315 < A_1 / E < 0{,}319$

o B: $0{,}343 < A_2 / E < 0{,}345$

o C: $0{,}305 < A_1 / E < 0{,}310$

o D: $0{,}377 < A_2 / E < 0{,}380$

o E: *Keine der Antworten A - D ist richtig*

Generell gilt für die *marginale Änderung* des Ausgabenanteils die Formel:

$$dA/dE = \varepsilon_{x,E} \cdot \frac{A}{E}$$

bzw. umgeformt:

$$dA = \varepsilon_{x,E} \cdot \frac{A}{E} \cdot dE$$

Der *neue* Ausgabenanteil A^+/E^+ ergibt sich dann als:

$$A^+/E^+ = \frac{A + dA}{E + dE}$$

Setzen wir nun wegen der 10%igen Einkommenssteigerung für

$$E^+ = 1{,}1 \cdot E, \text{ bzw. } dE = 0{,}1 \cdot E$$

und berechnen den obigen Term für dA, so ergibt sich:

$$dA = 0{,}5 \cdot \frac{1}{3} \cdot 0{,}1 \cdot E$$

bzw. für den neuen Budgetanteil:

$$A_1^+ / E^+ = \frac{1/3 \cdot (E + 0{,}05 \cdot E)}{1.1 \cdot E}$$

Für das Gut 2 gilt $\varepsilon_{x,E} = 1$, mithin wird sich am Budgetanteil durch die Einkommenssteigerung nichts ändern.

Aufgabe Nr. 17

Die Nachfragefunktion eines Haushalts habe die Form x = 50 - 10 p. Er konsumiert die Menge x = 20. Welchen Preis p bezahlt er und welche Preiselastizität der Nachfrage $\varepsilon_{x,p}$ ergibt sich dabei ?

o A: p = 5,00
o B: p = 3,00
o C: $-1{,}6 < \varepsilon_{x,p} < -1{,}4$
o D: $-1{,}1 < \varepsilon_{x,p} < -0{,}9$
o E: Keine der Antworten A - D ist richtig

Setzen wir die Menge x = 20 in die obige Nachfragefunktion ein, so erhalten wir:

$$20 = 50 - 10p \quad \text{bzw.} \quad p = 3.$$

Zur Ermittlung der Nachfrageelastizität

$$\varepsilon_{x,p} = dx/dp \cdot p/x$$

bilden wir als erstes den Ableitungsterm:

$$dx/dp = -10.$$

Setzen wir den vorhin ermittelten Preis und die zugehörige Menge ein, so erhalten wir:

$$\varepsilon_{x,p} = -10 \cdot 3/20$$

Aufgabe Nr. 18

Wie hoch ist die Grenzausgabe eines Gutes, wenn bei einer Nachfragemenge von $x = 30$ und einer Preiselastizität $\varepsilon_{x,p} = -1{,}5$ die Gesamtausgaben 90 betragen ?

o A: dA/dx = 2,0

o B: dA/dx = 1,5

o C: dA/dx = 2,5

o D: dA/dx = 3,0

o E: Keine der Antworten A - D ist richtig

(Hinweis: Verwenden Sie die AMOROSO-ROBINSON-Formel !)

Diese Aufgabe stellt eine Anwendungsmöglichkeit der sogenannten AMOROSO-ROBINSON-Formel dar:

$$dA/dx = p \cdot (1 + 1/\varepsilon_{x,p})$$

Wie man aus der Formel ersieht, benötigt man hierzu den Preis *p*, den wir aus der Angabe für die Gesamtausgaben ermitteln:

$$90 = A = x \cdot p$$

und nach Umformen zu

$$p = 90/30 = 3$$

erhalten.

Setzen wir nun den Wert der angegebenen Preiselastizität $\varepsilon_{x,p} = -1{,}5$ in die AMOROSO-ROBINSON-Formel ein, so ergibt sich der gesuchte Wert der Grenzausgabe.

Aufgabe Nr. 19

Ein Börsenmakler verzeichnet die folgenden Angebote und Nachfragen für eine bestimmte Aktie:

ANGEBOTE		NACHFRAGEN	
Kurs	Stück	Kurs	Stück
100	20	130	10
150	10	110	40
140	50	120	30
120	10	140	60

Wie lautet der Gleichgewichtskurs K° und welchen Umsatz wird er feststellen ?

o A: K° = 120

o B: K° = 140

o C: Umsatz = 12000

o D: Umsatz = 8400

o E: keine der Antworten A - D ist richtig

Bei dieser Aufgabe geht es um die Ermittlung des Börsenkurses, der den größten Marktdurchsatz ermöglicht (= Gleichgewichtskurs). Hierzu ordnen wir zuerst das Angebot nach *aufsteigenden* Kursen und kumulieren die zugehörigen Stückzahlen. Bei der Nachfrage verfahren wir umgekehrt, ordnen und kumulieren also vom Prohibitivkurs zum niedrigsten Kurs gestaffelt. Der *Marktdurchsatz* ergibt sich nun aus der jeweils kürzeren Marktseite (d.h. Angebots- *oder* Nachfragemenge) zum jeweils *gleichen* Kurs. Zu diesem Zweck werden nicht gegebene Kurse "fingiert" und auf "*Lücke*" gesetzt (= kursiv), sodaß die gleichen Kurse einander jeweils gegenüberstehen:

Kurs	*ANGEBOT*	*NACHFRAGE*
100	20	*140*
110	*20*	140
120	30	100
130	*30*	70
140	**80**	**60**
150	90	*0*

Die "Markträumung", d.h. der maximal mögliche Marktdurchsatz ergibt sich im Beispiel bei einem Gleichgewichtskurs von 140 mit *60 Stück* (=kürzere Marktseite). Der Börsenumsatz ist entsprechend das Produkt von Kurs *und* Stückzahl.

Aufgabe Nr. 20

Die Engelkurve eines Haushalts sei durch die Funktion $x = 20 + 50 \cdot \sqrt{E}$ gegeben. Wie hoch ist die Einkommenselastizität $\varepsilon_{x,E}$ bei einem Einkommen von 625 GE ? Handelt es sich dabei um eine Bogen- oder Punktelastizität ?

o A: $0{,}48 < \varepsilon_{x,E} < 0{,}50$
o B: $1{,}30 < \varepsilon_{x,E} < 1{,}32$
o C: Es handelt sich hier um eine Bogenelastizität
o D: Es handelt sich hier um eine Punktelastiztität
o E: Keine der Antworten A - D ist richtig

In dieser Aufgabe geht es um die Bestimmung der *Punktelastizität* der Güternachfrage in bezug auf die Variation des Einkommens, also:

$$\varepsilon_{x,E} = dx/dE \cdot E/x.$$

Hierzu bestimmen wir aus der gegebenen Engelkurvenfunktion die erste Ableitung:

$$dx/dE = 50 \cdot \tfrac{1}{2} \cdot E^{\frac{1}{2}-1} = 25/\sqrt{E}.$$

Beim Einkommen von 625 Geldeinheiten ergibt sich die nachgefragte Gütermenge zu:

$$x = 20 + 50\sqrt{625} = 1270.$$

Setzen wir diese Werte nun in die Definitionsgleichung der Einkommenselastizität ein, so erhalten wir einen Wert, der unter 0,5 liegt.

Wären statt der einkommensabhängigen Nachfragefunktion *zwei* Stützstellen gegeben gewesen, hätte man die *Bogenenelastizität* wählen müssen.

Kapitel 3

Produktions- und Kostentheorie

- Fragen

Aufgabe Nr. 1

Effiziente Produktion bei mehreren Produkten und mehreren Faktoren ist dadurch gekennzeichnet, daß...

o *A: keinerlei Produktionsfaktoren verschwendet werden*
o *B: die GRtS zwischen beliebigen Faktoren für alle Produkte gleich ist*
o *C: die GRS für alle Produkte gleich ist*
o *D: GRtS und GRT gleich groß sind*
o *E: GRtS und GRS gleich groß sind*
(Hinweis: GRtS = Grenzrate d. techn. Substitution, GRS = Grenzrate d. Substitution, GRT = Grenzrate der Transformation)

Effiziente Produktion ist daran erkennbar, daß das *ökonomische Prinzip* eingehalten wird, d.h. bei *gegebenem Ressourceneinsatz* der Output maximal wird oder für einen definierten Output der *Ressourceneinsatz minimiert* wird. Dies beinhaltet, daß nichts verschwendet wird, um die Produktion zu erstellen. Die Faktorkombination bei effizienter Produktion stellt einen *pareto-optimalen* Zustand dar, weil eine Umverteilung der Produktionsfaktoren nicht mehr zu einer Erhöhung des Gesamtausstoßes von Gütern führen würde.

Wie sich zeigen läßt (vgl. Aufgabe 21) ist die Grenzrate der technischen Substitution (GRtS) zwischen *zwei Faktoren* gleich dem negativen reziproken Verhältnis ihrer physischen Grenzproduktivitäten. Ist dieser Quotient für zwei gewählte Faktoren bei unterschiedlichen Produkten verschieden, so läßt sich durch eine Umverteilung des Faktoreinsatzes die Produktion noch steigern, war also nicht effizient. *Identität* der Grenzraten der technischen Substitution zeigt hingegen an, daß eine Umverteilung keine weitere Steigerung mehr bringen würde und damit das Produktionsmaximum erreicht ist. Damit stellt sie ein gewisses Pendant zum *PARETO-Handelsoptimum* dar (vgl. Aufgabe 8 der Haushaltstheorie), das dadurch gekennzeichnet ist, daß die Grenzraten der Substitution *zwischen verschiedenen Produkten* gleich sind.

Die GRtS gibt die Steigung an eine Isoquante im v_1/v_2-Koordinatensystem an, während GRT und die GRS Tangentensteigungen an die Transformationskurve bzw. Indifferenzkurve in einem y_1/y_2-Koordinatensystem beschreiben.

Aufgabe Nr. 2

Eine Produktionsfunktion

o A: ist identisch mit dem Ertragsgesetz

o B: besitzt ein für sie typisches Ertragsgebirge

o C: ist die eindeutige Zuordnung von Faktoreinsatz und Output

o D: ist stets homogen vom Grad 1

o E: ist die Basis zur Ableitung einer Kostenfunktion

Eine Produktionsfunktion ist allgemein definiert als die Zuordnung

$$y = y(v_1, v_2, \ldots, v_n)$$

worin y den Output, d.h. das Produktionsergebnis darstellt und die v_i (i=1,...,n) die Einsatzfaktoren, die für die Produktion notwendig sind.

Begrenzen wir *n* auf 2, so besitzt jede Produktionsfunktion im Sinne einer dreidimensionalen Funktion $y(v_1,v_2)$ ein für sie typisches *Ertragsgebirge*. Im Falle von $n > 3$ Produktionsfaktoren hätten wir ein entsprechendes $n+1$-dimensionales Ertragsgebirge, das jedoch nicht vorstellbar ist. Die Form der Ertragsfunktion ist von Produktionsfunktion zu Produktionsfunktion jedoch verschieden. Ein *spezielles Ertragsgebirge* wird vom sogenannten *Ertragsgesetz* gebildet. Produktionsfunktionen können in gewisse Klassen eingeordnet werden. Ein solche Klasse ist z.B. jene der ***homogenen*** Produktionsfunktionen, während beispielsweise das Ertragsgesetz eine ***nicht-homogene*** Produktionsfunktion darstellt. Eine Kostenfunktion läßt sich aus der sogenannten *Kostengerüstfunktion*

$$K = q_1v_1 + q_2v_2 + F$$

ableiten, worin die v_i die Faktoreinsatzmengen und die q_i die Faktorpreise sowie F Fixkosten darstellen. Die in dieser Gerüstfunktion auftauchenden v_i stellen die Verbrauchsmengen dar, die sich aus der Produktionsfunktion durch Inversion herleiten lassen. Insofern ist die Produktionsfunktion auch eine gewisse Voraussetzung zur Ableitung der zugehörigen Kostenfunktion.

Aufgabe Nr. 3

Der Niveau-Grenzertrag ist

o A: nur in Bezug auf eine partielle Produktionsfunktion definiert
o B: nur für die Ertragsgesetzliche Produktionsfunktion definiert
o C: das Verhältnis von marginaler Skalen- zu marginaler Outputvariation
o D: konstant, falls die Skalenelastizität überall gleich 1 ist
o E: stets 1

Der *Niveaugrenzertrag* unterscheidet sich vom *partiellen Grenzertrag* (= partielle Grenzproduktivität) durch die Art der zugrundeliegenden Variation der Einsatzfaktoren. Während bei der partiellen Grenzproduktivität *ein* Faktor konstant gehalten und der andere variiert wird, werden für die Niveau-Grenzproduktivität *beide* Faktoren sozusagen kovariiert und zwar in konstantem Verhältnis, d.h. Voraussetzung für die Grenzproduktivitätsmessung im Sinne des Niveau-Grenzertrages ist, daß v_1/v_2 konstant gehalten werden.

Das Ausmaß der simultanen Veränderung wird dabei durch einen sog. Skalenfaktor λ gemessen. Der Niveau-Grenzertrag ist dann $dy/d\lambda$ Er ergibt sich somit als Steigung der Tangente an die Produktionsfunktion, die wir durch einen Schnitt durch die y-Ebene und den Fahrstrahl aus dem Ursprung erhalten, der durch das konstante Einsatzverhältnis vorgegeben ist.

Im Falle einer *linear homogenen Produktionsfunktion* wird diese Linie eine Ursprungsgerade sein mit einer Skalenelastizität von 1 (Vgl. Graphik zu Aufgabe 6). In diesem Fall ist natürlich auch die Tangente an dieser Kurve überall mit derselben Steigung versehen, d.h. der Niveau-Grenzertrag konstant. Bei allen übrigen homogenen Funktionen, (d.h. nichtlinear homogenen), ändert sich aber die Krümmung dieser Kurve, so daß der Niveau-Grenzertrag nicht konstant und auch nicht 1 ist.

Aufgabe Nr. 4

Eine Isoquante ist

o *A: eine Ursprungsgerade mit positiver Steigung*

o *B: eine Kurve gleichen Outputs*

o *C: immer eine zum Ursprung konvexe Kurve, unabhängig vom Typ der Produktions-Funktion*

o *D: beim Ertragsgesetz gekennzeichnet von einer abnehmenden Grenzrate der technischen Substitution*

o *E: bei allen homogenen Produktionsfunktionen immer differenzierbar*

Eine Isoquante ist eine zum Ursprung konvexe Kurve im v_1/v_2-Koordinatensystem und beschreibt die Möglichkeit der Substitution zwischen zwei Produktionsfaktoren um denselben Output zu erhalten.

Isoquante bedeutet übersetzt etwa "gleiche Menge". Fast alle Produktionsfunktionen besitzen zum Ursprung konvexen Isoquanten. (Vgl. Graphik) Lediglich die LEONTIEF-Funktion (vgl. Aufgabe 7) und für bestimmte Parameterkonstellation auch die CES-Funktion, besitzen *rechteckige Isoquanten*. Die GRtS (= Grenzrate der technischen Substitution), die die Steigung der Tangente an die Isoquante angibt, nimmt betragsmäßig bei einer zum Ursprung konvexen Kurve kontinuierlich ab - man vergleiche hierzu die formale Analogie zur abnehmenden GRS im Rahmen der Haushaltstheorie (s. Aufgabe 37, Haushaltstheorie). Dies ist auch beim sog. *Ertragsgesetz* der Fall.

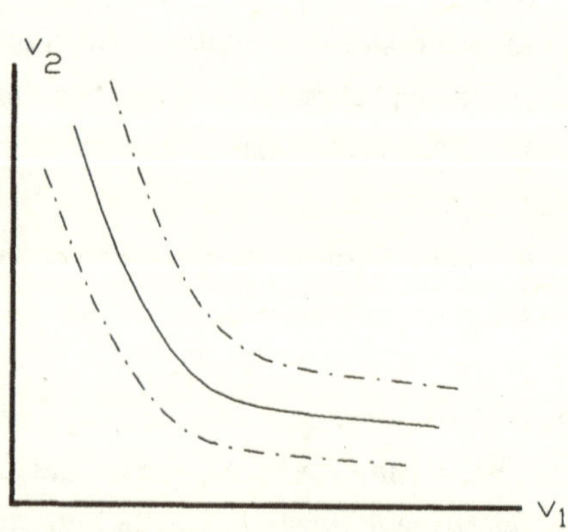

Bei *homogenen* Funktionen hingegen kommt es darauf an, welchen Typs die Produktionsfunktion ist. So sind Isoquanten der COBB-DOUGLAS-Funktion differenzierbar, jedoch jene der LEONTIEF-Produktionsfunktion nicht. Da diese aus zwei rechtwinklig aufeinander stehenden Geraden bestehen (vgl. Aufgabe 7).

Aufgabe Nr. 5

Bei homogenen Produktionsfunktionen ist die

o *A: Skalenelastizität immer gleich 1*

o *B: Summe der partiellen Prod.-Elastizitäten gleich dem Homogenitätsgrad*

o *C: Skalenelastizität gleich dem Homogenitätsgrad*

o *D: GRtS entlang des Prozeßstrahls konstant*

o *E: die GRtS gleich der GRT*

(Hinweis:GRtS=Grenzrate d. techn. Substitution, GRT=Grenzrate d. Transformation)

Die Homogenität einer Produktionsfunktion läßt sich mit folgendem Verfahren testen: Gehen wir von der Definition der Produktionsfunktion $y = y(v_1,v_2)$ aus. Multiplizieren wir nun auf der rechten Seite v_1 und v_2 mit einem Skalenfaktor λ, so ist die Funktion dann und nur dann homogen, wenn sie sich wie folgt schreiben läßt:

$$y = \lambda^r \cdot y^o = y(\lambda \cdot v_1^o, \lambda \cdot v_2^o).$$

In dieser Funktion gibt *r* der Homogenitätsgrad an, der hier kleiner, gleich 1 oder größer 1 sein kann. Wie sich durch eine - hier nicht gezeigte - Ableitung beweisen läßt (vgl. Aufgabe 27), ist der Homogenitätsgrad immer gleich der Skalenelastizität der Produktionsfunktion, d.h. $r = \varepsilon_{y,\lambda}$.

Da der Homogenitätsgrad eine charakteristische Funktions-Größe ist, beinhaltet dies, daß die Skalenelastizität über den gesamten Verlauf der Produktionsfunktion konstant ist, d.h. *alle homogenen* Produktionsfunktionen sind in Bezug auf die Skalenelastizität *isoelastisch*. Wie sich durch einen weiteren, allerdings nicht ganz trivialen, Beweis zeigen läßt, sind alle homogenen Produktionsfunktionen auch *homothetisch* (Vgl. auch Aufg. 30). Dies bedeutet, daß ein beliebiger Ursprungsstrahl jede Isoquante unter einem Winkel schneidet, der, gemessen an der Tangente im Schnittpunkt für alle Isoquanten gleich ist. Kennzeichnen wir die Tangente durch ihre Steigung, nämlich die GRtS, so können wir sagen, daß bei homogenen Funktionen die GRtS entlang eines Prozeßstrahls über alle Isoquanten hinweg konstant ist. Die GRT ist hingegen als Steigung der Tangente an die *Transformationskurve* definiert, also in bezug auf ein y_1/y_2-Koordinatensystem.

Aufgabe Nr. 6

Die COBB-DOUGLAS-Produktionsfunktion

o A: ist stets homogen vom Grad 1

o B: ist homogen vom Grad der Summe ihrer Exponenten

o C: ist immer eine lineare Produktionsfunktion

o D: hat zum Ursprung konvexe Isoquanten

o E: hat eine mit wachsendem y steigende Skalenelastizität

Wie folgende kurze Ableitung zeigt, ist die COBB-DOUGLAS-Produktionsfunktion $y^o = v_1^a \cdot v_2^b$, eine homogene Produktionsfunktion. Es gilt nämlich:

$$y_\lambda = \lambda^r \cdot y^o = y(\lambda \cdot v_1, \lambda \cdot v_2) = (\lambda v_1)^a \cdot (\lambda v_2)^b = (\lambda)^{a+b} \cdot v_1^a \cdot v_2^b = (\lambda)^{a+b} \cdot y^o$$

bzw. nach logarithmieren:

$$r = a + b$$

Da *a* bzw. *b* - wie man durch Multiplikation der jeweiligen 1. *partiellen* Ableitungen y'_1 bzw. y'_2 mit dem Quotienten v_1/y bzw. v_2/y ermittelt, die beiden partiellen Produktionselastizitäten der COBB-DOUGLAS-Funktion darstellen, sieht man, daß ihr Homogenitätsgrad (= Skalenelastizität) gleich der Summe der partiellen Produktionselastizitäten ist. Dies beinhaltet, daß die Skalenelastizität je nach der Höhe des Homogenitätsgrades der gewählten COBB-DOUGLAS-Funktion, d.h. je nach Summe der Exponenten *a + b*, eine zwar unterschiedliche, aber über den gesamten Verlauf hinweg *konstante* Skalenelastizität aufweist. Formuliert man die COBB-DOUGLAS-Funktion für ein konstantes y, also:

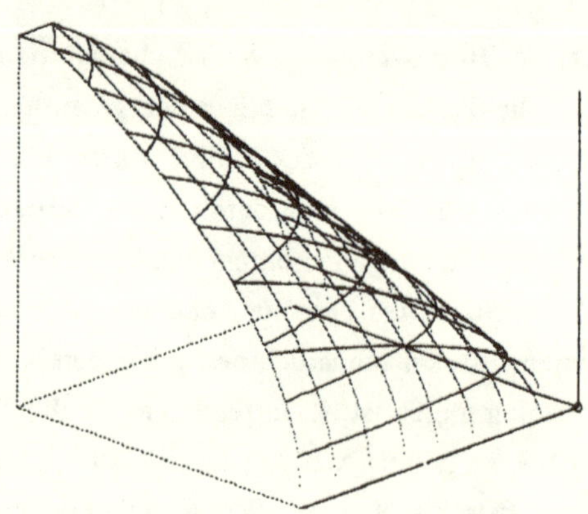

$$\bar{y} = v_1^a \cdot v_2^b$$

so zeigt sich, daß dies eine Hyperbelfunktion darstellt, die die Isoquante bildet. Diese ist zum Ursprung konvex. Lediglich in den Fällen, in denen die Summe der Exponenten genau 1 ist, ergibt die COBB-DOUGLAS-Funktion eine lineare Produktionsfunktion, d.h. besitzt den Homogenitätsgrad $r = 1 = \varepsilon_{y,\lambda}$ (s. Graphik, mit sichtbar "linearem Profil").

Aufgabe Nr. 7

Die LEONTIEF-Produktionsfunktion

o A: ist stets homogen vom Grad 1

o B: erzeugt eine lineare Kostenfunktion

o C: erlaubt uneingeschränkte Faktorsubstitution

o D: kann auch einen Homogenitätsgrad < 1 haben

o E: kann auch einen Homogenitägsgrad > 1 haben

Die LEONTIEF-Produktionsfunktion lautet: $y = \min(v_1/a_1; v_2/a_2)$. Diese Produktionsfunktion wird auch *limitationale* Produktionsfunktion genannt, weil das Einsatzverhältnis der Faktoren auf - produktionsbedingt - konstante Verhältnisse festgelegt ist (z.B. 1 Arbeiter, 1 Bohrmaschine). Wie aus der Definitionsgleichung, aber auch der nebenstehenden Graphik ersichtlich, ist die LEONTIEF-Produktionsfunktion wegen der Konstanz der Einsatzkoeffizienten a_i linear und homogen (vom Grad 1). Die aus ihr abgeleitete Kostenfunktion reproduziert im Inversionsschritt denselben Funktionstypus.

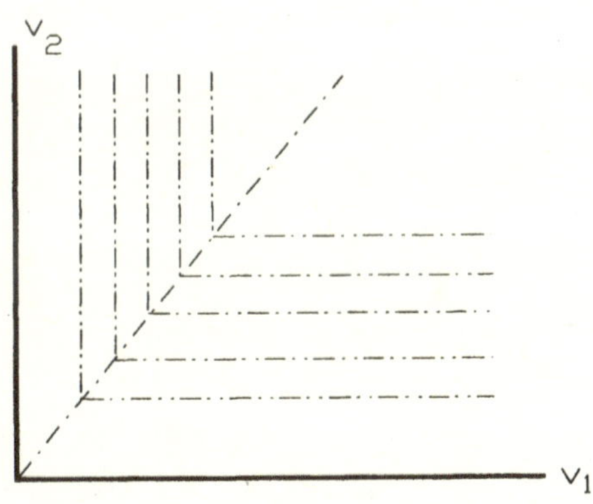

Der typisch limitationale Prozeß läßt nur ein festes Einsatzverhältnis der Faktoren v_1 und v_2 zu. Eine Variation oder Substitution gegenüber diesem festen Verhältnis hätte eine Verletzung des ökonomischen Prinzips zur Folge (Verletzung des Effizienzpostulats).

Aufgabe Nr. 8

Die CES-Produktionsfunktion

o *A: hat stets eine Skalenelastizität kleiner 1*

o *B: besitzt Isoquanten, die die Achsen schneiden*

o *C: geht für geeignete Parameter in die COBB-DOUGLAS-Produktions Funktion über*

o *D: ist homogen vom Grad 0*

o *E: geht für geeignete Parameter in die LEONTIEF-Produktions-Funktion über*

Die CES-Produktionsfunktion stellt eine synthetische, d.h. eigens zu dem Zweck, eine Funktionsvielfalt abzubilden, *konstruierte* Produktionsfunktion dar. Sie besitzt folgende Form:

$$y = (a \cdot v_1^{-c} + (1\text{-}a) \cdot v_2^{-c})^{-1/c}$$

Wie man der Formel entnimmt, kann v_1 oder v_2 auch Null werden ohne daß deswegen $y = 0$. Dies beinhaltet, daß die Isoquante der CES-Funktion auch eine Achse schneiden kann. Für geeignete Parameter kann die CES-Funktion sowohl in die COBB-DOUGLAS-Produktionsfunktion ($c = 0$) überführt werden als auch in die LEONTIEF-Produktionsfunktion ($c = \infty$). Wie folgende Ableitung zeigt, ist die CES-Funktion homogen vom Grade 1, falls der Exponent 1/c lautet:

$$y_\lambda = \lambda^r \cdot y^o = (a \cdot (\lambda v_1)^{-c} + (1\text{-}a) \cdot (\lambda v_2)^{-c})^{-1/c} = (\lambda^{-c} \cdot (a \cdot v_1^{-c} + (1\text{-}a) \cdot v_2^{-c}))^{-1/c} =$$

$$= \lambda^{c/c} \cdot y^o$$

Nach logarithmieren erhalten wir wieder:

$$r = c/c = 1$$

Ist hingegen - in einer verallgemeinerten Form der CES-Funktion - dieser Exponent r/c so besitzt die CES-Funktion den Homogenitätsgrad *r*, wie man nun leicht selbst nachvollzieht.

Aufgabe Nr. 9

Eine lineare Kostenfunktion mit Fixkostenanteil F > 0

o *A: kann nur von einer limitationalen Produktionsfunktion abstammen*

o *B: setzt immer eine lineare Produktionsfunktion voraus*

o *C: zeigt im gesamten Verlauf Identität von Stück- und Grenzkosten*

o *D: zeigt im gesamten Verlauf höhere Stück- als Grenzkosten*

o *E: setzt immer eine homogene Produktionsfunktion voraus*

Eine lineare Kostenfunktion mit Fixkostenanteil besitzt die folgende Form:

$$K = k_v \cdot y + F$$

worin k_v den (variablen) Stückkostensatz pro Stück angibt. Lineare Kostenfunktionen setzen lineare Produktionsfunktionen und damit auch homogene Produktionsfunktionen voraus. Diese können jedoch prinzipiell sowohl von homogenen Produktionsfunktionen des Typs COBB-DOUGLAS oder CES, wie auch von limitationalen, d.h. LEONTIEF-Produktionsfunktionen abstammen.

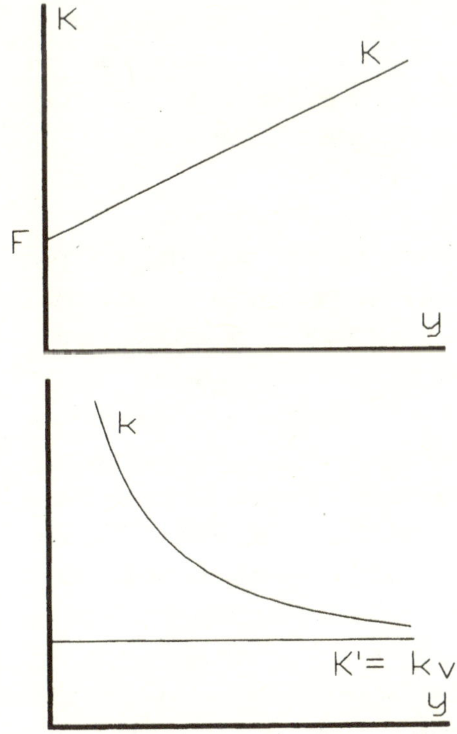

Trägt man die aus der Gesamtkostenfunktion K = K(y) abgeleiteten Stückkosten *k* und Grenzkosten *K'* gegen die Produktionsmenge y auf, sieht man, daß bei einer linearen Kostenfunktion die Grenzkosten konstant sind und wegen des Fixkosten*anteils* des einzelnen Stücks, die Stückkosten über den Grenzkosten liegen müssen aber sich diesen mit wachsender Ausbringungsmenge y annähern (Fixkostendegression, s. a. nebenstehende Graphik).

Aufgabe Nr. 10

Bei einer ertragsgesetzlichen Kostenkurve ergibt sich das

o A: *Betriebsoptimum im Tangentialpunkt der Ursprungstangente und der Gesamtkostenkurve*

o B: *Betriebsminimum durch den Schnittpunkt von Stück- und Grenzkosten*

o C: *Betriebsoptimum bei einer Kostenelastizität von +1*

o D: *Betriebsminimum bei einer Kostenelastizität von +1*

o E: *Betriebsoptimum im Minimum der Grenzkosten*

Eine ertragsgesetzliche Kostenkurve ist gekennzeichnet durch einen U-förmigen Verlauf der Grenz- (= K') und (totalen und variablen) Stückkostenkurve (= k u. k_v), (s. untere Graphik). Dabei schneidet die Grenzkostenkurve die Stückkostenkurven in deren Minimum. Die Stückkosten *k* stellen Durchschnittskosten dar und ergeben sich deshalb durch die Steigung des Fahrstrahls aus dem Ursprung.

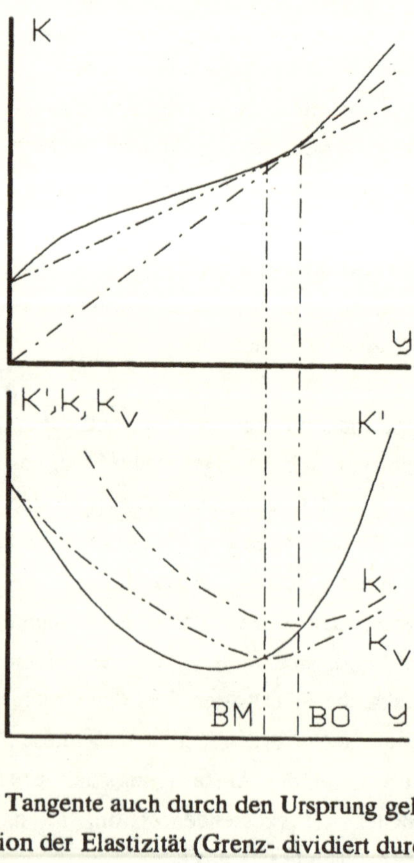

Das Stückkostenkurven*minimum BO* (= flachste Steigung des Fahrstrahls aus dem Ursprung) bedeutet, daß der Betrieb an dieser Stelle das betrachtete Gut mit den *geringstmöglichen* Kosten herstellt. Es wird deshalb auch *Betriebsoptimum* genannt. Analog gilt unter Ausschaltung der Fixkosten dasselbe für die *variablen* Stückkostenkurve k_v, deren Minimum *BM* das Betriebs*minimum* genannt wird, weil ein Preis dieser Höhe lediglich die *variablen* Kosten deckt. Da wegen der Form der Gesamtkostenkurve für y = BO die Tangente auch durch den Ursprung geht, ergibt sich dort K' = k und wegen der Definition der Elastizität (Grenz- dividiert durch Durchschnittsgröße) auch die Kostenelastizität.

Aufgabe Nr. 11

Das Betriebsminimum ist bei einer ertragsgesetzlicher Kostenfunktion definiert als Produktionsmenge im

o *A: Minimum der variablen Durchschnittskosten* k_v

o *B: Minimum der Stückkostenkurve k*

o *C: Minimum der Grenzkostenkurve K'*

o *D: Schnittpunkt der* k_v*- und der K'-Kurve*

o *E: Schnittpunkt der k und der K'-Kurve*

Bei einer ertragsgesetzlichen Kostenfunktion verlaufen die Grenzkosten K', die Stückkosten *k* und die variablen Durchschnittskosten k_v wie in der Graphik zu Aufgabe 10 gezeigt. Dabei schneidet die Grenzkostenkurve *K'*, von unten kommend, zuerst die variablen Durchschnittskostenkurve k_v und dann die Stückkostenkurve *k* in deren jeweiligem Minimum.

Wie in der Graphik zu Aufgabe 10 bereits dargestellt, ergeben sich diese Minimums-Schnittpunktsbedingung dadurch, daß in der Gesamtkostendarstellung hier jeweils Tangente und Fahrstrahl zusammenfallen und dabei gleichzeitig Minimumseigenschaften (= jeweils flachste mögliche Steigung) aufweisen. Da der Betrieb auf Kostendeckung achten muß, wäre normalerweise der Schnittpunkt zwischen *k* und *K'*-Kurve jener Punkt, der den Mindestpreis definiert, der gerade noch die gesamten Stückkosten deckt. Langfristig ist dies auch der Fall. Kurzfristig jedoch wird der Betrieb solange produzieren, als zumindest die *variablen* Kosten gedeckt sind, da die Fixkosten ohnehin kurzfristig *nicht vermeidbar* sind, also bei Betrieb und Stillegung gleichermassen auftreten.

Der Betrieb würde also nur dann die Produktion vollständig aufgeben, wenn auch die variablen Stückkosten nicht mehr gedeckt sind. Dies ist der Fall, wenn der Marktpreis das k_v-Minimum unterschreitet. Deshalb wird dieser Punkt üblicherweise das Betriebs*minimum* genannt.

Aufgabe Nr. 12

Die sog. Minimalkostenkombination (MKK) ist

o A: *der geometrische Ort aller Produktionsoptima für konstante Faktorpreise*
o B: *in der Produktionstheorie das formale Gegenstück zum Haushaltsoptimum*
o C: *der Schnittpunkt von Koordinatenachse und Isoquante*
o D: *die Kombination der billigsten Faktoren*
o E: *der Punkt, wo die Grenzrate d. techn. Substitution (GRtS) und die Steigung der Iso-Kostengerade gleich sind*

Die Minimalkostenkombination ist das formale Gegenstück zum *Haushaltsoptimum* der Nutzentheorie, und bezeichnet den *kostenminimalen* Faktoreinsatz zur Produktion einer festgesetzten Produktionsmenge, wobei die Faktorpreise gegeben sind. Dabei übernimmt die Iso-Kostengerade die Funktion der Budgetgeraden der Haushaltstheorie und die Isoquante die Funktion der Indifferenzkurve.

Im gemeinsamen Tangentialpunkt wird die Produktionsmenge erstellt, die *maximal* (d.h. gerade noch) mit einem gegebenen Kostenbetrag erzielbar ist. Deshalb wird hier die Iso-Kostengerade zur Tangente an die betreffende Isoquante, deren Steigung als GRtS bezeichnet wird.

Analog zum sogenannten *Randoptimum* in der Haushaltstheorie könnte die kostenminimale Situation auch einmal durch einen Schnittpunkt auf der Koordinatenachse gegeben sein. Dies trifft jedoch lediglich in besonderen Ausnahmefällen zu. Das Unternehmen kann schon aus produktionstechnischen Gründen in der Regel nicht den Faktoreinsatz so wählen, daß gerade die billigsten Faktoren zum Einsatz kommen, sondern variiert ihn derart, daß bei gegebenen Faktorpreisen eine bestimmte Produktionsmenge kostenminimal produziert wird, bzw. bei gegebenem Kostenbetrag die hierzu erzielbare Produktionsmenge maximiert wird (Vgl. Graphik zu Aufgabe 17).

Aufgabe Nr. 13

Folgende formale Analogien zwischen Haushaltstheorie und Produktionstheorie (dargestellt durch "...") sind richtig:

o *A: Budgetgerade ... Expansionspfad*
o *B: Indifferenzkurve ... Isoquante*
o *C: Einkommenskonsumkurve ... Faktornachfragekurve*
o *D: Haushaltsoptimum ... Minimalkostenkombination*
o *E: Grenzrate der Substitution ... Grenzrate der Transformation*

Die formale Analogie zwischen Haushaltstheorie und Produktionstheorie hat zur Grundlage, daß es sich im beiden Fällen um *Maximierungskonzepte* unter *Beschränkung* handelt. Dabei ist in Fall der Haushaltstheorie die Beschränkung durch eine Budgetgerade und im anderen durch die sog. Iso-Kostengerade gegeben (in der "dualen" Lesart: mit zugestandenem Kostenaufwand *maximal* erzielbarer Output).

In beiden Fällen beschreibt eine zum Ursprung konvexe Kurve - die Indifferenzkurve bzw. die Isoquante - einen möglichen *Substitutionsprozeß* zwischen den auf den Achsen gebenenen Größen (x_1,x_2 bzw. v_1,v_2). Der Tangentialpunkt zwischen der beschränkenden Geraden und der konvexen Kurve wird im ersten Fall Haushaltsoptimum und im zweiten Minimalkostenkombination genannt. Die Steigung der hierbei als Schranke fungierenden Geraden heißt im Fall der Haushaltstheorie Grenzrate der Substitution (GRS) und im Fall der Produktionstheorie Grenzrate der technischen Substitution (GRtS) was die formale Ähnlichkeit ein weiteres Mal bestätigt.

Hingegen betreffen Einkommens-Konsum-Kurve (im x_1/x_2-Koordinatensystem) und Faktornachfragekurve (im q_i/v_i-Koordinatensystem) jeweils verschiedene Sachverhalte. Der Expansionspfad wiederum ist ein Begriff der Produktionstheorie, der auf die Konsequenzen einer parallelen Verschiebung der Beschränkungsfunktion (= Steigerung der eingesetzten Kosten) vom Ursprung weg und die damit verbundenen Konsequenzen (Ausweitung der effizienten Produktion) abhebt (Vgl. Graphik zu Aufgabe 14). GRtS und GRT bezeichnen zwar beide die Steigung von Tangenten, beziehen sich jedoch jeweils auf verschiedene Kurven in verschiedenen Koordinatensysteme (dv_2/dv_1 bzw. dy_1/dy_2 vgl. Aufgabe 1).

Aufgabe Nr. 14

Der Expansionspfad einer Unternehmung ist

o A: *der geometrische Ort aller Minimal-Kosten-Kombinationen für konstante Faktorpreise*

o B: *unabhängig von der Produktionsfunktion immer eine Gerade*

o C: *in seiner Lage vom Faktorpreisverhältnis unabhängig*

o D: *bei allen homogenen Produktionsfunktionen eine Ursprungsgerade*

o E: *auch bei homogenen Produktionsfunktionen eine gekrümmte Kurve*

Der Expansionspfad einer Unternehmung (= Ursprungsgerade in der Graphik) ist definiert als der geometrische Ort aller Minimalkostenkombinationen, die sich für wachsenden Output (d.h. vom Ursprung weg parallel verschobene Iso-Kostengeraden) ergeben unter Berücksichtigung der hierbei konstant gehaltenen Faktorpreise(relation).

Der Expansionspfad, die Verbindungslinie der MKK-Faktorkombinationen für konstante Faktorpreise und wachsende Kostenbeträge, kann nun eine Gerade sein, falls es sich um eine *homogene Produktionsfunktion* handelt. Dabei spielt für seine Lage natürlich auch das Faktorpreis*verhältnis* eine Rolle. Da bei homogenen Produktionsfunktionen Konstanz des Einsatzverhältnisses der Faktoren vorausgesetzt wird, geht der Expansionspfad in diesem Fall sogar durch den Ursprung.

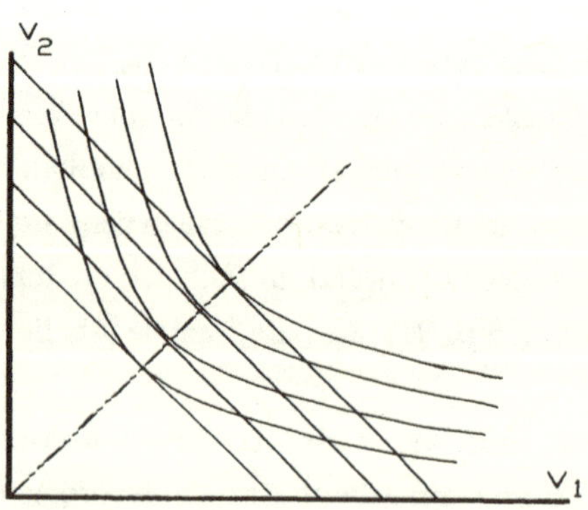

Er wird jedoch mit Sicherheit *keine Gerade* sein, falls der Isoquantenschar eine ertragsgesetzliche Kostenfunktion zugrunde liegt.

Aufgabe Nr. 15

Eine Kostenfunktion, die auf einer homogenen Produktionsfunktion mit Skalenelastizität 1 beruht und Fixkosten F > 0 beinhaltet,

o *A: ist immer linear*

o *B: ist isoelastisch mit einer Kostenelastizität* $\varepsilon_{K,y} = 1$

o *C: ist nur linear, wenn die Faktorkosten konstant bleiben*

o *D: besitzt identische* k_v*- und K'-Kurven*

o *E: besitzt immer identische Stück- und Grenzkosten*

Kostenfunktionen können auf homogenen Produktionsfunktionen mit einem Homogenitätsgrad größer, kleiner oder gleich 1 beruhen. Im Fall einer linear homogenen Produktionsfunktion ist deren Skalenelastizität 1. Dies führt zu einer *linearen Kostenfunktion*. Durch die Hinzunahme von *Fixkosten* bleibt diese Kostenfunktion zwar linear, wird aber, da sie nun aus dem Ursprung herausversetzt ist, nicht mehr isoelastisch sein.

Lineare Kostenkurven besitzen über den gesamten Verlauf *dieselbe* Steigung (vgl. Graphik zu Aufgabe 9), sodaß die Grenzkosten K' und die variablen Kosten k_v überall gleich groß sind. Hingegen sind Stückkosten k und Grenzkosten K', wie die nebenstehende Graphik zeigt, wegen des fallenden Fixkostenanteils nicht gleich (Fixkostendegression).

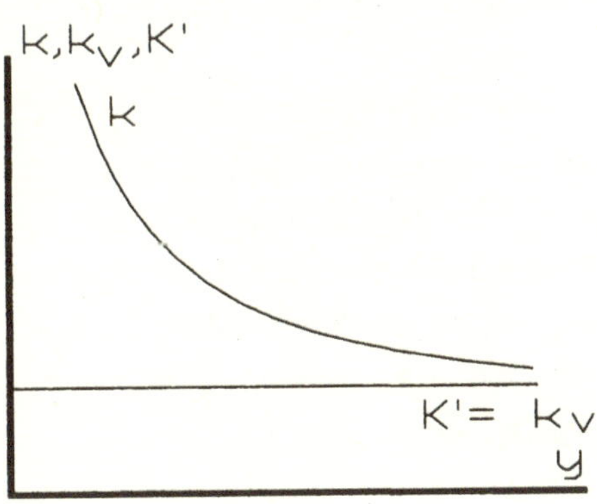

Die Linearität der Kostenfunktion basiert auf der Linearhomogenität der zugrundeliegenden Produktionsfunktion und hat nichts mit der Konstanz der Faktorpreise zu tun. Ändern sich die Faktorpreise, so verlagert sich die Kostenfunktion und damit auch die hieraus abgeleiteten Kostengrößen K', k und k_v.

Aufgabe Nr. 16

Eine nichtlineare Kostenfunktion

o *A: stammt immer von einer nicht-homogenen Produktionsfunktion ab*
o *B: ergibt sich z.B. bei ertragsgesetzlichen Produktionsfunktionen*
o *C: besitzt immer eine Skalenelastizität* $\varepsilon_{y,\lambda} = 1$
o *D: ist auch bei homogenen Funktionen mit einem Homogenitätsgrad ungleich 1 möglich*
o *E: ist Anzeichen von Faktorpreissteigerungen*

Da eine Kostenfunktion aus der ihr zugrundeliegenden Produktionsfunktion abgeleitet wird, ergibt sich, daß einer linearen Kostenfunktion eine lineare Produktionsfunktion und einer nichtlinearen Kostenfunktion entsprechend eine nichtlinerare Produktionsfunktion zugrunde liegen muß.

Die Nichtlinearität der Produktionsfunktion kann jedoch durch verschiedene Einflüsse verursacht sein: Sowohl eine ertragsgesetzliche als auch eine nichtlineare aber homogene Produktionsfunktion erzeugen Nichtlinearitäten, wobei im letzten Fall der Homogenitätsgrad von 1 verschieden ist.

Da eine Skalenelastizität von $\varepsilon_{y,\lambda} = 1$ Linearität der Produktions- und damit der Kostenfunktion zur Folge hat, ist sie mit einer nichtlinearen Produktionsfunktion nicht verträglich. Die Faktorpreise gehen bei der Ableitung der Kostenfunktion aus der Produktionsfunktion (1. Schritt: Inversion!) erst im 2. Schritt, der *Bewertung* mit den Faktorkosten, ein. Ihre Veränderung bewirkt also eine Veränderung der Parameter der Kostenfunktion (graphisch: ihrer Lage), aber nicht ihres Typs, der im *ersten* Schritt festgelegt wird.

Aufgabe Nr. 17

Die Formel für die Minimal-Kosten-Kombination lautet

o A: $y'_1/q_1 = -y'_2/q_2$
o B: $y'_1/q_2 = y'_2/q_1$
o C: $y'_1/q_1 = y'_2/q_2$
o D: $y'_1/y'_2 = q_2/q_1$
o E: $y'_1/y'_2 = q_1/q_2$

Als formales Gegenstück zum Haushaltsoptimum gibt die Minimalkostenkombination jene *Faktorkombination* an, bei der angesichts eines vorgegebenen Kostenbetrages *K* die maximal mögliche Stückzahl (oder Menge eines Gutes) *y* produziert wird. Es handelt sich graphisch mithin um einen *Tangentialpunkt* zwischen der Iso-Kostengeraden und der Isoquantenschar, der dadurch gekennzeichnet ist, daß hier die Grenzrate der technischen Substitution (GRtS) und die Steigung der Iso-Kostengerade (= negativer Quotient der Faktorpreise) identisch sind. In der Minimalkostenkombination verhalten sich die physischen Grenzproduktivitäten der Güter wie ihre Faktorpreise.

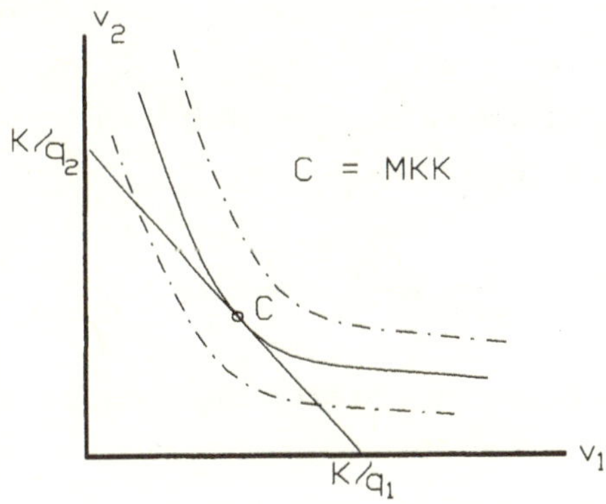

Für die Minimalkostenkombination kann man sich intuitiv klar machen, daß der für den gegebenen, bewerteten Faktorinput (Kosten) sich ergebende maximalen Output *y* dann noch gesteigert werden könnte, wenn seine mit dem Faktorpreis gewogene Grenzproduktivität y'_i/q_i für einen Faktor höher wäre als für den (die) anderen. In diesem Falle nämlich würde man von dem betreffenden Faktor, der noch eine höhere Produktivität verspricht, solange mehr einsetzen, bis die Gleichheit wieder erreicht würde. Dadurch würde aber der Output zusätzlich steigen, d.h. das Maximum wäre noch nicht erreicht. Es ist hingegen erreicht bzw. im Umkehrschluß minimale Kostensituation realisiert, wenn der mit der letzten verwendeten Geldeinheit gekaufte Zuwachs an Grenzproduktivität für alle Faktoren gleich ist.

Aufgabe Nr. 18

Die Kostenkurve eines Betriebes laute: K = 22y + 80. Daraus ergeben sich bei einer Absatzmenge von y = 20 die Grenzkosten K' bzw. Stückkosten k:

o A: K'= 24
o B: k = 22
o C: K'= 22
o D: k = 26
o E: Keine der Antworten A - D ist richtig

Bei dieser Aufgabe handelt es sich nur scheinbar um eine Rechenaufgabe. Sie dient primär dazu, die eigentlich sehr einfache innere Logik der Kostenfunktion klar zu machen:

Aus der Kostenfunktion läßt sich ***direkt ablesen*** (bzw. durch Differenzieren nach y ableiten):

$$K' = dK/dy = 22.$$

Bei linearen Kostenfunktionen wie der vorliegenden sind die variablen Durchschnittskosten k_v und die Grenzkosten K' überall gleich (Vgl. Aufgabe 15). Die (totalen) Stückkosten k hingegen erhalten wir, indem wir die Gesamtkosten K auf das einzelne Stück umlegen, also:

$$k = K/y = (k_v \cdot y + F)/y = (22 \cdot 20 + 80)/20$$

Diese ausführliche Rechnung, deren Durchführung natürlich auch zum Ergebnis führt, können wir aber vereinfachen, indem wir allgemein den obigen Bruch in zwei Brüche aufteilen, in den ***variablen*** Anteil der Stückkosten, k_v und den Fixkostenanteil F/y:

$$k = k_v + F/y$$

Schlagen wir nun den, anhand der Angaben sehr einfach zu ermittelnden Fixkostenanteil F/y auf die ***variablen*** Stückkosten k_v (= K') auf, so kommen wir unmittelbar zum Ergebnis.

Aufgabe Nr. 19

Das sog. Produktionsoptimum bei 2 Gütern und 2 Faktoren ist erreicht, wenn

o A: *das Verhältnis der Grenzproduktivitäten für jede Produktart gleich ist*

o B: *die GRT gleich der GRtS ist*

o C: *die GRT maximal ist*

o D: *wenn bei infinitesimaler Umverteilung der Faktoren die Produktionsmengen konstant bleiben*

o E: *die GRtS maximal ist*

(Hinweis: GRtS=Grenzrate d. techn. Substitution, GRT=Grenzrate der Transformation)

Das *Produktionsoptimum* ist definiert als eine Situation, bei der eine Umverteilung der Produktionsfaktoren auf Alternativen der Güterproduktion, die Produktionsmenge(n) nicht mehr verändert bzw. ggf. sogar verschlechtert. Dies beinhaltet, das alle Faktoren *effizient* eingesetzt werden und keine Ressourcenverschwendung vorliegt.

Technisch läßt sich dieser Sachverhalt dadurch überprüfen, daß man im untenstehenden linken Schema testet, ob durch Umverteilung eine Produktionssteigerung erreicht werden kann: Verschieben wir z.B. 1 kg Dünger in die Gemüseproduktion, so erzielen wir 8 kg Gemüse mehr. Für die Konstanz der Kartoffelmenge müssen wir das Defizit durch Umverteilung von 3 h Arbeit ausgleichen, was ein Minus von 6 kg Gemüse bewirkt. Gesamtgewinn: 2 kg Gemüse. Im *rechten* Beispiel ist dies jedoch aufgrund der Gleichheit der Quotienten der Grenzproduktivitäten nicht mehr möglich.

$\partial y_i/\partial v_i$	Kartoffeln	Gemüse
Arbeit	3 kg/h	2 kg/h
Dünger	9 kg/kg	8 kg/kg

$\partial y_i/\partial v_i$	Kartoffeln	Gemüse
Arbeit	4,2 kg/h	3,1 kg/h
Dünger	8,4 kg/kg	6,2 kg/kg

Da sich das Verhältnis der Grenzproduktivitäten *spaltenweise* auch als GRtS ausdrücken läßt, kann man diesen Sachverhalt auch als ein Gleichwerden der GRtS für jede Produktart formulieren. Die GRT als Tangentensteigung an die *Transformationskurve* ergibt sich hingegen als *zeilenweiser Quotient* der Grenzproduktivitäten, wobei sich das jeweilige ∂v_i wegkürzt.

Aufgabe Nr. 20

Effiziente Produktion bei einem Gut, einem Faktor und mehreren Betriebsstätten ist stets gegeben, wenn

o A: *das physische Grenzprodukt des Faktors in jeder Betriebsstätte Null wird*

o B: *das physische Grenzprodukt des Faktors in jeder Betriebsstätte gleich groß ist*

o C: *eine infinitesimale Umverteilung des Faktors zwischen Betriebsstätten keine Produktionssteigerung bewirkt*

o D: *keine Substitution bzw. Umverteilung zwischen Faktoren und Betrieben mehr möglich ist*

o E: *eine infinitesimale Umverteilung des Faktors zu einer Verringerung der Gesamtproduktion führt*

Das Produktionsoptimum bzw. die effiziente Produktion bei *einem Gut* und *einem Faktor* bezüglich mehrerer Betriebsstätten liegt dann vor, wenn eine infinitesimale (bzw. dieser gleichstehenden) Umverteilung dieses Faktors zwischen den Betriebsstätten keine Steigerung des Gesamtprodukts mehr bewirkt. Würde sie noch eine Steigerung zur Folge haben, wäre dies ein Anzeichen dafür, daß das Optimum vorher noch nicht erreicht war.

Bleibt das Produktionsergebnis bei einer geringfügigen Umverteilung der Faktoren konstant, so ist dies ein Hinweis, daß das Maximum der Produktion bei gegebenem Ressourceneinsatz, d.h. das Produktionsoptimum, erreicht ist. Im Produktionsoptimum ist das Grenzprodukt y' des Faktors in aller Regel in jeder Betriebsstätte noch > 0.

Führt hingegen eine Umverteilung des Faktors zu einer *Verringerung der Gesamtproduktion*, so könnte es sich zwar möglicherweise um effiziente Produktion gehandelt haben. Dies ist jedoch nicht sicher, da auch andere Ausgangspunkte, die schon suboptimal waren, zum selben Ergebnis führen können. Eine Substitution bzw. Umverteilung der Faktoren zwischen den Betriebsstätten ist dabei prinzipiell immer möglich.

Aufgabe Nr. 21

Effiziente Produktion bei zwei Gütern und zwei Faktoren liegt vor, wenn

o A: die GRT gleich der GRtS ist

o B: die GRtS zwischen den beiden Faktoren für alle Produkte gleich ist

o C: das als GRT definierte Verhältnis der Grenzproduktivitäten bei jedem Produktionsfaktor gleich ist

o D: die physischen Grenzproduktivitäten der beiden Faktoren nicht mehr sinken

o E: wenn mindestens ein Faktor seine maximale Grenzproduktivität erreicht hat

(Hinweis: GRT = Grenzrate der Transformation, GRtS = Grenzrate der technischen Substitution)

Effiziente Produktion beinhaltet, daß bei der Produktion (Vgl. Aufgabe 1) nichts verschwendet wird. Dies bedeutet, daß bei *gegebenem Ressourceneinsatz* der Output maximal wird oder für einen definierten Output der *Ressourceneinsatz minimiert* wird. Die Faktorkombination bei effizienter Produktion stellt einen *PARETO-optimalen* Zustand dar, weil eine Umverteilung der Produktionsfaktoren nicht mehr zu einer Erhöhung des Gesamtausstoßes von Gütern führen würde.

Wie sich durch Ausformulierung des totalen Differentials für eine Isoquante zeigen läßt, ist die GRtS zwischen zwei Faktoren gleich dem negativen reziproken Verhältnis der physischen Grenzproduktivitäten. Ist dieser Quotient für zwei gewählte Faktoren bei unterschiedlichen Produkten verschieden, so läßt sich durch eine Umverteilung des Faktoreinsatzes die Produktion noch steigern, war also nicht effizient. *Gleichheit* der GRtS zeigt hingegen an, daß eine Umverteilung keine weitere Steigerung mehr bringen würde und damit das Produktionsmaximum erreicht ist. Damit stellt sie ein gewisses Pendant zum PARETO-Handelsoptimum dar (vgl. Haushaltstheorie-Fragen, Aufgabe 9), das dadurch gekennzeichnet ist, daß die Grenzraten der Substitution *zwischen verschiedenen Produkten* gleich sind.

Wie die vorstehenden Überlegungen gezeigt haben, kommt es für die Effizienz nicht auf absolute Werte der Grenzproduktivititäten an, sondern auf ihre Relation.

Aufgabe Nr. 22

Das sog. Sozialökonomische Optimum

o A: *ist* PARETO*-optimal sowohl in Hinblick auf die Güterzuteilung, wie auch die Produktion der Güter*
o B: *ist gekennzeichnet durch identische Grenzraten der Substitution für alle Haushalte*
o C: *ist gekennzeichnet durch die Identität von GRS und GRT*
o D: *stellt die bestmögliche soziale Sicherung der Bevölkerung dar*
o E: *stellt sicher, daß jeder mit allem Nötigen versorgt wird*
(Hinweis: GRT= Grenzrate der Transformation, GRS = Grenzrate der Substitution)

Im sogenannten sozialökonomischen Optimum (SO) ist sowohl die Versorgung mit Gütern optimal gelöst, d.h. ein sogenanntes *Handelsoptimum* erreicht, als auch die Produktion von Gütern effizient, d.h. ein *Produktionsoptimum* realisiert. Das bedeutet, daß sich die Versorgungslage der gesamten Volkswirtschaft einerseits als Punkt auf der sogenannten *Transformationskurve* (= Produktionsmöglichkeitenkurve, zum Ursprung konkav) darstellt, die ihrerseits ein geometrischer Ort aller effizienten Produktionsmöglichkeiten ist, als auch gleichzeitig die Präferenzvorstellungen der Bevölkerung spiegelt. Geometrisch bedeutet dies einen *Tangentialpunkt* zwischen der *Transformationskurve* und der *Indifferenzkurvenschar*. Dies versinnbildlicht die nebenstehende Graphik.

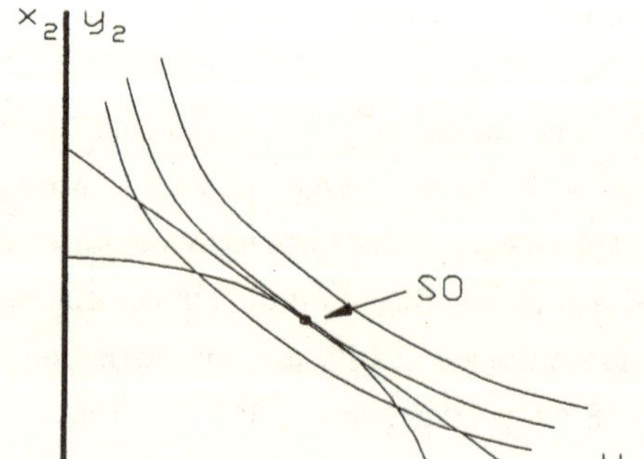

Die Tangente an *beide* Kurven definiert einerseits die *kollektive* GRS, andererseits die GRT. Ihre Steigung entspricht $-p_1/p_2$. Da das SO ein gesamtwirtschaftliches Gleichgewicht ist, gilt es mithin auch *für alle* Haushalte, deren individuelles Optimum auch GRS = $-p_1/p_2$ beinhaltet. Dies sagt jedoch nichts über soziale Sicherung aus. Es ist auch nicht sicher, ob eine der potentiellen Versorgungslagen (= Punkte der Transformationskurve) ausreicht, alle Haushalte mit dem Nötigsten zu versorgen.

Aufgabe Nr. 23

Eine Produktionsfunktion

o A: ist dasselbe wie das Ertragsgesetz

o B: ist eine Zuordnung von Inputs und Output

o C: besitzt ein Ertragsgebirge, wenn man von lediglich 2 Faktoren ausgeht

o D: stellt das Produktionsergebnis als Funktion der Faktoren dar

o E: gibt an, wieviel eine bestimmte Produktionsmenge kostet

Eine Produktionsfunktion ist grundsätzlich die funktionale Zuordnung zwischen Produktionsergebnis und dem Faktorinput. Allgemein geschrieben:

$$y = y(v_1, v_2, \ldots, v_n)$$

Beschränkt man sich auf *zwei* Inputfaktoren, so kann man das Produktionsergebnis in Abhängigkeit davon in der dritten Dimension graphisch darstellen. Man nennt man sie Ertragsgebirge. (Vgl. Graphik). Diese räumliche Darstellung ist jedoch bei mehr als 2 Inputs unmöglich.

Jede Produktionsfunktion hat ein für sie *typisches Ertragsgebirge*, wobei das sog. *Ertragsgesetz*, das primär im landwirtschaftlichen Produktionsbereich begründet wurde, eine spezielle Form eines Ertragsgebirges darstellt (s. Graphik). Durch bestimmte Schnitte (Vertikal bzw. Horizontalschnitte), die durch ein derartiges Ertragsgebirge gelegt werden können, kann man einzelne Kenngrößen ableiten, mit denen sich die gesamte Produktionsfunktion charakterisieren läßt.

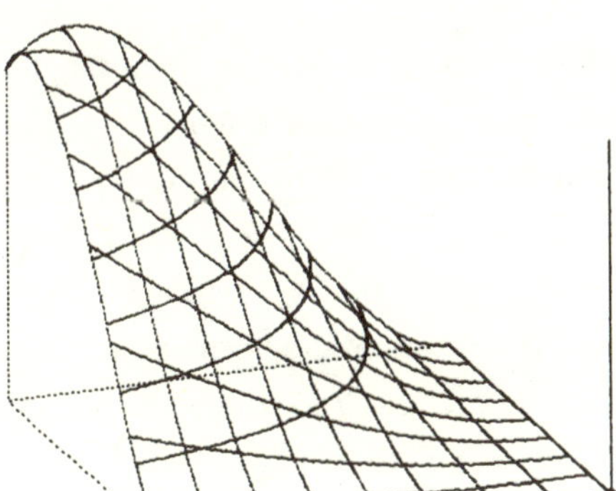

Grundsätzlich ist eine Produktionsfunktion die Basis, um eine Kostenfunktion abzuleiten. Die Produktionsfunktion selbst bezieht sich dabei nur auf Produktionsmengen und Faktoreinsätze, die Kostenfunktion hingegen auf Produktionsmengen und deren Kosten.

Aufgabe Nr. 24

Produktionsfunktionen sind

o *A: immer substitutiv, weil jeder Faktor tendenziell durch einen anderen ersetzt werden kann*
o *B: immer homogen, weil sie eine konstante Skalenelastizität besitzen*
o *C: homogen, falls sie eine konstante Skalenelastizität besitzen*
o *D: dann linear, wenn es sich um eine limitationale Produktionsfunktion handelt*
o *E: immer linear, falls sie homogen sind.*

Man unterscheidet verschieden *Typen* von Produktionsfunktionen. Eine erstes, wichtiges Kriterium ist dabei die Homogenität bzw. Nicht-Homogenität. Homogene Produktionsfunktionen können ihrerseits wieder linear homogen oder nichtlinear homogen sein, je nachdem, ob die ihnen zugeordnete *Skalenelastiziät* $\varepsilon_{y,\lambda}$ gleich 1 oder ungleich 1 ist.

So sind z.B. die Produktionsfunktionen vom Typ CES, COBB-DOUGLAS und LEONTIEF *homogen*, insbesondere können diese drei Typen unter gewissen Bedingungen linear homogen sein. Das *Ertragsgesetz* (Vgl. Graphik zu Aufgabe 23) ist *nicht-homogen.*

Es läßt sich zeigen, daß der Homogenitätsgrad einer homogenen Produktionsfunktion gleich ihrer Skalenelastizität ist (Vgl. Aufgabe 27). Mithin kann man auch homogene Produktionsfunktionen als *isoelastisch* in bezug auf ihre Skalenelastizität bezeichnen.

Innerhalb der Klasse der *linear homogenen* Produktionsfunktionen, die z.B. von der COBB-DOUGLAS-Produktionsfunktion mit dem Homogenitätsgrad $r = a + b = \varepsilon_{y,\lambda} = 1$, von der LEONTIEF-Produktionsfunktion sowie unter, gewissen Nebenbedingungen, auch von der CES-Funktion gebildet werden, unterscheiden wir solche Produktionsfunktionen, die eine *substitutive Isoquante* (zum Ursprung konvex und differenzierbar) aufweisen und die LEONTIEF-Produktionsfunktion, die mit ihren *rechteckigen Isoquanten* lediglich limitationale Produktionsverhältnisse zuläßt (Vgl. Graphik zu Aufgabe 7). Hieraus folgt, daß eine limitationale Produktionsfunktion immer linear ist, aber nicht umgekehrt.

Aufgabe Nr. 25

Der Grenzertrag einer partiellen Produktionsfunktion

o A: *kann nicht negativ werden*

o B: *kann negativ werden, wenn es sich um eine ertragsgesetzliche Produktionsfunktion handelt*

o C: *ist die 1. Ableitung der partiellen Produktionsfunktion nach dem fixierten Faktor*

o D: *gibt an, um wieviel mehr produziert wird, wenn vom variablen Faktor eine Einheit mehr eingesetzt wird*

o E: *ist bei homogenen Produktionsfunktionen immer > 0*

Variiert man in einer Produktionsfunktion lediglich *einen* Inputfaktor unter Konstanthaltung der übrigen Produktionsfaktoren, so erhält man eine *partielle* Produktionsfunktion. Die Steigung der Tangente an diese partielle Produktionsfunktion ergibt dann den sogenannten *Grenzertrag* im Sinne der ersten Ableitung dy/dv_i (tg ß in der Graphik). Statt des eleganten Differentialquotienten können wir auch einen Differenzenquotienten $\Delta y/\Delta v$ bilden, wobei wir $\Delta v_i = 1$ setzen. In diesem Fall gibt Δy den sogenannten *Grenz*ertrag an. Er besagt, um wieviele Einheiten y zunimmt, wenn der Faktoreinsatz v_i um *eine* Einheit steigt.

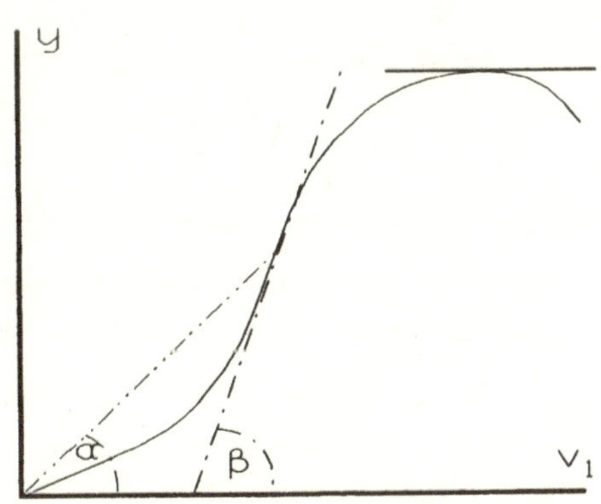

In allen Fällen, in denen die Produktionsfunktion einen echten Gipfel besetzt, kann der Produktionszuwachs Δy grundsätzlich auch *negativ* werden (s. Graphik, rechts von der Horizontal-Tangente). Bei den Funktionen, bei denen der "Gipfel" jedoch erst im Unendlichen liegt, wie dies z.B. bei homogenen Funktionen der Fall ist, kann der Grenzertrag nicht negativ werden.

Aufgabe Nr. 26

Der Durchschnittsertrag einer partiellen Produktionsfunktion

o A: kann nie negativ werden

o B: ist bei jeder Produktionsfunktion immer größer als der Grenzertrag

o C: ist bei jeder Produktionsfunktion immer kleiner als der Grenzertrag

o D: ist bei COBB-DOUGLAS-Produktionsfunktionen stets gleich dem Grenzertrag, multipliziert mit der reziproken partiellen Produktionselastizität

o E: ist bei LEONTIEF-Produktionsfunktionen stets höher als der Grenzertrag

Zur *Definition* der partiellen Produktionsfunktion vergleiche man Aufgabe 25. Der Durchschnittsertrag einer partiellen Produktionfunktion wird durch die *Fahrstrahlsteigung* des betrachteteten Punktes dieser Produktionsfunktion gemessen (tg α = y/v, s. Graphik zu Aufgabe 25). Aus der Tatsache, daß *y* und *v* ökonomische Größen repräsentieren, die stets positiv sind, ergibt sich, daß der Quotient hieraus ebenfalls positiv ist. Betrachten wir als Paradebeispiel einmal das *Ertragsgesetz* wie in der Graphik zu Aufgabe 25, so sehen wir, wenn wir Fahrstrahl *und* Tangente für gleiche Punkte auftragen, daß in gewissen Bereichen die Fahrstrahlsteigung größer als die Tangentensteigung ist, in anderen Bereichen sich dieses Verhältnis jedoch wieder umkehrt.

Bei einer Ertragsfunktion vom Typ COBB-DOUGLAS hingegen können wir diesen Zusammenhang nicht so einfach ersehen, sondern müssen ihn aus der Kurvendefinition herleiten. Die erste Ableitung der COBB-DOUGLAS-Funktion nach $v_{1,}$ ist:

$$\partial y/\partial v_1 = \partial(v_1^a \cdot v_2^b)/\partial v_1 = a \cdot y/v_1$$

was genau das *a*-fache der Durchschnittsproduktivität y/v_1 ist. Da die partiellen Produktionselastizitäten $\varepsilon_{y,v1} = a$ bzw. $\varepsilon_{y,v2} = b$, also gleich den zugehörigen Exponenten sind, läßt sich durch entsprechendes Umformen zeigen, daß im Fall der COBB--DOUGLASFunktion stets eine *konstante* Relation zwischen Grenzproduktivität und Durchschnittsprodukivität herrscht. Hingegen ist im Falle der ebenfalls homogenen LEONTIEF-Produktionsfunktion Grenzproduktivität und Durchschnittsproduktivität nur vom Ursprung bis zum Effizienzpunkt identisch. Bei weiter wachsendem Faktoreinsatz springt die Grenzproduktivität jedoch auf Null.

Aufgabe Nr. 27

Die Skalenelastizität ist

o A: *bei der* COBB-DOUGLAS*-Funktion gleich der Summe der partiellen Produktionselastizitäten*

o B: *konstant, wenn es sich um eine homogene Produktionsfunktion handelt*

o C: *gleich dem Quotienten aus dem partiellen Grenzertrag und dem partiellen Durchschnittsertrag*

o D: *gleich dem Quotienten aus dem partiellen Grenzertrag und dem reziproken partiellen Durchschnittsertrag*

o E: *gleich dem Quotienten aus dem Niveau-Grenzertrag und dem partiellen Durchschnittsertrag*

Die Skalenelastizität ist definiert als $\varepsilon_{y,\lambda} = dy/d\lambda \cdot \lambda/y$. Durch Ableiten einer homogenen Produktionsfunktionen $y = \lambda^r \cdot y^o$ nach λ läßt sich zeigen:

$$dy/d\lambda = r \cdot \lambda^{r-1} \cdot y^o = r \cdot y/\lambda$$

und nach Multiplizieren der Gleichung mit λ/y

$$\varepsilon_{y,\lambda} = dy/d\lambda \cdot (\lambda/y) = r$$

Darüberhinaus kann man zeigen, daß die Skalenelastizität und damit der Homogenitätsgrad sich stets als *Summe der partiellen Produktionselastizitäten* darstellen läßt (Vgl. Aufgabe 26):

$$\varepsilon_{y,\lambda} = \varepsilon_{y,v1} + \varepsilon_{y,v2}$$

(Bitte Ableitung anhand eines Lehrbuchs nachvollziehen). Damit ergibt sich implizit auch, daß homogene Produktionsfunktionen *isoelastisch* sind. Bekanntlich läßt sich jede Elastizität als Quotient aus der betreffenden Grenz- und Durchschnittsgröße darstellen. Sowohl Grenzgröße wie Durchschnittsgröße beziehen sich jedoch bei der Skalenelastizität auf den Skalenfaktor λ oder anders formuliert, ergeben sich als Quotient aus dem Niveau-Grenzertrag ($dy/d\lambda$) und dem hierzu analogen Durchschnittsertrag y/λ.

Aufgabe Nr. 28

Die aus dem Ertragsgebirge einer Produktionsfunktion abgeleiteten Isoquanten

o *A: können niemals rechteckig sein*

o *B: weisen bei allen homogenen Funktionen stets die Eigenschaft auf, daß die GRtS mit steigendem Faktoreinsatz in ihrem Betrag abnimmt*

o *C: haben bei COBB-DOUGLAS-Produktionsfunktionen eine betragsmäßig abnehmende GRtS*

o *D: ergeben sich, wenn man am Ertragsgebirge zur v_1/v_2-Ebene parallele Horizontalschnitte für alternative Erträge vornimmt*

o *E: sind stets konkav zum Ursprung*

(Hinweis: GRtS = Grenzrate der techn. Substitution)

Schneidet man ein Ertragsgebirge *parallel* zur v_1/v_2 -Ebene bei alternativen y-Werten, so erhalten wir die sogenannten Isoquanten als Projektion der Schnittlinien auf die Basisebene. Da ein Schnitt mit einer zur Grundebene parallelen Ebene gleichbedeutend ist mit einer jeweils konstanten Produktionsmenge, ist die sich als Schnittlinie ergebende Kurve in dieser Ebene auch als "Gleichmengenkurve" (=Isoquante) interpretierbar.

Die Form der Isoquante spiegelt damit auch den Typus der zugrunde liegenden Produktionsfunktion, weil sie von der Form des Ertragsgebirges abhängt. Im Falle der LEONTIEF-Produktionsfunktion sind diese Isoquanten rechteckig. D.h. ihre (vertikalen bzw. horizontalen) Äste sind ökonomisch irrelevant, da ihre Nutzung Verschwendung darstellen würde (vgl. hierzu auch Aufgabe 29 und die Graphik zu Aufgabe 7).

Bei der COBB-DOUGLAS-Produktionsfunktion hingegen sind die Isoquanten unabhängig vom Homogenitätsgrad *konvex* zum Ursprung. D.h. sie weisen eine durchgängig negative Tangentensteigung (GRtS) auf, deren Betrag mit wachsendem Faktoreinsatz kontinuierlich fällt.

Aufgabe Nr. 29

Der sog. "ökonomisch relevante Bereich" einer Isoquante

o A: *ist bei allen zum Ursprung konvexen Isoquanten gekennzeichnet durch eine endliche negative Tangentensteigung*

o B: *liegt zwischen den beiden Tangentialpunkte achsparalleler Tangenten an die Isoquante*

o C: *befindet sich im Bereich positiver Tangentensteigungen, da hier die Produktion mit wachsendem Faktoreinsatz wächst*

o D: *degeneriert bei der LEONTIEF-Produktionsfunktion auf einen Punkt*

o E: *erstreckt sich stets auf die gesamte Isoquante*

Isoquanten sind definiert als Kurven gleichen Mengenoutputs in Abhängigkeit von unterschiedlichen Kombinationen der Produktionsfaktoren v_1 und v_2. Bei einigen Produktionsfunktionen sind diese Isoquanten konvex in bezug auf den Ursprung, bei anderen rechteckig (LEONTIEF-Funktion). Darüberhinaus besteht die Möglichkeit, daß sie sich im Falle zum Ursprung konvexer, stetiger Isoquanten ringförmig schließen (vgl. z.B. das Ertragsgesetz in der *Gipfel*-Region). Die letzte Situation stellt einen Extremfall dar.

Da ein ökonomisch handelnder Produzent kaum bereit wäre, für eine gegebene Produktionsmenge *y* mehr an Produktionsfaktoren einzusetzen als unbedingt nötig, folgt daraus, daß auf einer gegebenen Isoquante lediglich derjenige Bereich ökonomisch sinnvoll (d.h. ohne Verletzung des ökonomischen Prinzips) nutzbar ist, bei dem der Mehreinsatz eines Faktor durch einen Mindereinsatz des anderen *kompensiert* wird. Damit gilt in diesem Bereich notwendigerweise: $-\infty < \text{GRtS} < 0$.

Im Restbereich einer derartigen Isoquante wäre ein Mehreinsatz eines der beiden oder beider Faktor jedoch nach der Definition der Isoquante nicht von einem erhöhten Output begleitet. Hieraus ergibt sich, daß im Falle senkrecht aufeinanderstehender Isoquantenäste, wie dies beispielsweise bei der LEONTIEF-Produktionsfunktion der Fall ist, lediglich der *Schnittpunkt* beider Geraden ökonomisch nutzbar ist (vgl. Graphik zu Aufgabe 7).

Aufgabe Nr. 30

Die sog. Homothetie-Eigenschaft zum Ursprung konvexer Isoquanten

o A: *ist eine Begleiterscheinung aller homogenen Produktionsfunktionen*

o B: *ist eine Begleiterscheinung ertragsgesetzlicher Produktionsfunktionen*

o C: *kann nur bei ertragsgesetzlichen Produktionsfunktionen auftreten*

o D: *beinhaltet, daß jeder Punkt des Expansionspfades dieselbe Grenzrate der technischen Substitution besitzt*

o E: *beinhaltet, daß jede Isoquante von einem gegebenen Expansionspfad unter demselben Winkel geschnitten wird*

Homothetie ist eine Eigenschaft konvexer Isoquanten, die darin besteht, daß ihre Tangenten im Schnittpunkt mit einem beliebigen Ursprungsstrahl entlang dieses Ursprungsstrahls stets dieselbe Steigung aufweisen (vgl. fett gezeichnete Tangenten in der nebenstehenden Graphik). Mittels eines nicht ganz einfachen Beweises läßt sich zeigen, daß dieses Phänomen bei *allen homogenen* Produktionsfunktionen auftritt, zu denen z.B. die CES-, die COBB-DOUGLAS-Produktionsfunktion zählen. Bei der *einfachen* LEONTIEF-Produktionsfunktion ist die Tangente nicht definiert. Es gibt allerdings auch eine *verallgemeinerte* LEONTIEF-Produktionsfunktion mit mehreren Prozeßstrahlen, die auch Prozeßmischungen mit dann resultierenden quasikonvexen, wenn auch nur stückweise stetigen Isoquanten zulassen. Für diese wäre die obige Aussage entsprechend zu differenzieren.

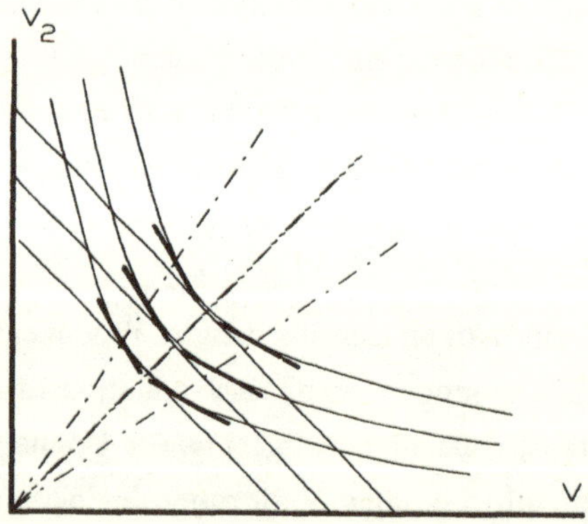

Da die Grenzrate der technischen Substitution (GRtS = dv_2/dv_1) als Steigungsmaß der Tangente an einen betrachteten Punkt der Isoquante definiert ist, ergibt sich mithin, daß homothetische Funktionen entlang eines beliebigen Expansionspfades von einer gleichbleibenden GRtS gekennzeichnet sind.

Aufgabe Nr. 31

Zwischen Haushaltstheorie und Produktionstheorie bestehen folgende formale Entsprechungen (dargestellt durch "...")

o A: Konsumgüter ... Produktionsfaktoren
o B: Budgetgerade ... Isokostengerade
o C: Expansionspfad ... "offer"-curve
o D: Einkommen-Konsum-Kurve ... Faktornachfragekurve
o E: Isonutzenkurve ... Isokostengerade

Haushaltstheorie und Produktionstheorie sind sich formal insofern ähnlich, als sie gleichartige Methoden verwenden, um das in beiden Zweigen der mikroökonomischen Theorie unter der gegebenen Beschränkung gesuchte Optimum - bei der Haushaltstheorie das errreichbare *Nutzenmaximum* und in der Produktionstheorie die *Minimalkostenkombination* - zu realisieren.

Hieraus folgt, daß sich Konsumgüter x_i einerseits und Produktionsfaktoren v_i andererseits formal entsprechen, ebenso existiert beidemale eine Beschränkungsfunktion, die einmal durch die Budgetgerade und zum anderen durch die Isokostengerade gegeben ist.

Dem *Expansionspfad* der Produktionstheorie entspricht haushaltsseitig jedoch eine Linie, der die Einkommensvariation und nicht eine Preisvariation (sonst PKK !) zugrundeliegt. Dies ist die Einkommens-Konsum-Kurve (EKK). Andererseits entspricht der *Faktornachfragekurve*, die Faktor*preise* und Faktor*mengen* eines bestimmten Faktors einander gegenüberstellt, natürlich die Nachfragekurve des Haushalts nach Haushaltsgütern.

Die Isonutzenkurve entspricht wiederum einer Linie gleichen Nutzens, d.h. der *Indifferenzkurve*, die zum Ursprung konvex ist. Die Isokostengerade bezeichnet gemäß der Vorsilbe "iso" (= grch. *gleich*) eine Gerade gleicher Gesamtkosten.

Aufgabe Nr. 32

Die COBB-DOUGLAS-Produktionsfunktion

o A: ist immer eine homogene Produktionsfunktion mit Homogenitätsgrad 1

o B: ist keine homogene Produktionsfunktion

o C: besitzt stets eine konstante Skalenelastizität

o D: erzeugt rechteckige Isoquanten

o E: besitzt eine abnehmende Grenzrate der technischen Substitution

Die COBB-DOUGLAS-Produktionsfunktion ist definiert als eine Funktion des Typs

$$y = c \cdot v_1^a \cdot v_2^b$$

worin *a* und *b* Exponenten sind und *c* eine Anpassungskonstante. Wie man durch Umformung zeigen kann, ist:

$$y_\lambda = \lambda^r \cdot y^o = c \cdot (\lambda v_1^o)^a \cdot (\lambda v_2^o)^b = \lambda^{a+b} \cdot y^o$$

woraus nach Logarithmieren folgt:

$$r = a + b$$

Mithin ist diese Funktion homogen vom Grade a + b. Da der *Homogenitätsgrad* gleich der Skalenelastizität ist, gilt weiter:

$$\varepsilon_{y,\lambda} = r = a + b$$

Für den Fall, daß a + b = 1, ist auch der Homogenitätsgrad $r = 1$, d.h. haben wir eine *lineare* Produktionsfunktion vor uns. COBB-DOUGLAS-Produktionsfunktionen besitzen unabhängig vom Betrag des Homogenitätsgrads immer kontinuierlich fallende Isoquanten (Vgl. Graphik zu Aufgabe 4).

Die Tangenten an die Isoquanten weisen mithin eine im Betrag fallende Steigung auf. Diesen Sachverhalt kann man auch als "abnehmende Grenzrate der technischen Substitution", analog zur formalen Isomorphie in der Haushaltstheorie, bezeichnen.

Aufgabe Nr. 33

Das Ertragsgebirge einer Produktionsfunktion der Form $y = \min(v_1/a_1;\ v_2/a_2)$

o *A: beinhaltet Isoquanten, die die Achsen schneiden*

o *B: beinhaltet rechteckige Isoquanten*

o *C: stellt eine Pyramidenkante dar*

o *D: stellt einen Kegel dar*

o *E: besitzt im Endlichen keinen Gipfel*

Die Produktionsfunktion $y = \min(a \cdot v_1;\ b \cdot v_2)$ kennzeichnet eine sogenannte LEONTIEF-Produktionsfunktion. Diese besitzt, wie bekannt, *rechteckige* Isoquanten (vgl Graphik).

Die LEONTIEF-Produktionsfunktion ist eine *linear homogene* Produktionsfunktion, die, dies folgt unmittelbar daraus, keinen Gipfel besitzt. Wie bereits in Aufgabe 29 dargestellt, degeneriert der *ökonomisch nutzbare Bereich* der Isoquanten der LEONTIEF-Produktionsfunktion auf den Schnittpunkt ihrer geraden, orthogonalen Äste, die die Isoquanten darstellen.

In der dritten Dimension (Output-Achse) entspricht der Aufeinanderfolge dieser Effizienzpunkte am ehesten ein aus dem Ursprung heraus gespannter Draht.

Beziehen wir die - ökonomisch nicht sinnvoll realisierbaren - Seitenäste der Isoquanten mit ein, so ergibt sich die Vorderkante einer Pyramide, (deren Hinterseite allerdings ökonomisch ebenfalls keine Rolle spielt vgl. auch die nebenstehende Graphik, die die LEONTIEF-Produktionsfunktion darstellt).

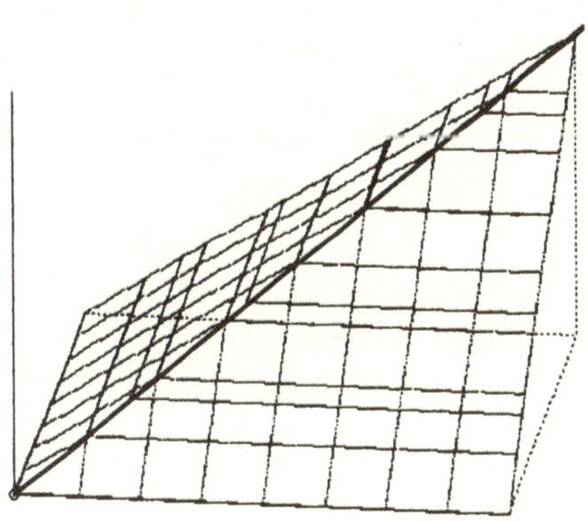

Aufgabe Nr. 34

Die Kostenfunktion wird aus der Produktionsfunktion dadurch konstruiert, daß man

o A: die Produktionsfunktion lediglich invertiert

o B: aus der Produktionsfunktion die Verbrauchsfunktionen ermittelt, diese mit den Faktorpreisen bewertet und die Fixkosten addiert

o C: die Verbrauchsfunktionen invertiert, mit den q_i *multipliziert und die Fixkosten addiert*

o D: die invertierte Produktionsfunktion zu den Fixkosten addiert

o E: in der Kostengerüstfunktion die v_i *durch die Funktion* $v_i = f(y)$ *für jeden Faktor substituiert*

Grundlage jeder Kostenfunktion ist eine bestimmte *Produktionsfunktion*. Leiten wir aus der Produktionsfunktion die zugehörige Kostenfunktion ab, so müssen wir nacheinander folgende Schritte absolvieren:

- durch *Inversion* der Produktionsfunktion Verbrauchsfunktion(en) $v_i = f(y)$ formen,
- diese durch Multiplikation mit den *Faktorpreisen bewerten* und schließlich
- die *Fixkosten*, (die vom Umfang der Produktion unabhängig sind) *addieren*.

Der Gang der Handlung wird dabei durch die Umformung der Kostengerüstfunktion

$$K = \Sigma_i v_i \cdot q_i + F$$

vorgegeben. Hierin müssen, wie man leicht sieht, nur die v_i durch die jeweils entsprechende Verbrauchsfunktion

$$v_i = f(y)$$

substituiert werden, so daß schließlich eine Funktion des Typs

$$K = K(y) + F$$

entsteht, in der die Fixkosten *F* das konstante Glied bilden. Dies ist die eigentliche Kostenfunktion.

Aufgabe Nr. 35

Die Kostenfunktion zu einer linear homogenen Produktionsfunktion wird dadurch ermittelt, daß man

o *A: die Produktionsfunktion lediglich invertiert*

o *B: die Kosten des Einheitsprodukts y^o mit dem Skalenniveau multipliziert und die Fixkosten addiert*

o *C: die MKK bestimmt, mit den q_i bewertet und anschließend die Fixkosten addiert*

o *D: das Vektorprodukt der Faktorpreise **q** und der Basismengen v^o bildet, mit dem Skaleniveau multipliziert und die Fixkosten addiert*

o *E: zuerst den Homogenitätsgrad bestimmt und diesen anschließend mit den Kosten der Basismengen y^o multipliziert*

(Hinweis: MKK = Minimalkostenkombination)

Homogene Produktionsfunktionen sind u.a. dadurch gekennzeichnet, daß der Expansionspfad immer eine Ursprungsgerade ist. Das Faktor-Einsatz*verhältnis* bleibt bei einer Produktionsausdehnung, da diese entlang des Expansionspfades erfolgt, stets konstant. Die Faktormengen stellen - falls die Produktionsfunktion *linear* homogen ist - hinsichtlich der variablen Kosten eine der Skalenvariation λ entsprechende Vervielfachung der Kosten des (willkürlich gewählten) Einheitsprodukts y^o dar.

Bei homogenen Produktionsfunktionen gilt, wie bei allen Produktionsfunktionen: Um die Gesamtkosten zu erhalten, müssen selbstverständlich noch die produktionsniveauunabhängigen Fixkosten F addiert werden.

Eine unmittelbare Multiplikation der Kosten der Basismenge mit dem Homogenitätsgrad r führt nicht zu einer Kostenfunktion, doch würde dieser bei allen homogenen Produktionsfunktioen bei der Bestimmung der Kosten über den Faktor λ^r in die Bestimmung der Kostenfunktion eingehen.

Aufgabe Nr. 36

Die Grenzkosten sind stets

o A: *Null bei einer linearen Kostenfunktion*
o B: *konstant, falls die zugrundeliegende Produktionsfunktion homogen ist*
o C: *konstant, falls die zugrundeliegende Produktionsfunktion linear homogen ist*
o D: *gleich den Stückkosten k, falls die Produktionsfunktion ertragsgesetzlich ist*
o E: *gleich den variablen Durchschnittskosten k_v, falls die Produktionsfunktion linear homogen ist*

Die Grenzkosten *K'* sind definiert als die erste Ableitung der Kosten nach der Menge:

$$K' = dK/dy$$

bei *linearen* Kostenkurven mithin gleich der (konstanten) Steigung der Kostenkurve.

Bei *linear homogenen* Produktionsfunktionen sind bekanntlich auch die daraus abgeleiteten Kostenkurven linear. Die Stückkosten

$$k = K/y$$

sind bei *ertragsgesetzlichen* Kostenkurven nur für eine ganz bestimmte Produktionsmenge identisch, nämlich dort, wo die Tangente an die Gesamtkostenkurve gleichzeitig durch den Ursprung geht (Vgl. Graphik Aufgabe 25).

Im Falle *linearer* Kostenkurven, zeigt der Fahrstrahl für die variablen Durchschnittskosten k_v dieselbe (konstante) Steigung wie die Tangente, die die zugehörigen Grenzkosten beschreibt.

Aufgabe Nr. 37

Bei einer ertragsgesetzlichen Kostenfunktion besteht(n) zwischen den Stückkosten k, den variablen Durchschnittskosten k_v, den Grenzkosten K' und den Fixkosten F folgende Beziehung(en)

o *A: $k = k_v$ falls $F = 0$*

o *B: k_v ist stets gleich dem Tangens des Fahrstrahls aus dem Ursprung an die Gesamtkostenkurve*

o *C: $k = K'$ im Minimum der Grenzkosten*

o *D: k- und k_v-Minimum sind identisch, falls $F = 0$*

o *E: $k = K'$ im Minimum der Stückkosten*

Eine ertragsgesetzliche Kostenfunktion ist dadurch gekennzeichnet, daß die Gesamtkostenfunktion eine Wendepunktstangente besitzt bzw. die Grenzkosten *K'* (= erste Ableitung der Gesamtkostenfunktion nach der Produktionsmenge y) U-förmig verlaufen (Vgl. die Graphik zu Aufgabe 19, Markttheorie-Fragen).

Da sowohl die *k*- als auch die k_v-Kurve jeweils durch die Werte der Fahrstrahlsteigungen dargestellt werden, ergibt sich für den Fall F = 0, daß diese Kurven identisch sind, da dann der Ursprung des Fahrstrahls in beiden Fällen dem Ursprungs des Koordinatensystems der Kostenfunktion enspricht.

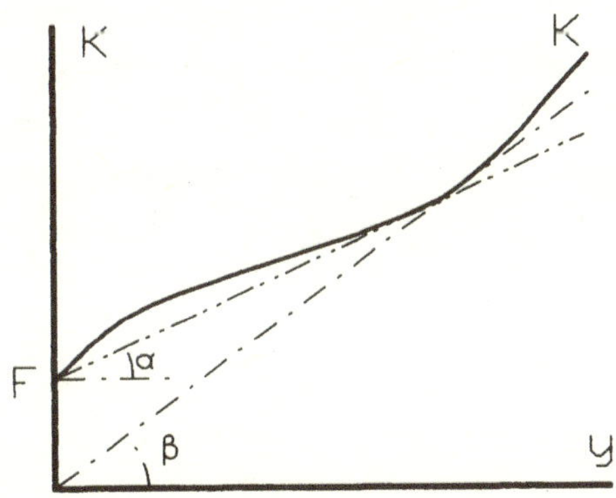

Üblicherweise sind jedoch die Fixkosten F > 0. In diesem Fall zeigt ein einfacher graphischer Versuch (Vgl. Graphik), daß der Ursprungs-Fahrstrahl seine niedrigste Steigung an die Gesamtkostenkurve besitzt, wenn er gleichzeitig *Tangente* an die Gesamtkostenkurve ist (= Ursprungstangente, *k* = tg ß). In diesem Fall schneidet die *K'*-Kurve die *k*-Kurve in deren Minimum. Der Fahrstrahl aus dem Punkt F tangiert an einer anderen Stelle, wird allerdings auch dort Tangente, wo tg *α* sein Minimum erreicht.

Aufgabe Nr. 38

Der Expansionspfad einer Produktionsfunktion ist eine Ursprungsgerade, falls es sich um eine

o A: homothetische Produktionsfunktion handelt
o B: homogene Produktionsfunktion handelt
o C: ertragsgesetzliche Produktionsfunktion handelt
o D: COBB-DOUGLAS-Produktonsfunktion handelt, aber nur, wenn die Summe der partiellen Produktionselastizitäten gleich 1 ist
o E: CES-Produktionsfunktion handelt

Der Expansionspfad ist definiert als der geometrische Ort aller Minimalkostenkombinationen bei unterstellter Konstanz der Faktorpreise oder zumindest bei konstanter Faktorpreis*relation*. Dies impliziert, daß die *Isokostenlinie* parallel zu sich selber vom Ursprung weg verschoben wird. Alle dabei entstehenden Tangentialpunkte mit dem Isoqantensystem bilden den Expansionspfad (vgl. Graphik Aufgabe 30).

Eine *ertragsgesetzliche* Produktionsfunktion kann dabei durchaus einen nichtlinearen, "gewundenen" Expansionspfad aufweisen, da sie nicht homogen ist.

Alle homogenen Produktionsfunktionen - dazu zählen u.a. die COBB-DOUGLAS-Produktionsfunktion, die LEONTIEF-Produktionsfunktion und die CES-Produktionsfunktion - besitzen *Ursprungsgeraden* als Expansionspfade. Da alle homogenen Funktionen die Homothetie-Eigenschaft aufweisen, könnten wir die Fragestellung ebenso gut für homothetische Produktionsfunktionen formulieren.

Aufgabe Nr. 39

Der sog. Expansionspfad ist

o A: *die kürzeste Verbindungslinie zweier Minimalkostenkombinationen auf 2 beliebigen Isoquanten einer Produktionsfunktion*

o B: *der geometrische Ort aller Minimalkostenkombinationen einer Produktionsfunktion*

o C: *stets eine Gerade, falls es sich um eine COBB-DOUGLAS-Produktionsfunktion handelt*

o D: *eine nichtlineare Kurve, falls es sich um eine COBB-DOUGLAS-Produktionsfunktion handelt, deren Skalenelastizität $\varepsilon_{y,\lambda} < 1$ ist*

o E: *stets eine zum Ursprung konvex verlaufende Kurve*

Wie bereits in Aufgabe 38 dargestellt, ist der Expansionspfad der geometrische Ort aller Minimalkostenkombinationen.

Ist der Expansionspfad eine *Gerade*, so kennzeichnet diese auch die kürzeste Verbindung zwischen zwei auf ihm liegenden, verschiedenen Isoquanten zugeordneten, Punkten. Bei *nichtlinearen* Expansionspfaden, wie sie sich z.B. beim Ertragsgesetz ergeben können, deckt sich die Verbindungsgerade zweier Punkte i.d.R nicht mit dem diesebezüglichen Ausschnitt des Expansionspfade, es sei denn die Punkte lägen infinitesimal eng beieinander.

Wie die Behandlung von Aufgabe 38 gezeigt hat, sind jedoch die Expansiospfade *aller homogenen* Produktionfunktionen, insb. der COBB-DOUGLAS-Produktionsfunktion, (Ursprungs-)Geraden und zwar unabhängig vom Homogenitäts*grad* der Funktion.

Aufgabe Nr. 40

Bei einer Kostenfunktion in folgender Form: $K = a \cdot y + F$ mit $a,F > 0$

o A: sind die Grenzkosten stets gleich den Stückkosten
o B: sind die variablen Durchschnittskosten gleich den Stückkosten
o C: sind die variablen Durchschnittskosten gleich den Grenzkosten
o D: sind die Stückkosten größer also die Grenzkosten
o E: ist die Kostenelastizität überall gleich 1

Bei der angegebenen Kostenfunktion handelt es sich um den Typus der *linearen* Kostenfunktion mit Fixkosten. Differenzieren wir diese Funktion nach dy, so ergibt sich:

$$K' = dK/dy = a$$

In diesem Falle sind variable Durchschnittskosten $k_v = a = (K-F)/y$ und Grenzkosten K' identisch. Die totalen Stückkosten $k = K/y$ weichen jedoch von den variablen Durchschnittskosen k_v ab, da diese die Fixkosten nicht einbeziehen.

Wie die Graphik zu Aufgabe 15 zeigt, liegen die Stückkosten k überall *über* den Grenzkosten K', die ihrerseits gleich den variablen Durchschnittskosten k_v sind.

Die Kostenelastizität läßt sich, wie jede Elastizität, grundsätzlich als Quotient aus Grenzgröße und Durchschnittsgröße darstellen, also:

$$\varepsilon_{K,y} = K'/k$$

Da die Grenzkosten hier konstant sind, die totalen Durchschnittskosten k wegen der Fixkostendegression jedoch kontinuierlich abnehmen, kann die Kostenelastizität nicht isoelastisch sein (Vgl. Grafik zu Aufgabe Aufgabe 15).

Aufgabe Nr. 41

Bei einer Kostenfunktion der Form $K = a \cdot y^2 + F$, mit $a,F > 0$

o A: sind die Grenzkosten stets gleich den Stückkosten

o B: sind die Grenzkosten stets höher als die Stückkosten

o C: sind die Grenzkosten stets kleiner als die Stückkosten

o D: schneiden sich Grenz- und Stückkostenkurve

o E: sind die Stückkosten stets größer als die variablen Durchschnittskosten

Differenzieren wir die angegebene Kostenfunktion nach y, so erhalten wir die Grenzkosten:

$$K' = 2 \cdot a \cdot y$$

haben also mit y *steigende Grenzkosten* gegeben, während die Stückkosten

$$k = K/y = a \cdot y + F/y = k_v + F/y$$

betragen. Je nach Höhe des Terms F/y können mithin die Grenzkosten *K' größer*, *gleich* oder *kleiner* als die Stückkosten *k* werden (Vgl. hierzu auch die Graphik zu Aufgabe 42).

Da sich die variablen Stückkosten ergeben als:

$$k_v = a \cdot y < a \cdot y + F/y,$$

zeigt sich, daß stets $k_v < k$ gilt, da $F > 0$ vorausgesetzt wurde.

Aufgabe Nr. 42

Ein Betrieb arbeite mit einer homogenen Produktionsfunktion, deren Skalenelastizität kleiner 1 ist. Seine Kostenfunktion, die auch Fixkosten F > 0 beinhaltet, ist dann dadurch gekennzeichnet, daß

o A: *die Kostenelastizität ebenfalls stets kleiner 1 ist*

o B: *die Kostenelastizität im gesamten Produktionsbereich stets größer 1 ist*

o C: *die Grenzkosten für y > 0 stets über den variablen Durchschnittskosten liegen*

o D: *sich Grenzkostenkurve und Stückkostenkurve bei irgend einem y* > 0 schneiden*

o E: *die Kostenelastizität dort 1 ist, wo der Fahrstrahl an die Kostenkurve zur Ursprungstangente wird*

Eine Skalenelastizität $\varepsilon_{y,\lambda} < 1$ (impliziert den Homogenitätsgrad r < 1) bedeutet, daß der Betrieb mit *unterproportional* wachsendem Output rechnen muß, falls er alle Inputs um ein λ-faches erhöht. Dies beinhaltet nicht nur steigende Kosten, sondern auch steigende Grenzkosten. Wie die nebenstehende Graphik zeigt, ergibt sich hierdurch die Situation, daß der Fahrstrahl aus dem Ursprung an einer bestimmten Stelle zur Ursprungstangente wird (eingezeichnetes Lot bei y*), d.h. daß in diesem Punkt für y* > 0, $K' = k$ gilt. In diesem Punkt muß notwendigerweise auch wegen

$$\varepsilon_{K,y} = K'/k$$

die Kostenelastizität gleich 1 sein. Wie sich unter Verwendung der graphischen Abschätzungsmethode (Wirkungsabschnitt/ Ursachenabschnitt, Vgl. Aufgabe 23 Haushaltstheorie-Fragen) leicht nachprüfen läßt, ist die Kostenelastizität *links* von y* nämlich $\varepsilon_{K,y} < 1$ (wegen $K' < k$), rechts davon aber > 1. Wie die Graphik zeigt gilt für strikt positive *y*-Mengen auch $K' > k_v$.

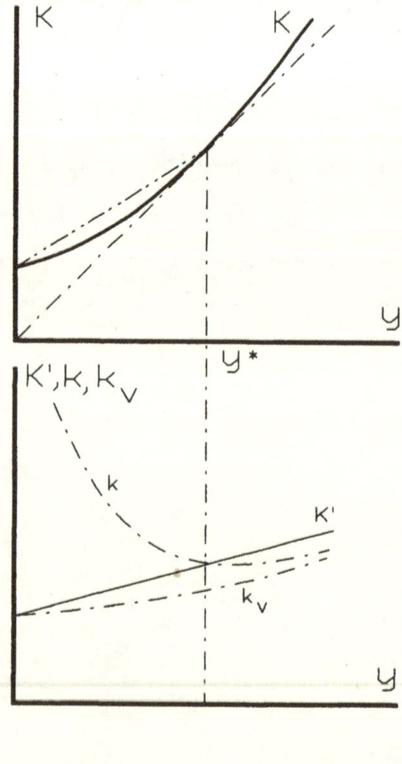

Aufgabe Nr. 43

Eine LEONTIEF-Produktionsfunktion $y = \min(v_1/a; v_2/b)$ und eine COBB-DOUGLAS-Produktonsfunktion $y = v_1^a \cdot v_2^b$ mit $0{,}5 < a, b < 1$ besitzen folgende Eigenschaften gemeinsam:

o A: sie sind beide linear homogen

o B: sie sind beide homogen

o C: sie besitzen beide denselben Homogenitätsgrad

o D: sie sind beide nichtlinear homogen

o E: sie besitzen beide eine isoelastische Skalenelastizität

LEONTIEF-Produktionsfunktionen und COBB-DOUGLAS-Produktionsfunktionen sind grundsätzlich beide homogen. Während jedoch die lineare LEONTIEF-Produktionsfunktion den Homogenitätsgrad (und damit die Skalenelastizität) 1 besitzt, ergibt sich für die COBB-DOUGLAS-Funktion der Homogenitätsgrad aus der *Summe der Exponenten* a und b, die jedoch in der Fragestellung mit $a + b > 1$ vorgegeben sind.

Lediglich in den Fällen, in denen $a + b = 1$ gilt, ist also auch die COBB-DOUGLAS-Produktionsfunktion *linear homogen*. Dies folgt aus der - hier nicht gezeigten, aber für alle homogenen Funktion gültigen - Ableitung, daß die Summe der (beiden) partiellen Produktionselastizitäten gleich der Skalenelastizität bzw. dem Homogenitätsgrad *r* sind (vgl. hierzu Aufgabe 32)

Für die COBB-DOUGLAS-Produktionsfunktion läßt sich jeweils durch Differenzieren zeigen, daß die *partielle* Produktionselastizität der Faktors 1, $\varepsilon_{y,v1}$ gleich dem Exponenten *a* und die des Faktors 2, $\varepsilon_{y,v2} = b$, dem Exponenten für Faktor 2 ist.

Da, wie in Aufgabe 32 gezeigt,

$$\varepsilon_{y,\lambda} = r = a + b = const.$$

muß die Skalenelastizität über den gesamten y-Bereich hinweg konstant sein.

Aufgabe Nr. 44

Ein Betrieb arbeite mit zwei Input-Faktoren auf der Basis einer homogenen Produktionsfunktion. Welche der folgenden Aussagen ist (sind) richtig ?

o A: *Die Summe der partiellen Produktionselastizitäten ist gleich der Skalen-Elastizität*

o B: *Die Skalen-Elastizität ist notwendigerweise 1, da die Produktionsfunktion homogen ist*

o C: *Die Skalenelastizität ist im gesamten Verlauf der Produktionsfunktion konstant*

o D: *Der Expansionspfad ist eine Ursprungsgerade weil die Produktionsfunktion homogen ist*

o E: *Die Niveau-Grenzproduktivität ist im gesamten Produktionsbereich konstant wegen der Homogenität der Produktionsfunktion*

Die Homogenitätseigenschaft einer Produktionsfunktion beinhaltet, daß eine globale Inputvariation um das λ-fache zu einer Zunahme des Outputs führt, die sich durch:

$$y = \lambda^r \cdot y^o$$

ergibt, wobei y^o das ursprüngliche, *vor* der Inputerhöhung sich ergebende Outputniveau bezeichnet und *r* den Homogenitätsgrad darstellt. Hieraus ist implizit zu ersehen, daß der Homogenitätsgrad über den gesamten Gültigkeitsbereich der Produktionfunktion *konstant* und mithin die Skalenelastizität im gesamten Gültigkeitsbereichs *isoelastisch* ist.

Da grundsätzlich gezeigt werden kann, (aus Platzgründen wird hier darauf verzichtet), daß alle homogenen Produktionsfunktionen auch *homothetisch* (= konstanter Schnittwinkel von Expansionspfad und Isoquantentangente, vgl. Aufgabe 30) sind, sind die Expansionspfade aller homogenen Produktionsfunktionen Ursprungsgeraden. Die Niveau-Grenzproduktivität dy/dλ läßt sich über die Formel der Skalenelastizität zu dieser in Beziehung setzen. Es folgt hieraus:

$$dy/d\lambda = r \cdot y/\lambda = r \cdot \lambda^r \cdot y^o / \lambda = \lambda^{r-1} \cdot r \cdot y^o$$

Da y^o und *r* jeweils konstant sind, ergibt sich, daß dy/dλ nur dann konstant ist, wenn *r* = 1 ist, d.h. im Fall *linear homogener* Produktionsfunktionen. Weicht *r* jedoch vom Wert 1 ab, so variiert die Niveau-Grenzproduktivität dy/dλ auch mit λ.

Aufgabe Nr. 45

Ein Betrieb arbeite mit einer ertragsgesetzlichen Produktionsfunktion und zwei Input-Faktoren. Welche der folgenden Aussagen ist (sind) dann zutreffend ?

o A: *Die Summe der partiellen Produktionselastizitäten ist stets überall gleich groß*

o B: *Die Skalenelastizität ist im gesamten Produktionsbereich gleich 1*

o C: *jede partielle Produktionselastizität ist dort 1, wo die zugehörige Durchschnittsproduktivität maximal ist.*

o D: *Im Maximum einer partiellen Produktionsfunktion ist die zugehörige Grenzproduktivität gleich 0*

o E: *Der Expansionspfad dieser Produktionsfunktion ist eine Ursprungsgerade*

Die ertragsgesetzliche Produktionsfunktion ist *nicht* homogen. Das bedeutet, daß die Skalenelastizität im Zuge der Variation der Einsatzfaktoren ebenfalls variiert, analog ist auch die Summe der partiellen Produktionselastizitäten nicht konstant.

Für den ertragsgesetzlichen Produktionsverlauf ist charakteristisch, daß in einem ganz bestimmten Punkt der Produktions-Kurve Tangente und Fahrstrahl identisch werden. (Vgl. Tangente zum Winkel α in der Graphik). In diesem Punkt sind Grenzproduktivität und Durchschnittsproduktivität gleich und die sich aus deren Quotienten ergebende partielle Produktionselastizität somit 1. Wie die Graphik zeigt, ist in diesem Punkt auch die Durchschnittsproduktivität maximal (d.h. α maximal).

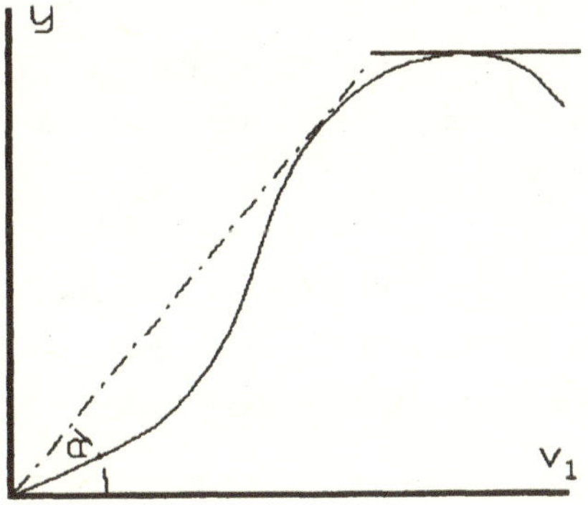

Da die partielle Produktionselastizität durch den Differentialterm dominiert werden kann, d.h. dort, wo dieser Null wird, nämlich am Gipfel, auch selbst Null wird, wird auch die partielle Produktionselastizität im Gipfelpunkt Null. Expansionspfade sind nur bei homogenen Produktionsfunktionen Ursprungsgerade.

Aufgabe Nr. 46

Einer Kostenfunktion, bei der im gesamten Produktionsbereich $K' < k$ gilt,

o *A: kann eine ertragsgesetzliche Produktionsfunktion zugrundeliegen*
o *B: kann eine linear homogene Produktionsfunktion zugrundeliegen*
o *C: kann nur eine homogene Produktionsfunktion mit Skalenelastizität $r < 1$ zugrundeliegen*
o *D: ergibt sich immer bei einer konstanten Skalenelastizität vom Betrag $r = 1$*
o *E: gibt es überhaupt nicht*

Da sich die Kostenelastizität grundsätzlich als Quotient aus Grenz- und Durchschnittskosten darstellen läßt:

$$\varepsilon_{K,y} = K'/k$$

ist diese Aussage gleichbedeutend mit einer im gesamten Produktionsbereich *unelastischen* Kostenfunktion. Dies ist, wie man sich z.B. anhand der Graphik zu Aufgabe 9 klarmacht, auf jeden Fall für *lineare Kostenfunktionen* der Fall.

Bei *nichtlinear homogenen Produktionsfunktionen* könnte der Fall für eine Skalenelastizität $r > 1$ formal zutreffen, ist aber unrealistisch bzw. hier nicht gefragt, während im Falle einer Skalenelastizität $r < 1$ wegen der dann steigenden Grenzkosten ab einem bestimmten y^* auch Kostenelastizitäten > 1 auftreten (Vgl. Aufgabe 42, rechts von y^*).

Einer linearen Kostenkurve kann sowohl eine LEONTIEF-Produktionsfunktion als auch eine andere linear homogene Produktionsfunktionen zugrundeliegen. In beiden Fällen haben wir den Homogenitätsgrad $r = 1$ mit der entsprechenden Skalenelastizität gegeben.

Aufgabe Nr. 47

Eine Kostenfunktion, für die bei F > 0 im gesamten Produktionsbereich $K' = k_v$ gilt,

o A: gibt es nicht

o B: beruht auf einer homogenen Produktionsfunktion mit einem Homogenitätsgrad 1

o C: besitzt im Bereich y > 0 eine konstante Kostenelastizität

o D: ist homogen vom Grad 0

o E: kann nur auf einer ertragsgesetzlichen Produktionsfunktion beruhen

Die einzige Kostenfunktion bei der Grenzkosten K' und variable Durchschnittskosten k_v im gesamten Produktionsbereich gleich sind, ist die auf einer linearen Produktionsfunktion beruhende *lineare* Kostenfunktion.

Dies folgt zwingend aus der Tatsache, daß die lineare Kostenfunktion als einzige einen Kurventypus darstellt, bei dem die Tangente(n) überall dieselbe Steigung aufweisen, wie der aus dem Punkt *F* (Fixkosten bei y = 0, vgl. Graphik zu Aufgabe 9) startende Fahrstrahl, dessen Steigung die variablen Durchschnittskosten k_v ergibt. Nur bei diesem Kurventypus fallen Kostenkurve, Tangente an die Kostenkurve und Fahrstrahl aus dem Ordinatenschnittpunkt an einen beliebigen Punkt der Kostenkurve zusammen.

Die Konsequenz aus diesem Sachverhalt ist, daß die zugrundeliegende Produktionsfunktion im jedem Falle homogen ist (d.h. eine LEONTIEF-Funktion oder aber eine COBB-DOUGLAS-Funktion mit Exponentensumme 1) und den Homogenitätsgrad 1 aufweist.

Die Kostenelastizität ist, wie eine Abschätzung mit der WA/UA-Methode (Vgl. Aufgabe 29, Haushaltstheorie-Fragen) sofort zeigt, nicht konstant.

Aufgabe Nr. 48

Eine Kostenfunktion mit F > 0, bei der die Grenzkostenkurve die Stückkostenkurve schneidet, könnte beruhen auf einer

o A: ertragsgesetzlichen Produktionsfunktion
o B: linear homogenen Produktionsfunktion
o C: homogenen Produktionsfunktion mit Homogenitätsgrad $r < 1$
o D: LEONTIEF-Produktionsfunktion.
o E: Gibt es überhaupt nicht

Da die Grenzkostenkurve *K'* durch die *Tangente* an die Gesamtkostenkurve und die Stückkostenkurve *k* durch den Ursprungsfahrstrahl an dieselbe Kurve dargestellt wird, bedeutet die gestellte Frage auf der Ebene der Gesamtkostenkurvendarstellung (Vgl. z.B. die jeweils oberen Graphiken zu den Aufgaben 10 und 42), daß alle jene Kostenfunktionen einen *Schnittpunkt* von Grenzkosten- und Stückkostenkurve besitzen, die eine Ursprungs*tangente* aufweisen oder anders formuliert: bei denen der Gesamtkokostenverlauf zuläßt, daß eine Tangente für wenigstens *einen* Punkt der Kurve durch den Ursprung geht.

Dies ist bei der *ertragsgesetzlichen* Produktionsfunktion regelmäßig der Fall, wie auch bei jenen *nichtlinear* homogenen Produktionsfunktionen, die unterlineares Produktionswachstum aufweisen. Bei diesen homogenen Produktionsfunktionen mit $r < 1$ ergeben sich Kostenverläufe mit steigenden Grenzkosten, für die die geforderte Tangentialbedingung erfüllt ist.

Der Fixkostenanteil F > 0 verhindert, daß der gesuchte Sachverhalt als auch für lineare Produktions- und damit Kostenfunktionen zutreffend interpretiert werden kann, da hier *zwei*, einen Winkel einschließende Geraden vorliegen, die einen Schnittpunkt und keinen Tangentialpunkt ergeben.

Aufgabe Nr. 49

Eine COBB-DOUGLAS-Produktionsfunktion der Form $y = v_1^a \cdot v_2^b$ und die CES-Produktionsfunkton der Form $y = (a \cdot v_1^{-c} + (1-a) \cdot v_2^{-c})^{-1/c}$ mit $0{,}5 \leq a{,}b < 1$ weisen folgende gemeinsame Eigenschaften auf:

o *A: sie sind beide homogen*

o *B: sie können dieselbe Skalenelastizität besitzen*

o *C: sie besitzen stets eine im gesamten Produktionsbereich konstante Niveau-Grenzproduktivität*

o *D: sie besitzen stets denselben Homogenitätsgrad*

o *E: sie besitzen stets stetige, zum Ursprung konvexe Isoquanten*

COBB-DOUGLAS- und CES-Produktionsfunktionen sind beides *homogene* Produktionsfunktionen, wobei die hier angegebene CES-Funktion die Skalenelastizität 1 aufweist, was an dem Zähler des Exponentialbruchs, rechts außen an der Klammer (=1) feststellbar ist.

Hingegen ist die COBB-DOUGLAS-Produktionsfunktion nur dann linear homogen, wenn die Summe der beiden Exponenten *a* und *b* gleich 1 ist. Dies ist aufgrund der Fragestellung nicht ausgeschlossen, aber auch nicht sichergestellt. Nur falls die Bedingung $a + b = 1$ erfüllt ist, würde dies auch sicherstellen, daß die Niveau-Grenzproduktivität im gesamten Produktionsbereich konstant ist (vgl. hierzu Aufgabe 44).

Während von der COBB-DOUGLAS-Produktionsfunktion bekannt ist, daß sie stets zum Ursprung konvexe Isoquanten besitzt, ist dies bei der CES-Produktionsfunktion nur für jene Parameterkonstellationen mit $c < \infty$ der Fall. Für $c = \infty$ geht die CES-Produktionsfunktion nämlich in den *linear limitationalen* Fall mit rechteckigen Isoquanten über bzw. kann bei entsprechenden Parameterwerten zu konkaven Isoquanten führen.

Aufgabe Nr. 50

Eine COBB-DOUGLAS-Produktionsfunktion der Form $y = v_1^a \cdot v_2^b$ und eine LEONTIEF-Produktionsfunktion der Form $y = \min(v_1/a; v_2/b)$ mit $0{,}5 < a,b < 1$ besitzen gemeinsam die folgenden Eigenschaften:

o A: eine im gesamten Produktionsbereich konstante Niveau-Grenzproduktivität
o B: denselben Homogenitätsgrad r
o C: sie sind beide homogen
o D: sie sind beide linear
o E: ihre Isoquanten implizieren periphere Substitution

Die genannte COBB-DOUGLAS-Produktionsfunktion und eine LEONTIEF-Produktionsfunktion sind grundsätzlich beide ***homogen***, wobei die LEONTIEF-Produktionsfunktion stets linear homogen, die COBB-DOUGLAS-Produktionsfunktion jedoch nur dann linear ist, wenn die Summe der, die partiellen Produktionselastizitäten spiegelnden Exponenten $a + b = 1$ ist.

Das letztere ist jedoch durch die Angabe ausgeschlossen, da die einzelnen Exponenten $a, b > 0.5$, ihre Summe mithin > 1 vorausgesetzt werden.

Nur beim Homogenitätsgrad 1 ergibt sich jedoch, wie die Aufgabe 44 nachweist, ***konstante*** Niveau-Grenzproduktivität im gesamten Produktionsbereich. Diese Bedingung wäre also nur für die LEONTIEF-Funktion erfüllt.

Da die LEONTIEF-Produktionsfunktion ***rechteckige*** Isoquanten besitzt, ist zumindest in diesem Fall periphere Substitution ausgeschlossen, d.h. Substituierbarkeit liegt in diesem Falle überhaupt nicht vor, die beiden Faktoren sind vielmehr ***komplementär***.

Kapitel 4

Produktions- und Kostentheorie

- Rechenaufgaben

Aufgabe Nr. 1

Ein Betrieb arbeite mit der COBB-DOUGLAS-Produktionsfunktion $y = \sqrt{(v_1 \cdot v_2)}$ um $y = 100$ Stück zu produzieren. Wie hoch ist die Grenzrate der technischen Substitution dv_1/dv_2 bei einem Einsatz von $v_2 = 200$

o A: $dv_1/dv_2 = 0{,}25$
o B: $dv_1/dv_2 = -0{,}25$
o C: $dv_1/dv_2 = 4$
o D: $dv_1/dv_2 = -4$
o E: Keine der Antworten A - D ist richtig

Die Grenzrate der technischen Substitution (GRtS = dv_1/dv_2) mißt die *Steigung* der Tangente an eine konkrete Isoquante, die in der Aufgabe durch y = 100 Stück vorgegeben ist. Wir bestimmen also zuerst die Isoquante zu $\overline{y} = 100$, sodann die zu dieser Menge passenden Werte v_1 und v_2 (= MKK) um dann im derart bestimmten Koordinatenpunkt die zugehörige Tangentensteigung zu ermitteln.

Die Isoquante ergibt sich, indem wir in die Produktionsfunktion einsetzen:

$$100 = y = \sqrt{(v_1 \cdot v_2)}.$$

Wir quadrieren links und rechts und erhalten:

$$100^2 = v_1 \cdot v_2 \qquad \text{bzw.} \qquad v_1 = 10000/v_2 = 10000/200 = 50$$

Als nächstes ist nach der zugehörigen GRtS = dv_1/dv_2 im Punkt (50,200) gefragt.

Hierzu differenzieren wir obige Isoquantengleichung links und rechts nach v_2:

$$dv_1/dv_2 = -\ 100^2/v_2^{\ 2} = -100^2/200^2$$

Ein anderer Lösungsweg besteht in der Ableitung der GRtS aus dem totalen Differential, wonach

$$dv_1/dv_2 = -y'_2/y'_1$$

Wie die partielle Ableitung ergibt, erhalten wir daraus

$$dv_1/dv_2 = -v_1/v_2$$

Aufgabe Nr. 2

Die Produktionsfunktion eines Betriebes habe die Form $y = 2\sqrt{(v_1 \cdot v_2)}$. Welche Faktormenge(n) beinhaltet die Minimalkostenkombination (MKK) für 100 Stück, wenn die Faktorpreise $q_1 = 4$ und $q_2 = 1$ betragen ?

o A: $v_1 = 25$
o B: $v_2 = 25$
o C: $v_1 = 80$
o D: $v_2 = 100$
o E: Keine der Antworten A - D ist richtig

Im Produktionsoptimum gilt immer die sogenannte MKK-Formel (Minimalkostenkombination) nämlich:

$$y'_1/y'_2 = q_1/q_2$$

die ihrerseits eine Parallele zur *Äquimarginalformel* der Haushaltstheorie darstellt (vgl. Haushaltstheorie-Rechenaufgaben, Aufgabe 1). Durch *partielles* Differenzieren der Produktionsfunktion erhalten wir:

$$y'_1 \,/\, y'_2 = v_2 \,/\, v_1 = q_1 \,/\, q_2 = 4/1$$

oder umgeformt:

$$v_2 = 4v_1.$$

Setzen wir dieses Faktoreinsatzverhältnis entsprechend in die Produktionsfunktion ein, so erhalten wir für die Produktion von 100 Stück:

$$100 = 2 \cdot \sqrt{(v_1 \cdot v_2)} = 4v_1.$$

Hieraus folgt:

$$v_1 = 100/4$$

womit wir auch v_2 bestimmen.

Aufgabe Nr. 3

Eine Produktionsfunktion habe die Form $y = \min(v_1/2; v_2/0{,}5)$. Wie lautet der Expansionspfad ?

o *A:* $v_2 = 0{,}5 \cdot v_1$
o *B:* $v_2 = 2 \cdot v_1$
o *C:* $v_2 = v_1$
o *D:* $v_2 = v_1/2{,}5$
o *E: Keine der Antworten A - D ist richtig*

Bei der vorliegenden Fragestellung handelt es sich um eine Produktionsfunktion vom Typ LEONTIEF. Als *Expansionspfad* ist der geometrische Ort aller Minimalkostenkombinationen definiert, der bei allen homogenen Produktionsfunktionen eine Ursprungsgerade darstellt. Dies beinhaltet bei der LEONTIEF-Produktionsfunktion die Menge der effizienten Produktionspunkte, d.h. jener Kombinationen von v_1 und v_2, wo weder v_1 noch v_2 jeweils über- oder unterschüssig vorhanden ist (vgl. die Ursprungsgerade in Aufgabe 7, Produktionstheorie-Fragen).

Der Expansionspfad der angegebenen Funktion ergibt sich aus den Argumenten der Produktionsfunktion. Effizienz, d.h. keinerlei Verschwendung ist nämlich hier immer dann gegeben, wenn die Beschränkung durch den ersten Faktor v_1 keine Überschüssigkeit bei Faktor v_2 bewirkt und umgekehrt, d.h. die Einsatzrelation $v_1/2$ dieselbe Menge *y* bewirkt wie die Einsatzrelation $v_2/0{,}5$, also bei:

$$y = v_1/2 = v_2/0{,}5.$$

oder umgeformt:

$$v_2 = v_1/4.$$

Damit ist gleichzeitig die Gleichung des (effizienten) Faktoreinsatzverhältnisses und des Expansionspfads bestimmt.

Aufgabe Nr. 4

Die Produktionsfunktion eines Betriebes habe die Form:
$y = 2 \cdot v_1^2 \cdot v_2^2 - 0{,}2 \cdot v_1^3 \cdot v_2^3$. Bei welcher Menge liegt das Produktionsoptimum y^o für die partielle Produktionsfunktion $y_p = f(v_1)$ die sich für konstantes v_2, (v_2=1) ergibt ? Wie hoch ist an dieser Stelle die partielle Produktionselastizität $\varepsilon_{y,v1}$?

o A: $y^o = 40$
o B: $y^o = 25$
o C: $\varepsilon_{y,v1} = 1{,}5$
o D: $\varepsilon_{y,v1} = 1{,}0$
o E: Keine der Antworten A - D ist richtig

Das Produktions*optimum* einer partiellen Produktionsfunktion ist definiert als jene Produktionsmenge y^o bei der die Relation zwischen Output und Faktoreinsatz maximal wird. Für die konkrete partielle Produktionsfunktion (Schnitt bei $v_2 = 1$),

$$y_p = 2v_1^2 - 0{,}2 \cdot v_1^3$$

ergibt sich dieser Punkt an jener Stelle, wo das Grenzprodukt gleich dem Durchschnittsprodukt ist. An dieser Stelle schneidet nämlich die Grenzproduktivitätskurve die Durchschnittsproduktivitätskurve in deren Maximum. Rechnerisch erhalten wir:

$$y' = 4v_1 - 0{,}6 \cdot v_1^2$$

und für das Durchschnittsprodukt:

$$y/v_1 = 2v_1 - 0{,}2 \cdot v_1^2.$$

Setzen wir beide gleich, so ergibt sich:

$$2v_1 = 0{,}4 \cdot v_1^2$$

und nach Division durch v_1 (darf nicht 0 sein) schließlich:

$$0{,}2 \cdot v_1 = 1$$

Setzen wir den hieraus resultierenden Wert für v_1 wieder in die partielle Produktionsfunktion ein, so ergibt sich der gesuchte Output y_p. In diesem Punkt muß für die Produktionselastizität $\varepsilon_{y,v1} = 1$ gelten, da hier $y_1' = y/v_1$ und, wie man leicht nachprüft, der Quotient aus Grenz- und Durchschnittsproduktivität gleich der (partiellen) Produktionselastitzität ist.

Aufgabe Nr. 5

Eine Produktionsfunktion sei durch $y = \min(v_1; v_2/2)$ gegeben. Wo liegt die Kapazitätsgrenze y_{max} eines Betriebes, wenn in der Produktionsperiode nicht mehr als 1000 Einheiten von Faktor 2 beschafft werden können ? Wie hoch ist dort die Skalenelastizität $\varepsilon_{y,\lambda}$ und die eingesetzte Faktormenge v_1 ?

o A: $y_{max} = 400$
o B: $y_{max} = 500$
o C: $\varepsilon_{y,\lambda} = 1{,}0$
o D: $v_1 = 500$
o E: Keine der Antworten A - D ist richtig

Da es sich bei dieser Aufgabe um eine LEONTIEF-Produktionsfunktion handelt, die zu den *linearen* Produktionsfunktionen zählt, ist die Skalenelastizität (isoelastisch) in *jedem Punkt* dieser Funktion gleich 1. Wir brauchen also hier nicht nachzurechnen.

Die interessantere Frage ist, welche Produktionsmenge y_{max} sich an der Kapazitätsgrenze ergibt, wenn der Faktoreinsatz (für den natürlich effiziente Produktion unterstellt wird), für den Faktor 2 auf 1000 Einheiten begrenzt ist. Wir können y_{max} also schreiben als:

$$y_{max} = \min(v_1; 1000/2) = \min(v_1; 500)$$

da v_1 nicht beschränkend wirkt.

Da sich aus der Produktionsfunktion im Effizienzpunkt ebenfalls ergibt:

$$y = v_1$$

ergibt sich auch der Bedarf an v_1 in der Produktionsperiode bei maximaler Produktion in gleicher Höhe.

Aufgabe Nr. 6

Die Produktionsfunktion eines Betriebes sei durch die Funktion $y = \min(v_1/3; v_2/2)$ gegeben. Wie lautet die Kostenfunktion des Betriebs, wenn $q_1 = 2$ und $q_2 = 6$ und die Fixkosten F = 80 betragen ?

o A: K = 6 y + 80
o B: K = 12 y + 80
o C: K = 36 y + 80
o D: K = 24 y + 80
o E: Keine der Antworten A - D ist richtig

Wir beginnen die Berechnung mit der Aufstellung der sogenannten *Kostengerüstfunktion*

$$K = q_1v_1 + q_2v_2 + F.$$

Setzen wir die Faktorpreise q_i ein, so erhalten wir:

$$K = 2v_1 + 6v_2 + 80.$$

Was jetzt noch zur vollständigen Kostenfunktion fehlt, ist die *Substitution* von v_1 bzw. v_2 durch y. Dies erreichen wir durch die Ermittlung des *effizienten Faktoreinsatzverhältnisses* unmittelbar aus der Produktionsfunktion, d.h.

$$y = v_1/3 = v_2/2$$

hieraus ergibt sich:

$$v_1 = 1{,}5 \cdot v_2 ,$$

woraus wir zunächst erhalten:

$$K = 3v_2 + 6v_2 + 80 = 9v_2 + 80.$$

Entnehmen wir aus der Produktionsfunktion wieder die Limitierung in Form:

$$v_2 = 2y \qquad (\text{aus } y = v_2/2),$$

so können wir stattdessen nun endgültig schreiben:

$$K = 18y + 80.$$

Aufgabe Nr. 7

Ein Hersteller arbeitet mit der Produktionsfunktion $y = \sqrt{(v_1 \cdot v_2)}$. Der Faktor v_2 sei in der Periode auf 800 beschränkt. Welche Menge y_{max}, wird maximal produziert wenn die Faktorpreise $q_1 = 4$ und $q_2 = 9$ betragen ?

o A: $y_{max} = 800$
o B: $y_{max} = 1200$
o C: $y_{max} = 1500$
o D: $y_{max} = 1600$
o E: Keine der Antworten A - D ist richtig

Das optimale Faktoreinsatzverhältnis ergibt sich nach Maßgabe der *Minimalkostenkombination* (MKK) gemäß der Formel:

$$y'_1 \,/\, y'_2 = q_1 \,/\, q_2$$

Mithin, erhält man durch partielles Differenzieren der Produktionsfunktion:

$$v_2 \,/\, v_1 = 4/9$$

oder umgeformt:

$$v_1 = 9/4 \cdot v_2.$$

Unter Verwendung dieser Relation in der Produktionsfunktion bekommen wir:

$$y = \sqrt{(9/4 \cdot v_2 \cdot v_2)}$$

Ersetzen wir nun v_2 durch den Wert 800, so ergibt sich:

$$y_{max} = \sqrt{(9/4 \cdot 800 \cdot 800)}$$

Aufgabe Nr. 8

Ein Betrieb arbeite mit der Produktionsfunktion $y = \sqrt{(v_1 \cdot v_2)}$. Wie lautet seine Faktornachfragemenge für v_2 bei einer festen Kostensumme von $\overline{K} = 160$ und Fixkosten von $F = 70$, wenn $q_1 = 4$ und $q_2 = 9$?

o A: $v_2 = 18$
o B: $v_2 = 5$
o C: $v_2 = 50$
o D: $v_2 = 30$
o E: Keine der Antworten A - D ist richtig

Die Faktornachfrage eines Betriebes ergibt sich als Pendant zur *Güternachfrage* eines Haushalts. Geht man nämlich von der MKK-Formel aus:

$$y'_1 / y'_2 = q_1 / q_2$$

so erhält man konkret nach entsprechenden Ableitung:

$$v_2/v_1 = 4/9$$

Wir fahren nun fort mit der Kostengleichung:

$$\overline{K} = 160 = 4\,v_1 + 9\,v_2 + 70$$

oder umgeformt:

$$90 = 4\,v_1 + 9\,v_2.$$

Setzen wir in diese Gleichung nun für $4v_1$ den entsprechenden Wert aus der gerade ermittelten *Faktoranpassungsfunktion* ein, so erhalten wir:

$$2 \cdot 9\,v_2 = 90$$

Hieraus ergibt sich unmittelbar die Faktornachfrage des Betriebs für v_2 bei der eingeräumten Kostensumme.

Aufgabe Nr. 9

Eine ertragsgesetzliche Kostenfunktion laute $K = y^3 - 20\,y^2 + 360\,y$. Bei welcher Produktionsmenge y hat die Stückkosten-Funktion ihr Minimum ? Wie hoch sind hier die Stückkosten k ?

o A: $y = 10$
o B: $y = 12{,}5$
o C: $k = 150$
o D: $k = 260$
o E: Keine der Antworten A - D ist richtig

Die Stückkostenfunktion einer ertragsgesetzlichen Kostenfunktion hat genau dort ihr Minimum, wo sie von der Grenzkostenkurve K' geschnitten wird. Wir benutzen diese Tatsache auch rechnerisch indem wir die Funktion der Stückkosten:

$$k = y^2 - 20y + 360$$

der Funktion der Grenzkosten K' gleichsetzen:

$$K' = 3y^2 - 40y + 360,$$

die wir durch die erste Ableitung der Kostenfunktion nach y erhalten. Durch Vereinfachung ergibt sich dann:

$$2y^2 = 20y.$$

Nach Division durch 2y (y darf nicht 0 sein!) ergibt sich y. Setzen wir diesen Wert in die Gleichung der Stückkosten ein, so erhalten wir:

$$k = 10^2 - 2 \cdot 10^2 + 360$$

Aufgabe Nr. 10

Ein Hersteller arbeite mit der Produktionsfunktion $y = \min(0{,}5 \cdot v_1;\ 0{,}3 \cdot v_2)$. Wie lautet sein Faktoreinsatzverhältnis für effiziente Produktion ?

o A: $v_1 = 0{,}3 \cdot v_2$
o B: $v_1 = 0{,}9 \cdot v_2$
o C: $v_1 = 1{,}5 \cdot v_2$
o D: $v_1 = 6{,}0 \cdot v_2$
o E: Keine der Antworten A - D ist richtig

Bei einer LEONTIEF-Produktionsfunktion wie der vorliegenden, ergibt sich das Faktoreinsatzverhältnis unter Berücksichtigung der effizienten Produktion d.h. Vermeidung jeglicher Verschwendung bzw. Unter-/Überschüssigkeit eines anderen Faktors (vgl. Aufgabe 3) bei:

$$y = 0{,}5 \cdot v_1 = 0{,}3 \cdot v_2$$

da in diesem Falle weder v_1 noch v_2 unterschüssig (überschüssig) ist. Wir erhalten also:

$$v_1 = 3/5 \cdot v_2$$

oder

$$v_1 = 0{,}6 \cdot v_2.$$

Aufgabe Nr. 11

Ein Hersteller ermittelt für ein bestimmtes Produkt bei einer Produktionsmenge von y = 2000 Stück einen Kostenbetrag von DM 8000.-- und bei y = 3000 Gesamtkosten von DM 11000.--. Die Kostenfunktion ist linear. Hieraus ergeben sich die variablen Durchschnittskosten k_v und die Fixkosten F:

o A: $k_v = 4$
o B: $k_v = 3$
o C: $F = 2000$
o D: $F = 3000$
o E: Keine der Antworten A - D ist richtig

Da es sich um eine *lineare* Kostenfunktion handelt, bedeutet dies, daß die Gleichung

$$K = k_v \cdot y + F$$

gilt. Wir können diese Gleichung nun für beide beschriebenen Situationen anwenden und aus den sich hierbei ergebenden Gleichungen die Differenz ziehen. Verkürzt ergibt sich also:

$$\Delta y = y_1 - y_2 = 3000 - 2000.$$

und

$$\Delta K = K_1 - K_2 = 11000 - 8000.$$

Den Wert für k_v errechnen wir gemäß:

$$k_v = K' = \Delta K / \Delta y$$

Setzen wir das Ergebnis in die obige Gleichung der Kostenfunktion ein und lösen sie nach F auf, so erhalten wir:

$$F = K - k_v \cdot y$$

bzw. eingesetzt (für den ersten Fall):

$$F = 8000 - (3000 / 1000) \cdot 2000.$$

Aufgabe Nr. 12

Ein Betrieb arbeite mit der Kostenfunktion K = 18y + 300. Wie lauten die Funktionen für die Stückkosten k und die Grenzkosten K' ?

o A: k = 18 y
o B: K'= 18
o C: k = 18 + 300/y
o D: K'= 18/y
o E: Keine der Antworten A - D ist richtig

Die Grenzkosten einer Kostenfunktion ergeben sich dadurch, daß man die *erste Ableitung*, also dK/dy bildet. Diese ergibt bei der vorliegenden Kostenfunktion:

$$K' = 18.$$

Hingegen entstehen die Stückkosten *k* indem man die Gesamtkostenfunktion durch *y* dividiert, also:

$$k = K/y = 18 + 300/y.$$

Aufgabe Nr. 13

Ein Betrieb arbeite mit der Kostenfunktion $K = y^3 - 20\,y^2 + 300\,y$. Bei welcher Produktionsmenge y* ist die Kostenelastizität $\varepsilon_{K,y} = 1$?

o A: bei y = 5*
o B: bei y = 15*
o C: bei y = Kapazitätsgrenze*
o D: bei y = Betriebsminimum*
o E: Keine der Antworten A - D ist

Die Kostenelastizität ist definiert als:

$$\varepsilon_{K,y} = dK/dy \cdot y/K \qquad \text{bzw.} \quad \varepsilon_{K,y} = dK/dy : K/y.$$

Sie läßt sich also darstellen als Quotient aus Grenzkosten und Durchschnittskosten:

$$\varepsilon_{K,y} = K'/k$$

Hieraus kann man unmittelbar ersehen, daß dort $\varepsilon_{K,y} = 1$ wo $K' = k$. Mithin erhalten wir:

$$K' = 3y^2 - 40y + 300$$

bzw.

$$k = y^2 - 20y + 300.$$

Setzen wir diese beiden Gleichungen einander gleich, so ergibt sich:

$$K' = k = 3y^2 - 40\,y + 300 = y^2 - 40\,y - 20\,y + 300$$

und nach Wegstreichen der Konstanten und weiterer Umformung somit

$$20y = 2y^2$$

Die sich hieraus ergebende Produktionsmenge y^* mit der Kostenelastizität gleich 1 bezeichnet man als das ***Betriebsoptimum***, das sich im Schnittpunkt der *k*- und der *K'*-Kurve (und zugleich im Minimum der Stückkosten) ergibt. Da jedoch die vorliegende Kostenfunktion ***keine Fixkosten*** enthält (keine Konstante), fallen k_v- und *k*-Kurve zusammen, d.h. y^* kennzeichnet im vorliegenden Fall auch das Betriebsminimum.

Aufgabe Nr. 14

Ein Polypolbetrieb arbeite mit der Produktionsfunktion $y = \sqrt{(v_1 \cdot v_2)}$, die Faktorpreise betragen $q_1 = 1$ und $q_2 = 4$, die Fixkosten $F = 200$. Die Kapazitätsgrenze der Produktionsperiode betrage 400 Einheiten. Wie hoch ist die partielle Produktionselastizität $\varepsilon_{y,v1}$ bei maximaler Ausbringung? Wie hoch sind die hier die Stückkosten *k* ?

o A: $k = 2{,}3$
o B: $k = 4{,}9$
o C: $\varepsilon_{y,v1} = 1{,}0$
o D: $\varepsilon_{y,v1} = 1{,}5$
o E: Keine der Antworten A - D ist richtig

Unter der Annahme, daß der Betrieb grundsätzlich effizient produziert, gilt die Formel der Minimalkostenkombination:

$$y'_1 / y'_2 = q_1 / q_2$$

Durch partielles Ableiten gewinnen wir das optimale Faktoreinsatzverhältnis:

$$v_2/v_1 = 1/4 \qquad \text{bzw.} \quad v_1 = 4v_2.$$

Dieses Verhältnis in die Produktionsfunktion eingesetzt, erhalten wir:

$$y = \sqrt{(v_1 \cdot v_2)} = \sqrt{(2v_2)^2} = 2v_2$$

Verwenden wir dieses Ergebnis nun in der Kostengerüstfunktion:

$$K = q_1v_1 + q_2v_2 + F = v_1 + 4v_2 + 200 = 8v_2 + 200$$

und mithin:

$$K = 4y + 200$$

Die Stückkosten an der Kapazitätsgrenze ergeben sich, indem wir in der Kostengleichung $y = y_{max} = 400$ setzen und K/y_{max} ermitteln.

Wie man durch Ableitung zeigen kann, ist die partielle Produktionselastizität bei einer COBB-DOUGLAS-Produktionsfunktion immer gleich dem *Exponenten* des betreffenden Faktors im vorliegenden Fall also gleich 0,5 (Wegen der Wurzel).

Aufgabe Nr. 15

In einer Modellwirtschaft mit 2 Gütern und 2 Produktionsfaktoren sei die Transformationskurve durch $y_1^2 + y_2^2/4 = 50$ und die kollektive Indifferenzkurve durch die kollektive Nutzenfunktion $u = x_1 \cdot x_2$ gegeben. Das sog. Sozialökonomische Optimum ist dann gekennzeichnet durch:

o A: $x_1 = 20$
o B: $x_1 = 5$
o C: $u = 30$
o D: $u = 400$
o E: Keine der Antworten A - D ist richtig

Wir lösen diese Gleichung durch Verwendung der sogenannten LAGRANGE-Methode (bilden also aus der ursprünglichen Nutzenfunktion $u = x_1 \cdot x_2$ eine neue, die die Beschränkung durch die Transformationskurve beinhaltet), wobei wir gleichzeitig die Gleichgewichtsbedingung y = x mitberücksichtigen, indem wir die Tranformationsfunktion mit 4 multiplizieren:

$$Z = x_1 \cdot x_2 + \lambda \cdot (200 - 4x_1^2 - x_2^2)$$

Hieraus bilden wir die folgenden Ableitungen:

$$Z'_\lambda = 200 - 4x_1^2 - x_2^2 = 0$$
$$Z'_1 = x_2 - \lambda \cdot 8x_1 \overset{!}{=} 0 \qquad \text{und}$$
$$Z'_2 = x_1 - \lambda \cdot 2x_2 \overset{!}{=} 0$$

Lösen wir die beiden letzten Gleichungen jeweils nach λ auf und setzen sie in bezug auf λ gleich, so erhalten wir nach dem Wurzelziehen:

$$x_2 = 2x_1$$

Dieses Verhältnis in die Gleichung für Z'_1 eingesetzt, ergibt:

$$400 = 16\,x_1^2$$

Hieraus folgen x_1 bzw. *u* unmittelbar durch Wurzelziehen und weiteres Umformen.

Aufgabe Nr. 16

Die Produktionsfunktion eines Betriebes habe die Form $y = 0{,}5 \sqrt{(v_1 \cdot v_2)}$. Wie hoch sind die Grenzkosten K' an der Kapazitätsgrenze, wenn diese bei 600 Einheiten liegt, die Faktorpreise $q_1 = 4$ und $q_2 = 9$ und die Fixkosten F = 600 betragen. Wie hoch sind hier die Stückkosten k ?

o A: K' = 15
o B: k = 24
o C: k = 16
o D: K' = 25
o E: Keine der Antworten A - D ist richtig

Bei allen Kostenfunktionen ist immer effiziente Produktion, d.h. Minimalkostenkombination beinhaltet. Wir erhalten entsprechend der Formel der Minimalkostenkombination nach *partieller Ableitung* der Produktionsfunktion (Vgl. Aufgabe 14):

$$v_2/v_1 = 4/9 \qquad \text{bzw.} \qquad v_1 = 9/4 \cdot v_2.$$

In die Produktionsfunktion eingesetzt, ergibt sich daraus:

$$y = 0{,}5 \cdot 3/2 \cdot v_2 \qquad \text{bzw.} \qquad y = 3/4 \cdot v_2.$$

Die Kostenfunktion leiten wir aus der Kostengerüstfunktion her also:

$$K = v_1 q_1 + v_2 q_2 + F = 4v_1 + 9v_2 + 600.$$

bzw. nach Einsetzen des oben ermittelten Faktoreinsatzverhältnisses:

$$K = 18v_2 + 600$$

und wegen $y = 3/4 \cdot v_2$ sodann:

$$K = 18 \cdot 4/3 \cdot y + 600 = 24y + 600.$$

An der Kapazitätsgrenze ergeben sich die Stückkosten, indem wir durch y_{max} teilen:

$$k = 24 + 600/y_{max}$$

Durch Differenzieren der Kostenfunktion erhalten wir auch die Grenzkosten K', die man wegen der Linearität der Kostengleichung sogar unmittelbar ablesen kann.

Aufgabe Nr. 17

Ein Betrieb produziere mit einer partiellen Produktionsfunktion der Form $y_p = 3 \cdot v_2^2 - 0{,}3 \cdot v_2^3$. Welche Menge y^o ergibt sich im sog. Effizienzpunkt dieser Produktionsfunktion (= optimale Produktion) und welche Menge y^* kennzeichnet das Produktionsmaximum ?

o A: $y^o = 25{,}5$
o B: $y^o = 37{,}5$
o C: $y^* = 44{,}444..$
o D: $y^* = 55{,}333..$
o E: Keine der Lösungen A - D ist richtig

Der Effizienzpunkt, d.h. der Punkt *optimaler Produktion*, liegt bei einer ertragsgesetzlichen Produktionsfunktion dort, wo der *Durchschnittsertrag* sein Maximum erreicht. Dies ist gleichzeitig dort, wo *Grenzertrag = Durchschnittsertrag*, d.h. die Grenzertrags- die Durchschnittsertragskurve schneidet. Leiten wir die Grenzertragsfunktion y'_2 ab, so ergibt sich:

$$y'_2 = 6 \cdot v_2 - 0{,}9 \cdot v_2^2$$

während die Durchschnittsertragskurve sich zu

$$y / v_2 = 3 \cdot v_2 - 0{,}6 \cdot v_2^2$$

ergibt. Setzen wir diese beiden Funktionen gleich, also:

$$3v_2 - 0{,}3 \cdot v_2^2 = 6 \cdot v_2 - 0{,}9 \cdot v_2^2,$$

so ergibt sich:

$$0{,}2 \cdot v_2 = 1 \qquad \text{bzw.} \qquad v_2 = 5.$$

Unter Verwendung dieses Ergebnisses ermitteln wir die produktionsoptimale *Menge:*

$$y^o = 3 \cdot 5^2 - 0{,}3 \cdot 5 \cdot 5^2$$

Das *absolute Produktionsmaximum* y^* liegt hingegen dort, wo der Grenzertrag 0 wird:

$$6v_2 = 0{,}9 \cdot v_2^2 \qquad \text{bzw.} \qquad v_2 = 1/0{,}15$$

Diesen Wert auf die Produktions*menge* umgesetzt erhalten wir die produktionsmaximale Menge

$$y^* = 3 \cdot (1/0{,}15)^2 - 0{,}3 \cdot (1/0{,}15)^3$$

Aufgabe Nr. 18

Ein Hersteller arbeite mit der Produktionsfunktion $y = 0{,}5 \cdot \sqrt{(v_1 \cdot v_2)}$. Welche Faktormengen fragt er an der Kapazitätsgrenze nach, wenn $q_1 = 1$ und $q_2 = 4$ und die maximale Produktion 200 Einheiten beträgt?

o A: $v_1 = 60$
o B: $v_2 = 200$
o C: $v_1 = 100$
o D: $v_2 = 50$
o E: Keine der Antworten A - D ist richtig

Die Formel für die ***Minimalkostenkombination***, die auch an der exogen bestimmten Kapazitätsgrenze gilt, lautet:

$$y'_1 / y'_2 = q_1 / q_2$$

Unter partieller Ableitung der Produktionsfunktion erhalten wir hieraus:

$$v_2 / v_1 = 1/4 \qquad \text{bzw.} \qquad v_1 = 4 \cdot v_2.$$

Den Zusammenhang mit y erhalten wir analog aus der Produktionsfunktion:

$$y = 0{,}5 \cdot \sqrt{(v_1 \cdot v_2)} = 0{,}5 \cdot \sqrt{(4v_2 \cdot v_2)} = v_2$$

Da $y_{max} = 200$, ergibt sich mithin die Faktornachfragemenge in bezug auf Faktor 2 in gleicher Höhe, die Faktornachfrage in bezug auf Faktor 1 aus dem Faktoreinsatzverhältnis:

$$v_1 = 4\ v_2$$

Aufgabe Nr. 19

Ein Betrieb arbeite mit der Produktionsfunktion $y = \min(0{,}5 \cdot v_1; 1{,}5 \cdot v_2)$, die Faktorpreise betragen $q_1 = 5$ und $q_2 = 3$, die Fixkosten 180. Wie hoch ist sein Faktoreinsatz v_2, wenn maximal 60 Einheiten von v_1 in der Periode verfügbar sind. Wie hoch sind hierbei die Gesamtkosten K ?

o A: $v_2 = 20$
o B: $v_2 = 18$
o C: $K = 420$
o D: $K = 540$
o E: Keine der Antworten A - D ist richtig

Nach der in der Aufgabe angegebenen LEONTIEF-Produktionsfunktion arbeitet der Prozeß effizient, wenn gilt:

$$y = 0{,}5 \cdot v_1 = 1{,}5 \cdot v_2,$$

woraus wir das Faktoreinsatzverhältnis entwickeln:

$$v_1 = 1{,}5 \cdot v_2 / 0{,}5 \text{ bzw. } v_1 = 3 \cdot v_2.$$

Hieraus läßt sich der effiziente Faktoreinsatz von v_2 für eine gegebene Kapazitätsbeschränkung durch den Faktor $v_1 = 60$ errechnen zu:

$$v_2 = 60/3$$

Die Gesamtkosten kann man nun mithilfe der Kostengerüstfunktion errechnen, also:

$$K = v_1\, q_1 + v_2\, q_2 + F = 60 \cdot 5 + (60/3) \cdot 3 + 180$$

Aufgabe Nr. 20

Ein Hersteller mit der Kostenfunktion $K = y^3 - 20\,y^2 + 150\,y$ produziert in seinem Betriebsoptimum. Wie hoch sind hier Stückkosten k und welche Stückzahl y wird dabei produziert ?

o A: k = 60
o B: k = 50
o C: y = 15
o D: y = 10
o E: Keine der Lösungen A - D ist richtig

Der Unterschied zwischen den Stückkosten *k* und den variablen Stückkosten k_v ergibt sich durch den *Fixkostenanteil* pro Stück. Sind die Fixkosten, wie hier, jedoch Null, (konstantes Glied bei der Kostenfunktion fehlt), so fallen die *k*- und die k_v-Kurve zusammen. Das Minimum der Stückkostenkurve *k* ist also identisch mit dem der k_v-Kurve, das üblicherweise als *Betriebsminimum* bezeichnet wird. Es gilt hier mithin:

$$k_v = (K - F) / y = K / y = k.$$

Wir erhalten die Stückkostenkurve *k*, indem wir die Gesamtkostenkurve durch *y* dividieren also:

$$k = y^2 - 20\,y + 150$$

Das *Minimum* dieser Kurve erhalten mittels erster Ableitung dieser Kurve:

$$\frac{dk}{dy} = \frac{d(y^2 - 20\,y + 150)}{dy} = 0$$

Es ergibt sich somit:

$$2y - 20 = 0.$$

Die zugehörigen Stückkosten *k* ergeben sich durch Einsetzen des hieraus gewonnenen Wertes für das Betriebsoptimum in die Stückkostengleichung.

Kapitel 5

Markttheorie

- Fragen

Aufgabe Nr. 1

Ein Monopolist mit der Kostenfunktion K = 10 y + 100 und Gewinnmaximierungsziel wird

o *A: stets an der Kapazitätsgrenze anbieten*
o *B: seinen Umsatz maximieren*
o *C: die Menge anbieten, bei der p = K' ist*
o *D: seinen Preis so setzen, daß* $p \cdot (1+1/\varepsilon_{x,p}) = K'$*, wobei* $\varepsilon_{x,p}$ *= Preiselastizität der Nachfrage*
o *E: nur anbieten, wenn* $p - k \geq 0$ *ist*

Ein Monopolist bietet, sofern er Gewinnmaximierung verfolgt, im sogenannten *COURNOT'schen Punkt* an. Dies ist jener Punkt auf der Preis-Absatz-Funktion, für dessen y-Wert gleichzeitig gilt, daß U'(y) = K'(y). Nun läßt sich mit Hilfe der AMOROSO-ROBINSON-Relation U', d.h. der Grenzerlös, ausdrücken als Produkt aus dem Preis und einem Korrekturfaktor, der durch $(1 + 1/\varepsilon_{x,p})$ dargestellt wird.

Die Ausgangsbedingung U' = K' ist allerdings nur eine notwendige, jedoch keine *hinreichende* Bedingung für einen sicheren Gewinn. Wie in den Aufgaben 13 und 17 noch dargelegt wird, ist eine *weitere notwendige Bedingung* für $G \geq 0$, daß auch der Stückgewinn $g = p - k \geq 0$, d.h. eine positive Differenz von Preis und Stückkosten gegeben ist.

Die Grenzkosten des in der Frage angesprochenen Monopolisten sind mit K' = 10 zwar konstant, aber nicht 0. Nur in diesem letzteren Falle würde bei Gewinnmaximierungszielsetzung der Monopolist automatisch auch zu einem *Umsatzmaximierer*. Eine faktische Umsatzmaximierung wäre jedoch unter den gegebenen Kosten- und Nachfragegegebenheiten ein Verstoß gegen die Gewinnmaximierungszielsetzung. Auch macht es für ihn weder Sinn an der Kapazitätsgrenze anzubieten, noch würde er sinnvollerweise Preis und Grenzkosten gleichsetzen, da dies *beides* Verhaltensweisen sind, die - allerdings unter verschiedenen Kosten-Bedingungen - von menganpassenden Polypolisten angewendet würden, für die ein *horizontale* Preis-Absatz-Funktion gilt.

Aufgabe Nr. 2

Die Angebotskurve eines Monopolisten mit ertragsgesetzlichem Kostenverlauf

o *A: ergibt sich als steigender Ast der K'-Kurve ab Betriebsoptimum*
o *B: entspricht dem elastischen Bereich seiner Preis-Absatz-Funktion*
o *C: kann durch die AMOROSO-ROBINSON-Relation für p > 0 ermittelt werden*
o *D: ist die Verbindungslinie aller COURNOT'schen Punkte bei Parallelverschiebung der Preis-Absatz-Funktion*
o *E: Keine der Antworten A - D ist richtig*

Eine Angebotskurve ist ein funktionaler Zusammenhang zwischen Marktpreis und angebotener Menge der Form y = f(p). Die Angebotskurve sagt grundsätzlich, zu welchem Marktpreis ein Betrieb bereit ist, die entsprechende Menge auf dem Markt anzubieten. Beim *Monopolisten* ist nur ein einziger Preis und eine einzige Menge möglich, nämlich die Preis-Mengen-Kombination auf seiner negativ geneigten Preis-Absatz-Funktion (= identisch mit der Markt-Nachfragekurve), die durch den COURNOT'schen Punkt gegeben ist.

Die Angebotskurve des Monopolisten ist also auf einen einzigen *Punkt* "degeneriert", den COURNOT'schen Punkt. Alle Versuche, aus diesem Punkt wieder eine Funktion zu machen, scheitern entweder an der Tatsache, daß man dann die Bedingung des Gewinnmaximums verlassen müßte, oder verändern andere relevante Bestimmungsgrössen, wie z.B. die *Lage* der Preis-Absatz-Funktion, wobei notgedrungen sehr willkürliche Annahmen über die Begründung und Ausprägung der Verschiebedeterminanten getroffen werden (Parallelverschiebung, mit/ohne (?) Drehung usw.). Ein derartiges Vorgehen verletzt jedoch in jedem Fall die Voraussetzungen einer *Definition* der Angebotsfunktion, wie sie für alle andere Marktformen zugrundegelegt werden und ist deshalb unzulässig.

Aufgabe Nr. 3

Der Monopolgrad *m* eines gewinnmaximierenden Monopolisten ist

o A: m = (K'-p)/K

o B: m = (k-p)/k

o C: stets gleich der direkten Preiselastizität der Nachfrage

o D: stets gleich der negativen reziproken Preiselastizität der Nachfrage

o E: m = (p-K')/p

Der Monopolgrad ist definiert als die relativ zum Marktpreis gemessene Abweichung des Preises von den Grenzkosten. Nun kann es vorkommen, daß ein Monopolist, mit Rücksicht auf die öffentliche Meinung, nicht seinen COURNOT'schen Punkt realisiert, sondern den Preis etwas niedriger ansetzt. Die Definition des Monopolgrades bietet in diesem Falle die Möglichkeit, einen *faktischen* Monopolgrad zu ermitteln. Da bei allen Abweichungen vom "Idealzustand" des Polypols[1] der Preis nicht gleich den Grenzkosten ist, sondern *über den Grenzkosten* liegt, kann man damit einen, von 0 verschiedenen Meßwert *m* ermitteln, dessen Höhe faktische Marktmacht nach folgender Regel spiegelt: Je höher der Preis über den Grenzkosten liegt, desto stärker die Marktmacht des Anbieters. Im Polypol hingegen sind Preis und Grenzkosten gleich, d.h. *m* = 0.

Folgt hingegen der Monopolist der Zielsetzung der Gewinnmaximierung in vollem Umfang, d.h. realisiert er die Bedingung U' = K', so ist sein Preis durch den COURNOT'schen Punkt genau festgelegt. Formt man die Randbedingungen U' = K' nach der AMOROSO-ROBINSON-Relation um in $K' = p \cdot (1+1/\varepsilon_{x,p})$ so läßt sich, wie man durch Einsetzen in die Gleichung des Monopolgrades leicht feststellt, dieser auch durch die reziproke, negative Preiselastizität ausdrücken, d.h. in diesem Fall gilt $m = -1/\varepsilon_{x,p}$. Da die Elastizität i.d.R. negativ ist, ergibt sich wieder ein positiver Monopolgrad.

[1] Hierzu gehört genau genommen auch noch die Kostensituation steigender Grenzkosten, sodaß die Gewinnmaximierungsregel K' = p gilt.

Aufgabe Nr. 4

In einem COURNOT'schen Duopol

o A: *verhält sich jeder friedliebend und adaptiv*

o B: *ist der Marktpreis niedriger als in einem Monopol mit gleicher Preisabsatzfunktion und gleichen Grenzkosten*

o C: *ergibt sich stets ein Gleichgewicht bei einer Nachfrageelastizität von* $\varepsilon_{x,p}=-1$

o D: *verhält sich jeder bezüglich der auf ihn entfallenden Restnachfrage wie ein Monopolist*

o E: *paßt sich einer an, während der andere seine Unabhängigkeitsposition wählt*

Duopole, also Marktformen, bei denen *zwei* Anbieter sich die Gesamtnachfrage weitgehend nach den Verhaltensregeln des Monopols aufteilen, können sich entweder friedliebend bzw. adaptiv verhalten oder eher kämpferischere Verhaltensweisen an den Tag legen. Das COURNOT'sche Duopol ist gekennzeichnet durch ein Verhalten, bei dem jeder der beiden Duopolisten die ihm verbleibende Marktnachfrage als *seine* Nachfrage akzeptiert und sich daran anpaßt. Da dies jeder der beiden tut, zählt das COURNOT'sche Duopol zu den symmetrischen Duopolen. Die Tatsache, daß sich zwei Anbieter auf dem Markt befinden führt dazu, daß der Preis sich niedriger darstellt, als er wäre, wenn beide zusammen *ein einziges* Monopol bilden, gleiche Grenzkostenlage vorausgesetzt.

Monopolisten bieten dann bei einer Preiselastzität von $\varepsilon_{x,p} = -1$ an, wenn ihre Grenzkosten $K' = 0$ sind, ein hinzutretender Duopolist würde aber dann die Absatzmenge zusätzlich vergrößern. So ergibt sich, daß das Gesamtangebot auf jeden Fall zu einem niedrigeren Preis führt, bei dem die Elastizität betragsmäßig etwas niedriger, d.h. weniger elastisch ist. Bei Grenzkosten $K' > 0$ wäre es aber bloßer Zufall, wenn sich dabei genau der Preis ergäbe, der für gemeinsame Umsatzmaximierung gilt, also bei $\varepsilon_{x,p}= -1$.

Ein Duopol, bei dem einer seine Unabhängigkeitsposition wählt, der andere sich aber anpaßt, ist *kein* COURNOT'sches Duopol mehr, sondern wird STACKELBERG'sches Duopol genannt.

Aufgabe Nr. 5

Ein gewinnmaximierender Monopolist

o A: *braucht keine Substitutionskonkurrenz zu fürchten*

o B: *bietet so an, daß die Grenzkosten bei der verkauften Menge gleich dem erzielten Preis sind*

o C: *kann bei einer bestimmten Menge beliebige Preise erzielen*

o D: *verkauft immer in einem Bereich unelastischer Nachfrage*

o E: *maximiert seinen Umsatz, falls seine Grenzkosten Null sind*

Aus der allgemeinen Gewinnmaximierungsregel U' = K', läßt sich für den Monopolisten ableiten, daß er diejenige Menge anbieten wird, bei der

$$K' = p \cdot (1+1/\varepsilon_{x,p})$$

ist, worin der rechte Term den Grenzumsatz nach der AMOROSO-ROBINSON-Relation darstellt. Falls die Grenzkosten K' = 0 sind, ergibt sich daraus als Angebot die sogenannte *halbe Sättigungsmenge*. Bei dieser Menge schneidet die U'-Kurve gerade die Mengenachse, d.h, wird der rechte Term gleich Null, weil dort die Elastizität $\varepsilon_{x,p} = -1$ ist (Vgl. Graphik zu Aufgabe 6). Dies impliziert, daß über diesem Punkt die Umsatzkurve gerade ihr Maximum findet. Sind die Grenzkosten größer 0, so resultiert wegen des fallenden Verlaufs der U'-Kurve eine *Mengenreduzierung*, die auf der negativ geneigten Preis-Absatz-Funktion des Monopolisten einem höheren Preis mit betragsmäßig entsprechend *höherer* (d.h. elastischerer) Nachfrageelastizität $\varepsilon_{x,p}$ entspricht.

Ein Monopolist ist definiert als einziger Anbieter eines bestimmten Gutes. Falls es zu diesem Gut auch ein Substitut gibt, könnte Substitutionskonkurrenz auftreten, die auch Form und/oder Lage seiner Preis-Absatz-Funktion verändern würde. Der Monopolist ist an die Gegebenheiten der Preis-Absatz-Funktion gebunden, d.h. er kann nur Punkte *auf* der Preis-Absatz-Funktion realisieren. Die Wahl einer *bestimmten Menge* impliziert damit, daß sich der zugehörige Preis aufgrund der von den Nachfragern bestimmten Preis-Absatz-Funktion einstellt (bzw. die Menge, falls der Monopolist den Preis setzte).

Aufgabe Nr. 6

Der Grenzumsatz U' im Monopol

o A: liegt für jede Absatzmenge y > 0 immer unter der Preis-Absatz-Funktion
o B: ändert sich mit der Höhe der Preiselastizität der Nachfrage
o C: erreicht sein Minimum bei einer Preiselastizität von -1
o D: nimmt mit der Menge kontinuierlich zu
o E: ist nur dann mit dem Preis identisch, wenn die Absatzmenge Null ist

Bei den üblichen, negativ geneigten Preis-Absatz-Funktionen ergibt sich ein Zusammenhang zwischen Grenzumsatz und Preis durch die sogenannte AMOROSO-ROBINSON-Relation

$$U' = dU/dy = p \cdot (1+1/\varepsilon_{x,p}).$$

Da die Preis-Absatz-Funktion des Monopolisten als Gesamtmarktnachfragekurve immer von links oben nach rechts unten fällt, bedeutet dies, daß die Preiselastizität der Nachfrage $\varepsilon_{x,p} < 0$, d.h. immer negativ ist. Berücksichtigt man diesen Sachverhalt in der AMOROSO-ROBINSON-Formel, so zeigt sich, daß der Wert der *Klammer* stets ≤ 1 ist, für *unelastische* Nachfragebereiche sogar *kleiner 0*, so daß die Grenzumsatzkurve für alle y > 0 *unter* der Preis-Absatz-Funktion liegt. (vgl. Graphik) Da die Preiselastiziät auf der Preis-Absatz-Funktion nicht konstant ist, ergibt sich hieraus auch eine entsprechende Variation des Grenzumsatzes U' nach der AMOROSO-ROBINSON-Relation.

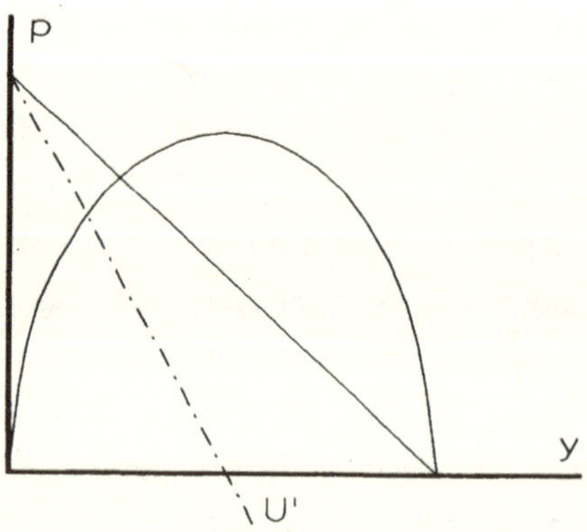

Für eine *lineare* Preis-Absatz-Funktion ergibt sich, wie man leicht nachprüft, die U'-Kurve ebenfalls als *Gerade*, die, wie die nebenstehende Graphik zeigt, beim Prohibitivpreis mit dem Preis identisch ist und mit wachsendem *y* fällt, um dann die Mengenachse bei der halben Sättigungsmenge zu schneiden. Hier ist U' = 0. Da U' das Steigungsmaß der Tangente an die Umsatzkurve darstellt, besitzt die Umsatzkurve hier eine, dem Umsatzmaximum entsprechende, Horizontal-Tangente.

Aufgabe Nr. 7

Um in einem Monopol maximalen Gewinn im Sinne eines echten Gewinns (d.h. G >0) zu machen, müßte(n) u.a. folgende Bedingung(en) erfüllt sein:

o A: U' = K'
o B: K" > U"
o C: K" < U"
o D: K' = p
o E: p > k

Die Bestimmung des Gewinnmaximimums erfolgt üblicherweise durch Differenzieren der Definitionsgleichung des Gewinns G = U - K. Wir erhalten somit G' = U'- K'. *G'* muß im Sinne einer ***notwendigen Bedingung*** der Gewinnmaximierung gleich 0 gesetzt werden. Ebenfalls im Sinne einer notwendigen Bedingung für ein Gewinnmaximum ist die Bedingung ***zweiter Ordnung*** zu interpretieren, die sich durch abermaliges Differenzieren der ersten Ableitung zu U" - K" < 0 für ein Maximum ergibt. Hieraus kann man ableiten, daß ein Gewinn***maximum*** nur dort vorliegt, wo die Grenzkosten stärker steigen als der Umsatz. Beide Marginal-Bedingungen sind allerdings ***nicht hinreichend*** dafür, daß es ***überhaupt*** einen echten Gewinn mit G > 0 gibt. Erhöhen wir nämlich, wie in der Grafik gezeigt, die Fixkosten (Parallelverschiebung nach oben, $K_1 \rightarrow K_2$), so läßt sich immer eine Situation finden, bei der aus dem Gewinn ein Verlust wird. Dies ist zwar dann, den Marginalbedingungen folgend, ein ***minimaler*** Verlust, aber auf jeden Fall ***kein echter*** Gewinn mehr. Für einen echten Gewinn muß zusätzlich sichergestellt sein, daß, auf das einzelne Stück bezogen, der Preis die Stückkosten deckt. Für den Monopolisten bedeutet dies, daß im COURNOT'schen Punkt, auch U > K sein muß. Die Regel K' = p ist eine ebenfalls nur notwendige Marginalbedingung für eine typische Polypol-Gewinnmaximierung.

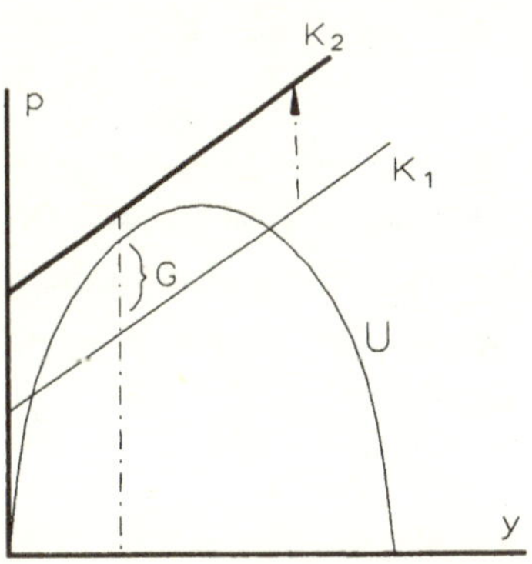

Aufgabe Nr. 8

Der COURNOT'sche Punkt bei einem Monopol mit der Kostenfunktion K = 10 y + 50

o A: liegt auf der Preis-Absatz-Funktion des Monopolisten
o B: wird mit Hilfe des Schnittpunktes der K' und U'-Kurve ermittelt
o C: ist durch die halbe Sättigungsmenge gegeben
o D: ist durch das Minimum der Stückkostenkurve gegeben
o E: ist durch das Maximum der Umsatzkurve gegeben.

Der COURNOT'sche Punkt ist definiert als die gewinnmaximale Preis/Mengen-Kombination für die K'(y) = U'(y) gilt. Da der Monopolist immer nur auf der Preis-Absatz-Funktion anbietet, kann er nur *einen* Strategieparameter bestimmen, d.h. entweder den Preis *oder* die Menge.

Differenzieren wir die angegebene Kostenfunktion nach y, so ergibt sich, daß die Grenzkosten K' = dK/dy = 10, mithin *größer* 0 sind. Bei Wahl der halben Sättigungsmenge würde sich der Monopolist wie ein *Umsatzmaximierer* verhalten. Dies wäre jedoch bei Grenzkosten K' > 0 ein Verstoß gegen die Gewinnmaximierungsabsicht.

Da der Monopolist im angegebenen Beispiel mit einer *linearen* Kostenfunktion arbeitet, besitzt seine Kostenfunktion stetig fallende Stückkosten und sein Stückkostenminimum wäre an der Kapazitätsgrenze. Dieser Sachverhalt ist unter der Nebenbedingung der Gewinnmaximierung allenfalls für *Polypolisten* relevant, nicht jedoch für einen Monopolisten.

Aufgabe Nr. 9

Ein STACKELBERG'sches Duopol bei dem jeder Anbieter mit der Kostenfunktion K = 10 y + 150 arbeitet,

o A: ist ein asymmetrisches Oligopol

o B: beinhaltet, daß sich jeder friedlich und adaptiv verhält

o C: erlaubt einem der beiden Duopolisten einen höheren Gewinn

o D: beinhaltet, daß beide ihre sog. Unabhängigkeitsmenge anbieten

o E: ist praktisch identisch mit ruinösem Wettbewerb

Bei einem *STACKELBERG'schen Duopol* verhält sich der eine Duopolist wie er sich auch in einem COURNOT'schen Duopol verhalten würde, nämlich *adaptiv*, während der andere dieses Verhalten seines Marktkonkurrenten einbeziehend, aus allen möglichen alternativen Positionen jene auswählt, die ihm selbst den größten Gewinn aus dieser Situation beschert. Es ist also nicht symmetrisch in den Verhaltensweisen.

Falls der zunächst sich adaptiv und friedlich verhaltende Duopolist (vgl. z.B. Punkt U_A der Graphik Aufgabe 10) dahinter kommt, was der Marktkontrahent bezweckt, kann es auch passieren, daß sich beide nach diesem Muster verhalten. Dann wird aus dem STACKELBERG'schen Duopol allerdings ein BOWLEY'sches Duopol (U in Graphik zu Aufg. 10), das nun wiederum symmetrisch ist, aber die Zielsetzungen beider konterkariert.

Ein BOWLEY'sches Duopol ist allerdings kaum sehr stabil, sondern bestenfalls eine Vorstufe zum *ruinösen Wettbewerb*, bei dem jeder versucht, den anderen durch entsprechende Preisangebote unter seine Grenzkosten zu drücken. Die genannte Bedingung, daß jeder Duopolist mit konstanten Grenzkosten K' = 10, und damit von 0 verschiedenen Grenzkosten arbeitet, ist dabei solange von Bedeutung, als beide noch im Markt verbleiben können. Wären hingegen die Grenzkosten 0, so würden aus einem STACKELBERG'schen Duopol, wie man leicht nachrechnen kann (Vgl. Markttheorie-Rechenaufgaben, Aufgabe 19), sehr schnell ein Monopol werden, da der Unabhängigkeitsanbieter den anderen vollkommen vom Markt drängt.

Aufgabe Nr. 10

Im BOWLEY'schen Duopol

o A: verhalten sich die Duopolisten symmetrisch und friedlich
o B: verhalten sich die Duopolisten zwar symmetrisch aber aggressiv
o C: ist das Verhalten der Duopolisten asymmetrisch
o D: liegt der Marktpreis stets unter den Grenzkosten beider Duopolisten
o E: liegt eine instabile Oligopolform vor

Wie bereits in Aufgabe 9 angemerkt, besteht ein BOWLEY'sches Duopol darin, daß *jeder* der beiden Duopolisten so tut, als wäre er ein, unabhängig den Preis setzender *STACKELBERG'scher Duopolist*, d.h. er berechnet seine sog. Unabhängigkeitsmenge (vergleiche hierzu auch Markt-Rechenaufgaben, Aufgabe 19 sowie Punkt U der Graphik), deren Realisierung aber davon abhängt, daß der jeweils andere sich friedlich und adaptiv verhält. Da der Marktkonkurrent dies jedoch nicht tut, resultiert aus der Symmetrie dieses Verhaltens letztlich eine *Kampfsituation* (Punkt U) bei der das Ergebnis für beide Konkurrenten schlechter ausfällt, als wenn sich beide friedliebenden symmetrisch verhalten (Punkt C = COURNOT'sches Duopol) würden.

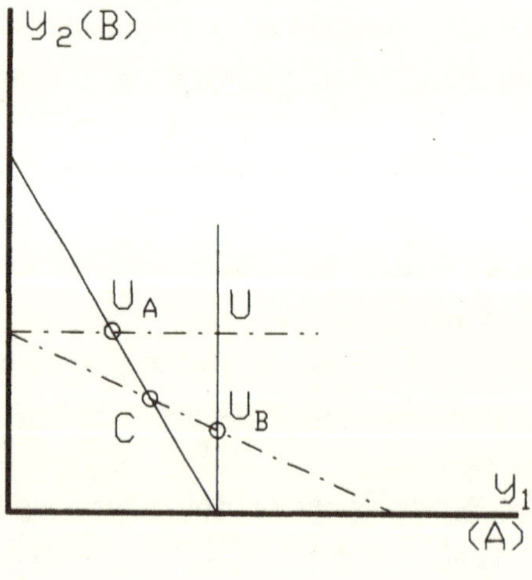

In der Regel liegt jedoch der Unabhängigkeitspreis immer noch *über* den Grenzkosten beider Duopolisten. Die Tatsache, daß sie schlechter abschneiden als wenn sie sich friedlich verhalten würden (Punkt C der Graphik), wird in aller Regel dazu führen, daß diese Oligopolform nicht von langer Dauer ist.

Aufgabe Nr. 11

Ein Polypol kann man von einem Oligopol praktisch dadurch unterscheiden, daß

o A: *mehr als 10 Anbieter auf dem Markt sind, bei weniger ist es ein Oligopol*

o B: *mehr als 20 Anbieter vorhanden sind, bei weniger ist es ein Oligopol*

o C: *für Polypolanbieter der Preis ein Datum ist, der Oligopolist den Preis aber setzt*

o D: *bei linearer Kostenfunktion die Polypolisten an ihrer Kapazitätsgrenze anbieten, die Oligopolisten aber der Regel U' = K' folgen*

o E: *die Preis-Absatz-Funktion im Polypol horizontal verläuft, im Oligopol aber nicht*

Ein *Polypol* ist grundsätzlich dadurch gekennzeichnet, daß die Angebotsmenge des einzelnen Betriebs im Verhältnis zum Gesamtangebot klein ist, so daß seine Preis- oder Mengenvariation von den anderen Anbietern gar nicht wahrgenommen wird und zu keiner Reaktion dieser Konkurrenten führt. In einem *Oligopol* hingegen ist der Zusammenhang zwischen den Anbietern und dem Gesamtangebot deutlich enger, so daß einzelne Preis- oder Mengensetzungsaktivitäten von den Mitkonkurrenten wahrgenommen und beantwortet werden können. Dadurch kann es auch zu Reaktionen kommen. *Wann* dieser Umschlag von der Quantität in die Qualität erfolgt, hängt auch von weiteren Marktumständen ab, nicht nur von der Anbieterzahl. Aus der Tatsache, daß in einem Polypol die Preissetzung eines einzelnen keine Reaktionen provoziert, läßt sich folgern, daß, will sich der Abweichler letztlich nicht selbst bestrafen, er den Preis als ein nicht veränderbares *Datum* hinnehmen muß. Dies drückt sich formal vor allem darin aus, daß die Preis-Absatz-Funktion des einzelnen Polypolisten horizontal (= unendlich elastisch) ist, während die Preis-Absatz-Funktion des einzelnen Oligopolisten einen fallenden Verlauf mit variierenden Nachfrageelastizitäten aufweist.

Lineare Kostenkurven erzeugen in jedem Fall einen horizontalen, parallel zur Mengenachse liegenden Verlauf der K'-Kurve, was im Fall des *Oligopolisten* einen definierten Schnittpunkt mit der U'-Kurve ergibt. Im Fall des Polypols mit konstanten Grenzkosten läßt sich hier mittels der Regel U' = K' aber kein eindeutiger Schnittpunkt ermitteln, weil sich die beiden Kurven nicht schneiden. Solange $p > k$, macht auch der Polypolist dabei Gewinn und wird um den Gewinn zu maximieren, sein Heil in der *größtmöglichen Absatzmenge* suchen, die er auf den Markt werfen kann.

Aufgabe Nr. 12

Welche der folgenden Bedingungen müßte(n) u.a. erfüllt sein, damit man von einem Monopol im Sinne der reinen Theorie sprechen kann ?

o A: Es existiert nur ein einziger Anbieter auf dem Markt
o B: Es existiert kein Substitut zum betrachteten Gut
o C: Es gibt eine große und viele kleine Anbieterfirmen
o D: Es gilt eine lineare Kostenfunktion
o E: Es existieren keine Fixkosten

Ein Monopolist ist definiert als der einzige Anbieter auf dem Markt für ein bestimmtes Gut, wobei, damit die Monopolbedingung im Sinne der reinen Theorie eingehalten werden kann, auch keine Substitute zum angebotenen Gut existieren dürften, sonst tritt Substitutionskonkurrenz auf.

Hierbei spielen Typ und Ausgestaltung der Kostenfunktion des Monopolisten natürlich keine Rolle, solange die Fixkosten niedrig genug sind für eine Marktexistenz des Monopolisten. Dies sagt aber nichts über die *absolute* Höhe der Fixkosten aus, sondern lediglich über die Relation des sich aus der existierenden Preis-Absatz-Funktion ergebenden COURNOT'schen Preises p_c zu den sich bei der COURNOT'schen Menge y_c gerade ergebenden Stückkosten k_c.

Damit das Monopolangebot zustandekommt, muß $p_c \geq k_c$ gelten. Dies spielt für die Existenz des Monopols insofern eine Rolle, als bei $p < k$ (bzw. auf der Ebene der Gesamtgrößen: $U < K$, vgl. Graphik zu Aufgabe 7) der Monopolist nicht anbieten wird, da er nur Verluste einfahren würde (vgl. dort die nach oben versetzte, fett dargestellte Kostenfunktion).

Aufgabe Nr. 13

Zur Erzielung seines maximalen Gewinns ($G > 0$) muß der Monopolist u.a. die folgende(n) Regel(n) einhalten ($\varepsilon_{x,p}$ = Preiselastizität der Nachfrage):

o A: *$U' = K'$ unter der Bedingung daß $U'' > K''$ und $p \geq k$*
o B: *$K' = p \cdot (1 - \varepsilon_{x,p})$*
o C: *$K' = p \cdot (1 + p/\varepsilon_{x,p})$*
o D: *$K' = p \cdot (1 + 1/\varepsilon_{x,p})$*
o E: *$U'' < K''$ und $p \geq k$*

Für das Monopol gilt, wie für alle anderen Marktformen auch, die Gewinnmaximierungsregel

$$U'(y) = K'(y)$$

im Sinne einer *notwendigen* Bedingung. Ersetzen wir nun den Grenzumsatz U' durch die AMOROSO-ROBINSON-Relation, so ergibt sich mit

$$K' = p \cdot (1 + 1/\varepsilon_{x,p})$$

die Maximierungsbedingung erster Ordnung. Wie bereits in Aufgabe 7 dargelegt, gilt neben der, die *Maximums*bedingung sichernden Bedingung zweiter Ordnung, die ebenfalls nur notwendig und nicht hinreichend ist, die *dritte* Bedingung, daß die Fixkosten (die nicht in die Marginalbedingung eingehen und deswegen eine eigenständige Determinante darstellen) so niedrig sind, daß der Gewinn tatsächlich sich als echter, d.h. strikt positiver Gewinn $G > 0$ darstellt.

Diese *dritte* Bedingung können wir, wenn wir sie für den Stückgewinn $g = p - k$ formulieren, auch so schreiben, daß echter Gewinn vorliegt, wenn $g > 0$, d.h. $p > k$. Die Maximumsbedingung wiederum setzt rein formal voraus, daß die zweite Ableitung

$$G'' = U'' - K'' < 0$$

ist.

Aufgabe Nr. 14

Das Modell der monopolistischen Konkurrenz ist u.a. dadurch gekennzeichnet, daß

o A: das gehandelte Gut nicht völlig homogen ist
o B: die Kostenfunktion nichtlinear ist
o C: die Nachfragefunktion durchgehend linear ist
o D: die Nachfragekurve nur bereichsweise horizontal verläuft
o E: die U'-Kurve eine Gerade ist

Monopolistische Konkurrenz unterscheidet sich vom Monopol dadurch, daß sich der Anbieter lediglich in einem gewissen Preisintervall so verhalten kann, wie es ein Monopolist tut oder kann. Überschreitet oder unterschreitet er hingegen jeweils einen gewissen Preis, so ändert sich die Steigung seiner Preis-Absatz-Funktion deutlich. Ein derartiges Verhalten der Preis-Absatz-Funktion (z.B. mit zwei horizontalen Ästen oberhalb eines Grenzpreises p_1^* und unterhalb des zweiten Grenzpreises p_2^*) kann z.B durch *heterogene* Produkte zustande kommen, aber auch durch Standortvorteile mit abnehmender Reichweite (Tante-Emma-Laden an der Ecke, vgl. Aufgabe 47).

Formal gesehen, *kombiniert* also die Preis-Absatz-Funktion eines Anbieters in einer monopolistischen Konkurrenzsituation die Eigenschaften der atomistischen Konkurrenz (horizontale Preis-Absatz-Funktion) mit denen des Monopols (negativ geneigten Preis-Absatz-Funktion).

Aus der Tatsache, daß die Preis-Absatz-Funktion nichtlinear ist, oder was auf dasselbe hinausläuft, unterschiedliche Äste verschieden geneigter Geraden beinhaltet, folgt, daß auch die hieraus abzuleitende U'-Kurve nicht eine durchgängige Gerade sein kann. Ein Anbieter in einer monopolistischen Konkurrenz kann dabei grundsätzlich mit jedem Kostenfunktionstyp arbeiten.

Aufgabe Nr. 15

Je nachdem, ob sich ein Betrieb auf einem Monopol- oder einem Polypolmarkt befindet, ergibt sich seine marktspezifische Gewinnmaximierungsregel

o A: *insofern unterschiedlich, als sich U' inhaltlich je nach zugrundeliegender Marktform durch eine marktformenspezifische Formel bestimmt*

o B: *identisch, wenn man den Grenzumsatz nach der AMOROSO-ROBINSON-Formel bestimmt und dabei die gültige Nachfrage-Elastizität einsetzt*

o C: *insofern identisch, als die Bedingung U'= K' stets hinreichend für das Gewinnmaximum des Betriebs ist.*

o D: *faktisch unterschiedlich, wenn der Betrieb mit einer linearen Kostenfunktion arbeitet.*

o E: *Da der Monopolist sowohl Preis als auch Menge selbst festsetzen kann, erzielt er ohnehin den Gewinn, den er möchte.*

Die *allgemeine* Gewinnmaximierungsregel für alle Marktformen lautet U' = K' (Grenzumsatz = Grenzkosten). Ist der Anbieter *Monopolist* oder *Polypolist*, so erhebt sich die Frage, inwiefern hierdurch die Ermittlung von U' variiert. Da ein *Polypolist* eine *horizontale* Preis-Absatz-Funktion besitzt und den Preis nicht beeinflussen kann, bedeutet dies, daß unabhängig von der Angebotsmenge *jede zusätzliche* Angebotseinheit immer denselben Preis erzielt. Für ihn ist also U' = p. Da beim *Monopolisten* die Preis-Absatz-Funktion *fallend* ist, bedeutet dies, daß eine Mengenausweitung mit einer *Preissenkung* verbunden ist und umgekehrt. Mithin gilt für ihn nach AMOROSO-ROBINSON: $U' = p \cdot (1+1/\varepsilon_{x,p})$. Die für ihn den Grenzumsatz definierende Gleichung umfaßt allerdings genau besehen auch den Fall des *Polypols*. Setzt man nämlich die polypoltypische Elastizität, $\varepsilon_{x,p} = -\infty$ ein, so zeigt sich, daß auch die Gewinnbedingung des Polypols resultiert, nämlich U' = p (da die Klammer 1 wird). Bei einem Polypolisten mit linearer Kostenfunktion (d.h. K" = 0) ist die für Gewinnmaximierung notwendige Bedingung zweiter Ordnung, U" < K" nicht erfüllbar, so daß er an der Kapazitätsgrenze anbietet. Für den Monopolisten stellt diese Bedingung kein Problem dar, da für ihn auch bei K" = 0 durch den *fallenden* Grenzumsatz U" < 0. Zu glauben, der Monopolist könne Menge *und* Preis gleichzeitig setzen, würde Existenz bzw. Bedeutung der Preis-Absatz-Funktion ignorieren.

Aufgabe Nr. 16

Ein Einfluß des Kostenfunktions-Typs (linear vs. nichtlinear) auf die Gewinnmaximierungsregel(n) eines Betriebs auf einem Polypolmarkt

o A: existiert überhaupt nicht

o B: existiert nur insofern, als sich dadurch eine kurvenbedingte geringfügige Verschiebung der gewinnmaximalen Ausbringung ergibt

o C: ist durchaus gegeben. Wenn die Kostenfunktion linear ist, produziert der Polypol-Betrieb nämlich an seiner Kapazitätsgrenze

o D: liegt insofern vor, als eine nichtlineare Kostenfunktion im Bereich U' = K' als weitere notwendige Bedingung K" > U" aufweisen muß

o E: besteht nicht, da jeder Polypol-Betrieb unabhängig von seiner Kostenfunktion immer an seiner Kapazitätsgrenze arbeitet.

Auch für den Polypolisten gilt zunächst die *allgemeine Gewinnmaximierungsregel:* U' = K'. Seine Marktsituation bewirkt, daß der Preis für ihn ein Datum darstellt, mithin seine Preis-Absatz-Funktion (und damit die U'-Kurve) horizontal, als *Parallele zur Mengenachse*, verläuft. Bei einer *nichtlinearen* Kostenfunktion, die in aller Regel durch steigende Grenzkosten gekennzeichnet ist, tritt üblicherweise kein Problem auf weil sich U'- und K'-Kurve schneiden. Besitzt ein Polypolbetrieb jedoch eine *lineare Kostenfunktion*, so sind die Grenzkosten *konstant*, d.h. auch die *Grenzkostenkurve verläuft parallel* zu Mengenachse. Da sich parallele Geraden nicht schneiden, folgt daraus, daß wir keine eindeutig bestimmbare, gewinnmaximale Ausbringungsmenge im Produktionsbereich des Betriebes finden können. Im Umkehrschluß ergäbe sich, daß der Betrieb dann eben eine unendlich große Menge produzieren muß, um sein Gewinnmaximum zu realisieren. Dies ist jedoch wegen der Endlichkeit realer Wirtschaftsvorgänge nicht möglich, so daß die Kapazitätsgrenze des Betriebs faktisch diese Bemühungen nach noch mehr Gewinn begrenzt. Da bei nichtlinearen Kostenfunktionen die Bedingung erster Ordnung K' = U' lediglich ein *Extremum* findet, das noch kein Maximum darstellen muß, ist die 2. Marginalbedingung G" = U" - K" < 0 ebenfalls zu berücksichtigen. Sie ist allerdings, wie die Bedingung 1. Ordnung, lediglich notwendig und nicht hinreichend.

Aufgabe Nr. 17

Welche der folgenden drei Regeln (1)...(3) muß ein Betrieb mit einer nichtlinearen Kostenfunktion beachten, damit er Gewinn macht (G>0) und dieser auch maximal ist?

(1) U' = K'

(2) U" < K"

(3) p > k

o A: nur Regel (1)

o B: Regel (1) und Regel (2) sind hinreichend

o C: erst alle drei Regeln zusammen sind hinreichend dafür

o D: es genügt immer Regel (1) und Regel (3) zu befolgen

o E: es genügt Regel (2) und Regel (3) zu befolgen

Der Gewinn ist definiert als Differenz aus Umsatz und Kosten, also G = U - K. Die üblichen, formalen Gewinnmaximierungsregeln laufen darauf hinaus, Marginalbedingungen abzuleiten unter denen sich das Gewinnmaximimum einstellt. Dies ist im Sinne einer ***notwendigen*** Bedingung für die Erreichung eines Extremums die Bedingung *erster Ordnung*, die, wie man sich anhand der ersten Ableitung klarmacht, auf U' = K' hinausläuft.

Leitet man weiter ab, so erhält man die Bedingung *zweiter Ordnung*, die (ebenfalls als eine notwendige Bedingung) festlegt, ob es sich hierbei um ein *Maximum* oder um ein *Minimum* handelt. Da auf dem Ableitungswege die schon die 1. Ableitung der Fixkosten 0 ist, tauchen sie in der Grenzkostendefinition sowohl bei der ersten wie auch bei der zweiten Ableitung *nicht* auf. Die *Höhe der Fixkosten* ist jedoch relevant dafür, ob *überhaupt* ein Gewinn entsteht, d.h. ein echter Gewinn im Sinn G > 0. Dividieren wir die Definitionsgleichung des Gewinnes durch die Ausbringungsmenge *y*, so erhalten wir eine Definition für den Stückgewinn *g*, nämlich g = p - k. Falls ein echter Gewinn G > 0 vorliegt, muß auch *g* strikt positiv sein, dies impliziert p > k. Ein Befolgen von Regel (1) und (3) würde jedoch auch nicht sicherstellen, daß es sich um ein Gewinnmaximum handelt, es könnte sich auch ein Gewinnminimum ergeben. Die alleinige Befolgung von Regel (2) und (3) hingegen determiniert die Ausbringungsmenge nicht genau genug, daß wir von einer gewinnmaximialen Ausbringung ausgehen können.

Aufgabe Nr. 18

Auf einem Polypolmarkt ist der Preis für den einzelnen Anbieter ein unveränderliches Datum, weil

o A: dem Anbieter unter den gegebenen Marktbedingungen und der Zielsetzung der Gewinnmaximierung nur die Anpassung der Angebotsmenge als Strategie bleibt
o B: er mit dem Versuch, von diesem Preis nach oben oder unten abzuweichen, nur seinen Gewinn reduzieren würde
o C: der Versuch, den Preis zu variieren, seine Mitkonkurrenten zu harten Reaktionen veranlassen würde
o D: im Polypol die Preis-Absatz-Funktion des einzelnen Betriebs immer die Preiselastizität $\varepsilon_{x,p} = -\infty$ aufweist
o E: weil im Polypol die Nachfrage nicht auf den Preis reagiert

Ein Polypolmarkt ist dadurch gekennzeichnet, daß soviele Anbieter auf dem Markt sind, daß die Preis- bzw. Mengensetzung eines einzelnen Polypolisten von den anderen nicht wahrgenommen werden kann, weil er für diese Reaktionsauslösung zu klein ist. Erhöht er nun den Preis, so bewirkt dies, daß die Nachfrager dies wahrnehmen und zu seinen Konkurrenten abwandern, ohne daß diese sich hierdurch veranlaßt sehen ihre Preise ebenfalls zu erhöhen. Sein Absatz ginge dadurch auf Null zurück, er müßte aus dem Markt ausscheiden. Senkt er hingegen den Preis, so würde die Gesamtnachfrage versuchen, sich bei *ihm* einzudecken. Falls er eine nichtlineare Kostenfunktion besitzt, resultiert daraus, daß er nun sein Gewinnmaximum verfehlen würde. Besitzt er hingegen eine lineare Kostenfunktion, so bietet er ohnehin an der Kapazitätsgrenze an und eine Preissenkung wäre insofern unsinnig, als sie lediglich seinen Gewinn reduzieren würde. In beiden Fällen also, d.h. unabhängig von der Form der Kostenfunktion würde der Polypolist mit einer Preissenkung lediglich sich selbst schlechter stellen. Ihm bleibt also gar nichts anderes übrig, als den Preis zu akzeptieren, den der Markt durch Wettbewerb gefunden hat, d.h. seine Verkaufsmenge so anzupassen, daß $K' = p$, will er sein Gewinnmaximimum realisieren. Formal ist dies auch eine Konsequenz der horizontalen Preis-Absatz-Funktion des Polypolisten mit unendlicher Elastizität, die quasi nur eine "digitale Reaktion" zur Menge $y = 0$ oder zur Menge $y = y_{max}$ erlaubt.

Aufgabe Nr. 19

Die gewinnmaximale Ausbringung eines Mengenanpassers mit ertragsgesetzlicher Kostenfunktion ist stets dadurch gekennzeichnet, daß

o A: *die Stückkosten gleich dem Verkaufspreis sind*

o B: *die Grenzkosten gleich dem Verkaufspreis sind*

o C: *die Nachfrageelastizität $\varepsilon_{x,p}$ der betriebl. Preis-Absatz-Funktion für diese Menge gleich - 1 ist*

o D: *die Kostenelastizität $\varepsilon_{K,y}$ hier stets gleich 1 ist*

o E: *die Grenzkosten in diesem Bereich einen steigenden Verlauf aufweisen*

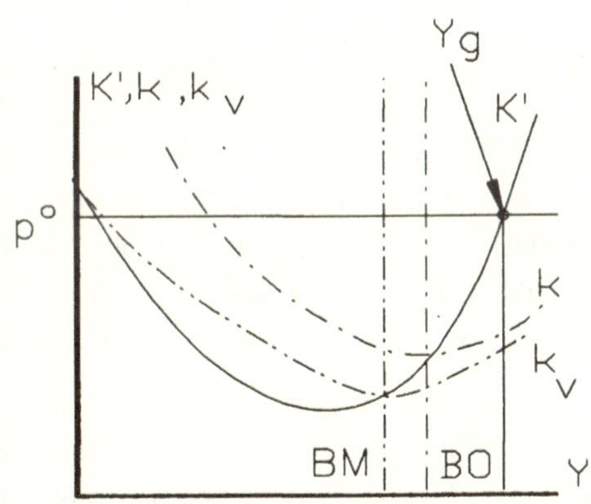

Aus der Definition des Gewinns und der ersten Ableitung der Gewinnfunktion nach *y* ergibt sich die generelle Gewinnmaximierungsbedingung: U' = K', die im Falle des mengenanpassenden Polypolisten zu p = K' wird. Diese Bedingung gilt sowohl im kurzfristigen Gleichgewicht (y_g), als auch im langfristigen (= Kostengleichgewicht, im Betriebsoptimum BO), das sich, allerdings erst nach anhaltendem atomistischem Wettbewerb in der Identität p = K' = k einstellt. Diese neuerliche Bedingung ist jedoch nur nach *langfristiger Anpassung* erreicht und nicht immer erfüllt. Falls sie jedoch erfüllt ist, sind dann natürlich auch die Stückkosten gleich dem Verkaufspreis. Da dieser Punkt wegen der Eigenschaften der ertragsgesetzlichen Kostenfunktion mit dem *Minimum der Stückkosten* (BO) zusammenfällt, ergibt sich auch, wie man leicht ableitet (Hinweis: hier gilt K' = k), eine Kostenelastizität von $\varepsilon_{K,y} = 1$.

Bildet man die *zweite Ableitung* der Gewinnfunktion, also G" = U" - K" < 0, so zeigt sich wegen U' = p, mithin U" = 0, daß im Fall des Mengenanpassers für ein Gewinnmaxium genügt, daß die Grenzkosten im fraglichen Bereich *steigen*.

Aufgabe Nr. 20

Das langfristige Gleichgewicht eines Polypolmarktes ist dadurch gekennzeichnet, daß bezüglich der Stückkosten k, der Grenzkosten K' und des Marktpreises p gilt:

o *A: K'= p für alle Betriebe, unabhängig vom Typus ihrer jeweiligen Kostenfunktion*

o *B: alle Betriebe arbeiten in ihrem Betriebsminimum, unabhängig vom Typ ihrer Kostenfunktion*

o *C: Betriebe mit ertragsgesetzlicher Kostenfunktion bieten im sog. Betriebsoptimum an*

o *D: Betriebe mit linearer Kostenfunktion bieten an ihrer Kapazitätsgrenze an, wobei p = k*

o *E: für Betriebe mit ertragsgesetzlichem Kostenverlauf ist hier die Kostenelastizität $\varepsilon_{K,y}$ gleich 1*

Wie schon in Aufgabe 19 dargelegt, gilt im *langfristigen Polypolmarktgleichgewicht* p = K' = k. Bei einem Polypolbetrieb mit ertragsgesetzlichen Kostenverlauf (vgl. Grafik zu Aufgabe 19) ist dies der Punkt, wo sich die Grenzkostenkurve und die Stückkostenkurve schneiden und wo gleichzeitig die Stückkosten ihr Minimum aufweisen. Diesen Punkt nennt man das sogenannte Betriebsoptimum (BO), weil dort jedes Stück mit den geringsten Kosten hergestellt wird. Bei Betrieben mit *linearer Kostenfunktion* weist die K'-Kurve einen *horizontalen* Verlauf auf, so daß sich im endlichen Bereich kein Schnittpunkt mit der U'-Kurve (= p) ergibt. Daraus folgt, daß diese Betriebe die faktisch größtmögliche Ausbringungsmenge realisieren, um maximalen Gewinn zu erreichen. Dies dürfte i.d.R. durch die Kapazitätsgrenze bestimmt sein. Da die Definition der Kostenelastizität $\varepsilon_{K,y}$ = dK/dy · (y/K) ist, läßt sie sich auch als *Quotient aus Grenzkosten und Stückkosten*, d.h. K'/k darstellen.

Im Betriebsoptimum, das das langfristige Gleichgewicht kennzeichnet, ist nun gerade K'/k = 1. Die Realisierung des Betriebsminimums, (= Minimum der *variablen* Stückkosten, bei BM in der Graphik zu Aufgabe 19), das eine Nichtdeckung der Fixkosten beinhaltet, wäre allerdings für einen gewinnmaximierenden Betrieb keine sinnvolle Zielgröße, da sie einen *Verlust* impliziert. Sie kann bestenfalls kurzfristig realisiert werden, spielt jedoch für das langfristige Gleichgewicht keine Rolle.

Aufgabe Nr. 21

Ein gewinnmaximierender Polypolist mit linear homogener Produktionsfunktion

o A: bietet an der Kapazitätsgrenze an

o B: bietet immer die Menge an, bei der der Preis gerade seine Stückkosten deckt

o C: bietet immer die Menge an, bei der der Preis seinen Grenzkosten gleicht

o D: bietet genau die Menge an, bei der die Kostenelastizität 1 ist

o E: kann dadurch, daß er Mengenanpasser ist, keinen maximalen Gewinn machen

Grundsätzlich müßte ein Polypolist, der es auf Gewinnmaximierung abgesehen hat, eine Menge anbieten, bei der die Grenzkosten gleich den Grenzerlösen sind. Besitzt er jedoch eine linear homogene *Produktionsfunktion*, so folgt daraus, daß er auch eine *lineare Kostenfunktion* besitzt, mithin daß $K' = k_v$ gilt. Die Grenzkostenkurve verläuft mithin *parallel zur Mengenachse* und es stellt sich die Frage, welcher von den Punkten ausgezeichnet sein sollte, da die Gewinnmaximierungsregel im Polypol $K' = p$ lautet und sich somit nach simplen geometrischen Zusammenhängen *kein Schnittpunkt* zwischen der U'-Kurve und K'-Kurve im endlichen Bereich ergibt.

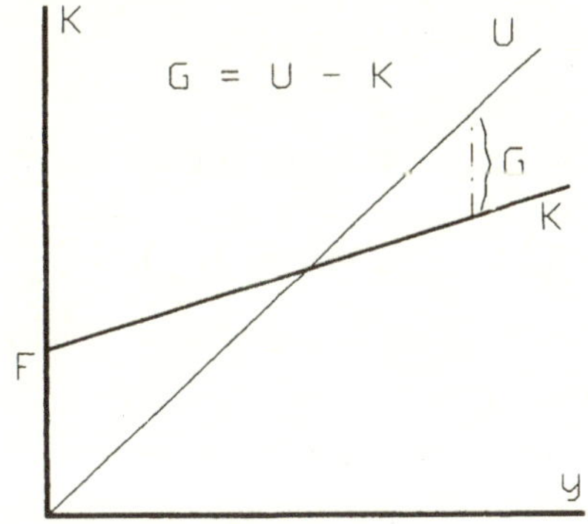

Zieht man zur Lösung dieser Frage die in der nebenstehenden Graphik gezeigte Umsatzfunktion U heran, so zeigt sich allerdings, daß der Gewinn umso höher wird, je größer die verkaufte Menge ist. Das von ihm realisierbare Gewinnmaximum ergibt sich also an der *Kapazitätsgrenze*. Wenn er nach der Regel $p \geq k$ (=Stückkosten) verfährt, stellt er zwar sicher, daß er Gewinn macht, aber nicht notwendigerweise den maximalen. Wie man sich mittels einer graphischen Elastizitätsabschätzung leicht klar macht, ist die Elastizität der gesamten Kostenfunktion $\varepsilon_{K,y} < 1$. Die Tatsache, daß ein Polypolist von Natur aus Mengenanpasser ist, macht lediglich den Preis zum Datum und legt damit die U- und die U'-Funktion fest.

Aufgabe Nr. 22

Der sog. Grenzproduktivitätssatz beinhaltet,

o A: *daß die Unternehmer solange zusätzliche Arbeitskräfte beschäftigen, bis das Grenzprodukt der zusätzlichen Arbeitskraft Null wird*

o B: *daß die Unternehmer zusätzliche Arbeitskräfte einstellen, solange der Wert ihres Grenzprodukts niedriger ist als der Verkaufspreis des Produkts*

o C: *daß die Gleichung* $y'_A \cdot q_A = 1/p$ *eine notwendige Bedingung für das betriebliche Gewinnmaximum darstellt*

o D: *daß jeder Faktor mit dem Betrag entlohnt wird, der sich als Produkt aus seiner Grenzproduktivität und dem Marktpreis des produzierten Gutes ergibt*

o E: *daß die Betriebe die Zahl ihrer Arbeitskräfte vergrößern, solange ihr Wertgrenzprodukt über dem Verkaufspreis des hergestellten Gutes liegt*

Der Grenzproduktivitätssatz ist formal wie folgt definiert:

$$q_i = y'_i \cdot p$$

Danach ergibt sich, daß das *Wertgrenzprodukt* $y'_i \cdot p$ gleich dem Lohnsatz q_i des betreffenden Produktionsfaktors *i* sein soll. Er gilt grundsätzlich für sämtliche Produktionsfaktoren, hat aber für den Faktor Arbeit im Rahmen der Verteilungstheorie eine besondere Bedeutung erlangt.

Für den Unternehmer beinhaltet der Grenzproduktivitätssatz eine Art Gewinnmaximierungsstrategie: Solange das Wertgrenzprodukt *höher* ist als der Enlohnungsatz des Faktors, existieren Gewinnchancen, die noch nicht voll ausgeschöpft sind. Es liegt mithin auch noch keine Gewinnmaximierung vor.

Ist umgekehrt das Wertgrenzprodukt *kleiner* als der Entlohnungssatz des Faktors, so würde eine zusätzliche Beschäftigung des Faktors mehr Kosten verursachen, als sie an Erlös einbringt. Die Grenze *für zusätzliche Beschäftigung* liegt mithin genau dort, wo der Grenzproduktivitätssatz die Gleichheit von Lohnsatz und Wertgrenzprodukt postuliert.

Aufgabe Nr. 23

Die Aussage: "Der Gleichgewichtspreis räumt den Markt"

o A: *gilt nur, wenn alle Anbieter mit ertragsgesetzlichen Kostenfunktionen arbeiten*

o B: *ist stets dann erfüllt, wenn die Zahl der Anbieter und Nachfrager gleich groß ist*

o C: *ist genau dann erfüllt, wenn bei einem bestimmten Preis die angebotene und die nachgefragte Menge gleich groß sind*

o D: *bedeutet, daß jeder Anbieter einen Nachfrager findet*

o E: *bedeutet, daß es einen Preis gibt, bei dem der logische Durchschnitt aus Angebots- und Nachfragemenge maximal ist*

Die Aussage "der Gleichgewichtspreis räumt den Markt" ist eine Grundaussage der mikroökonomischen Theorie, die allerdings nicht zu wörtlich genommen werden darf: Sie beinhaltet im wesentlichen, daß bei dem gefundenen Gleichgewichtspreis p_o der *logische Durchschnitt* aus Angebotsmenge x_A und Nachfragemenge x_N *maximal* ist, d.h. im Rahmen des Möglichen (!) den Markt "räumt". Trotzdem bleiben beim Gleichgewichtspreis immer noch Nachfrager und Anbieter "unbefriedigt" (gestrichelte Äste der Angebots- und Nachfragekurve rechts von Q) auf dem Markt zurück, weil entweder ihr Höchstpreis *unter* dem Gleichgewichtspreis oder ihr Mindestverkaufspreis *über* dem Gleichgewichtspreis lag, und sie deshalb nicht zum Zuge kommen konnten. Hingegen bewirkt der Marktmechanismus durchaus, daß sich das Intervall möglicher Preise durch den Gleichgewichtsfindungsprozeß so sehr einengt, daß im Idealfall nur noch ein einziger Preis, der *Gleichgewichtspreis*, existiert bei dem die angebotene Menge der nachgefragten Menge gleich ist (nicht die *Zahl* der Anbieter und der Nachfrager). Dies beinhaltet auch, daß nicht alle Nachfrager ihre Wunschmengen erhalten konnten bzw. daß nicht einmal alle Anbieter bzw. Nachfrager verkaufen bzw. kaufen konnten, auch ein bestimmter Typus der Kostenfunktion auf Seiten der Anbieter spielt dabei keine ausschlaggebende Rolle.

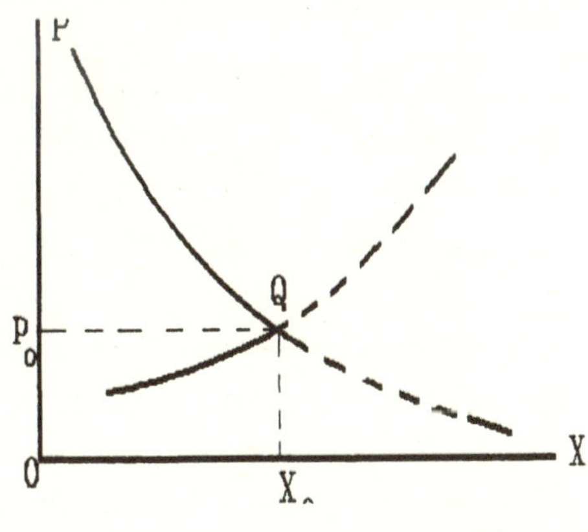

Aufgabe Nr. 24

Zwei Gruppen von Anbietern auf einem Polypolmarkt arbeiten mit den Kostenfunktionen $K_1 = 15\ y + 20$ bzw. $K_2 = 10\ y + 40$. Welche der folgenden Aussagen wird (werden) zutreffen, wenn der Marktpreis 12 GE beträgt und für jeden Anbieter die Kapazitätsgrenze $y_{max} = 80$ gilt ?

o *A: Gruppe 1 wird Gruppe 2 vom Markt verdrängen*

o *B: Gruppe 1 wird überhaupt nicht anbieten und Gruppe 2 das Feld überlassen, weil sie nur Verluste machen würde*

o *C: Gruppe 1 wird stets nur soviel anbieten (bei $y > 0$), daß gerade die Stückkosten gedeckt sind*

o *D: Die Produktionsaufnahme lohnt überhaupt erst, wenn beim Preis $p = 12$ in Gruppe 2 für jeden Anbieter der Absatz mindestens $y = 80$ Stück beträgt*

o *E: Bei einem garantierten Mindest-Absatz von $y = 40$ Stück bietet jeder Anbieter der Gruppe 2 langfristig auch dann noch an, wenn der Preis auf 11 GE fällt*

Die Tatsache, daß sich die Anbietergruppen auf einem *Polypolmarkt* befinden, bedeutet, daß sie Mengenanpasser, d.h. gleichzeitig *Preisnehmer* sind. Sie müssen also den Marktpreis von 12 Geldeinheiten als *Datum* nehmen und sich mit ihrer Mengenausbringung so anpassen, daß sie dabei ihr Gewinnmaximum erreichen. Die Bedingung hierfür kann nicht $K' = p$ sein, da beide Gruppen mit *linearen* Kostenfunktionen und damit konstanten Grenzkosten arbeiten, d.h. $K'_1 = 15$ und $K'_2 = 10$ (vgl. hierzu auch Aufgabe 20 und 21). Da bei der *ersten* Gruppe mit $K'_1 = k_v = 15$ der Marktpreis selbst die variablen Kosten nicht mehr deckt, wird Gruppe 1 überhaupt nicht anbieten, da sie nur Verluste einfahren würde. Lediglich Gruppe 2 wird in der Lage sein auf dem Markt anzubieten, da bei y_{max} gilt: $k_v + F/y_{max} = k < p = 12$ und sie als typische Polypolisten mit linearer Kostenfunktion an ihrer Kapazitätsgrenze anbieten, solange gilt: $p \geq k$. Eine, die Produktionsaufnahme lohnende, *langfristige* Kostendeckung $p > k$ ergibt sich bei einem Marktpreis von $p = 12$ aber schon bei $y = 20$ ($F/y = 40/20$).

Fällt der Marktpreis auf 11 GE, so wäre bei einem garantierten Absatz von 40 Stück auch langfristig kein Grund gegeben aus dem Markt auszuscheiden, da der Preis immer noch die Stückkosten *k* deckt.

Aufgabe Nr. 25

Faktornachfragekurven eines Betriebs sind

o *A: immer im gesamten Produktionsbereich von links nach rechts fallend*

o *B: nur dann von links nach rechts fallend, wenn die Isoquanten der zugrundeliegenden Produktionsfunktion differenzierbar, mit $dv_1/dv_2 < 0$ sind*

o *C: in ihrem Gültigkeitsbereich insofern beschränkt, als sie einen Höchstpreis q_{max} aufweisen, bei dessen Überschreiten v auf Null zurückgeht.*

o *D: stets linear, wenn die zugrundeliegende Produktionsfunktion linear ist*

o *E: immer rechteckig, wenn die zugrundeliegende Produktionsfunktion linear ist*

Faktornachfragekurven sind Nachfragekurven des einzelnen Betriebes nach einem bestimmten Faktor und werden im q /v-Koordinatensystem abgebildet. Die *Form* der Faktornachfragefunktion hängt natürlich vom *Typus* der Produktionsfuktion ab.

Sind die Isoquanten der Produktionsfunktion zum Ursprung konvex und differenzierbar, so ist auch die Faktornachfragefunktion kontinuierlich von links oben nach rechts unten fallend. Sind die Isoquanten der Produktionsfunktion *rechteckig* (LEONTIEF-Funktion), so ist auch die Faktornachfragefunktion "entartet" zu einer quasi rechteckigen Faktornachfragfunktion mit *vertikalem Ast* bei einer *v*-Menge, die der Kapazitätsgrenze des Betriebes entspricht und einem *horizontalen Ast*, der einem Faktorpreis entspricht, der unter Berücksichtigung aller übrigen Faktoreinsatzmengen und -preise auch an der Kapazitätsgrenze keine Kostendeckung mehr durch den Verkaufspreis gestattet. Dieser *horizontale* Ast geht durch den *maximalen Faktorpreis* q_{max}. Hier unterschreitet der Betrieb seine Betriebsschwelle bzw. seine *Betriebsminimum.*

Der Gültigkeitsbereich aller Faktornachfragefunktionen ist unabhängig vom Typus der Produktionsfunktion stets durch ein derartiges q_{max} begrenzt. Die Form der Faktornachfragefunktion ist jedoch insofern nicht direkt vom Typus der Produktionsfunktion abhängig, als auch lineare Produktionsfunktionen (z.B. die lineare COBB-DOUGLAS-Funktion) differenzierbare Isoquanten besitzen können.

Aufgabe Nr. 26

Ein Einfluß der Fixkostenhöhe auf die Angebotsmenge eines gewinnmaximierenden Polypolisten

o A: existiert unter keinen Umständen, weil die Fixkosten rechnerisch gar nicht in die Berechnung der Grenzkosten K' eingehen

o B: existiert grundsätzlich, weil sie so hoch sein können, daß nur ein Angebotsverzicht (d.h. y = 0) vor Verlusten schützt

o C: existiert lediglich dann, wenn U" > K"

o D: existiert insofern, als die Fixkosten die Höhe der Stückkosten k beeinflussen und falls der Betrieb keinen Verlust riskieren will, p ≥ k sein muß

o E: existiert nicht mehr, wenn bei gegebenen Fixkosten p > k gilt

Die Gewinnmaximierungs*zielsetzung* des Unternehmens beinhaltet, daß Gewinn gemacht wird, d.h. G ≥ 0 und daß der erzielte Gewinn *maximal* in bezug auf die gegebenen Nachfrageverhältnisse und Kosten ist. Um dies sicherzustellen, muß ein Unternehmen *drei Regeln* beachten (Vgl. Aufgabe 17). Es muß *erstens* der Stückgewinngewinn *g* positiv sein, d.h. p ≥ k. Da bei der Ermittlung der Stückkosten die Gesamtkosten durch die Absatzmenge *y* dividiert werden, ist der Einfluß der *Fixkosten* hierbei bereits berücksichtigt, d.h. ihre Höhe spielt nach Eintritt dieser Bedingung keine Rolle mehr. *Zweitens* ist zur Gewinnmaximierung die Bedingung erster Ordnung d.h. U' = K' und *drittens* zur Sicherung des *Maximums* noch die Bedingung zweiter Ordnung,

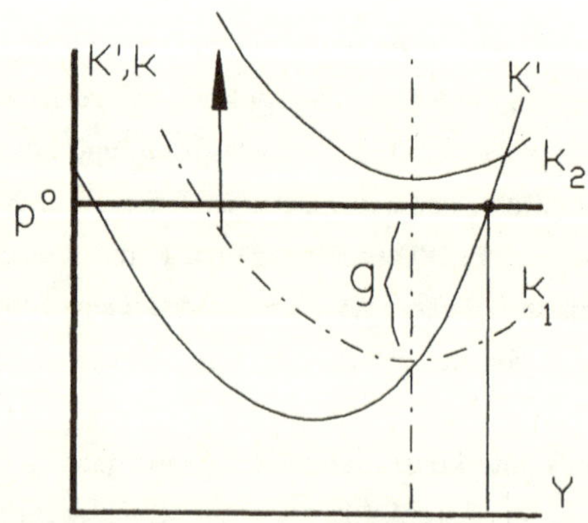

d.h. K" > U" einzuhalten, in deren Berechnung mittels der ersten und zweiten Ableitung die Fixkosten gar nicht eingehen. Die Lösung zeigt sich dadurch, daß man die Fixkosten solange erhöht, daß selbst *bei Gültigkeit* der beiden Marginalbedingungen im Sinne des Gewinn*maximums* lediglich ein Verlust*minimum* entsteht, wie die nebenstehende Grafik zeigt, weil die Fixkosten eine etwaig vorhandenes Gewinnpotential mehr als "auffressen".

Aufgabe Nr. 27

Die Höhe der Fixkosten in einem Monopol spielt eine wesentliche Rolle für die Festsetzung der Angebotsmenge seitens des gewinnmaximierenden Monopolisten, weil

o A: *auch im Monopol der Preis die Stückkosten decken muß*

o B: *dadurch K' und damit die Lage des COURNOT'schen Punktes beeinflußt wird*

o C: *dadurch K" beeinflußt und damit über Gewinn- oder Verlustmaximum entschieden wird*

o D: *es eine kritische Fixkostenhöhe gibt, ab der auch ein Monopolist nur mit Verlust anbieten kann*

o E: *bei Fixkosten F = 0 der Monopolist sich als Umsatzmaximierer verhält*

Wie schon in Aufgabe 26 angesprochen, ist eine erste Bedingung für die Erzielung jeglichen Gewinns, daß $p \geq k$, d.h. daß der Marktpreis im einzelnen Stück auch die Fixkosten deckt, die in den Stückkosten $k = k_v + F/y$ anteilig enthalten sind. Hingegen spielen die Fixkosten *F* für die Berechnung von K' und K" keine Rolle, da *F* eine Konstante und ihre Ableitung dF/dy daher Null ist. Eine Beurteilung gewinnmaximaler Mengenausbringung *nur* nach der Bedingung erster oder zweiter Ordung kann also nicht garantieren, daß es sich nicht um ein Verlustminimum handelt, d.h. der Gewinn *negativ* wird. Wie man der nebenstehenden Grafik entnimmt, gibt es eine kritische Höhe der Fixkosten *F*, bei der der Gewinn gerade Null wird (falls die K-Kurve die schraffierte Parabel gerade berührt) bzw. infolge einer weiteren Fixkostensteigerung zu einem Verlust wird .

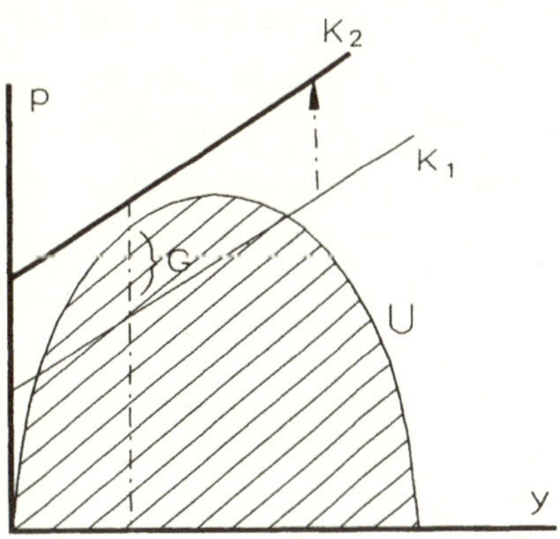

Ein Monopolist wird jedoch *nicht* dadurch zum Umsatzmaximieren daß F = 0 wird, sondern dadurch, daß seine Kosten *lediglich* aus Fixkosten F > 0 bestehen und damit die Grenzkosten K' = 0 werden.

Aufgabe Nr. 28

Die Höhe der Fixkosten spielt in einem COURNOT'schen Duopol dann keine Rolle, wenn die Grenzkosten Null sind

o A: *weil sich die beiden Duopolisten in ihrer Angebotsmenge nur nach den Marginalgrößen U' und K' richten*
o B: *weil dann auch die Bedingung U" < K" keine Rolle mehr spielt*
o C: *weil ein Duopolist sich prinzipiell nicht um die Fixkosten zu kümmern braucht*
o D: *weil dies immer p > k impliziert.*
o E: *Sie spielt insofern eine Rolle, als im Gleichgewicht bei unterschiedlichen Fixkosten der eine Gewinn, der andere Verlust machen könnte*

Hier wird unterstellt, daß die Gesamtkosten lediglich aus Fixkosten bestehen, denn nur dann sind die Grenzkosten K' = 0. In diesem Fall werden die beiden Teilnehmer des Curnotschen Duopols, d.h. eines *symmetrischen Duopols* mit zwei friedlichen Anbietern zu *Umsatzmaximierern* bezüglich der ihnen jeweils verbleibenden Restabsatzmenge. Wie wir von den Aufgaben 26 und 27 bereits wissen, spielen die Fixkosten jedoch grundsätzlich insofern eine Rolle, als für die Erzielung eines "Überhaupt-Gewinns", d.h. G > 0 eine anteilige Fixkostendeckung im Preis unverzichtbar ist und eine reine Orientierung an Marginalbedingungen hierfür unzureichend ist. Dies ist auch in einem Duopol, insbesondere in einem COURNOT'schen Duopol nicht anders. Wie schon im Monopolfall, könnten die Fixkosten für beide - oder zumindest für einen - so hoch sein, daß er auch bei Berücksichtigung der Marginalbedingungen und friedlichem (COURNOT'schem) Verhalten lediglich Verlust macht. Sofern also nicht $p \geq k$ bei gegebener Fixkostenlage für *jeden* ermöglicht wird, würde sich ein Angebot nicht lohnen und auch kein COURNOT'schen Duopol bestehen.

Die Tatsache, daß die Grenzkosten Null sind, folgt aus dem Umstand, daß die Gesamtkosten nur aus Fixkosten bestehen, mithin die variablen Kosten Null sind. Dies beinhaltet aber keineswegs, daß immer $p > k$ ist. Da in diesem Fall $k = F/y$, ist direkt zu sehen, daß es immer eine kritische Größe F^* gibt, bei der diese Bedingung nicht mehr gilt.

Aufgabe Nr. 29

Die Form der Faktornachfragefunktion eines Polypol-Betriebs hängt folgendermaßen vom Typ der Produktionsfunktion ab, mit der der Betrieb arbeitet:

o *A: Sie ist stets rechteckig, wenn es sich um eine COBB-DOUGLAS-Produktionsfunktion handelt*

o *B: Sie ist stets rechteckig, wenn es sich eine LEONTIEF-Produktionsfunktion handelt*

o *C: Sie ist stets von links nach rechts fallend wenn es sich um eine LEONTIEF-Produktionsfunktion handelt*

o *D: Sie ist stets von links nach rechts fallend, wenn es sich um eine ertragsgesetzliche Produktionsfunktion handelt*

o *E: Sie weist unabhängig vom Typ der Produktionsfunktion stets einen Höchstpreis q_{max} auf, bei dem die Faktornachfrage v auf Null zurückgeht*

Die Form der Faktornachfragefunktion hängt nicht so sehr von der Linearität der Produktionsfunktion ab, sondern primär von der *Form* der zum Typus der Produktionsfunktion gehörigen *Isoquante*. Ist die Isoquante *rechteckig* (wie z.B. bei der LEONTIEF-Funktion der Fall), so ergibt sich wegen der darin sich spiegelnden Limitationalität des Faktoreinsatzes auch eine gewisse Starrheit, sprich Rechteckigkeit der Faktornachfragefunktion. Ist die Isoquante hingegen *konvex zum Ursprung*, d.h. spiegelt sie eine gewisse *Substituierbarkeit* der Produktionsfaktoren, so ergibt sich auch ein grundsätzlich fallender, negativ geneigter Verlauf der Faktornachfrage. Eine COBB-DOUGLAS-Funktion, die bei einem Homogenitätsgrad $r = 1$ eine lineare Kostenfunktion erzeugt, weist z.B. einen derartigen konvexen Isoquantenverlauf und damit auch negativ geneigte Faktornachfragefunktionen auf. Dasselbe gilt auch für die *ertragsgesetzliche Produktionsfunktion*.

Die Existenz einer Betriebsschwelle unterhalb derer ein Betrieb nicht mehr anbietet, beinhaltet letztlich unabhängig vom Typ der zugrundeliegenden Produktionsfunktion immer einen kritischen Faktorpreis q_{max} bei dem die Faktornachfrage auf Null zurückgeht.

Aufgabe Nr. 30

Eine negativ geneigte Faktornachfragefunktion eines Polypolbetriebs ergibt sich stets,

o A: falls der Produktion eine CES-Funktion zugrundeliegt
o B: falls der Produktion eine LEONTIEF-Funktion zugrundeliegt
o C: falls die Produktion einer ertragsgesetzlichen Funktion folgt
o D: falls der Produktion eine COBB-DOUGLAS-Funktion zugrundeliegt
o E: unabhängig von der geltenden Produktionsfunktion

Wie schon in Aufgabe 29 dargelegt, hängt die *Form* der Faktornachfragefunktion primär von der *Form der Isoquante* ab, die sich aus dem Typus der zugrundliegenden Produktionsfunktion ergibt. Bei einer LEONTIEF-Produktionsfunktion haben wir wegen der *Limitationaltiät* grundsätzlich *rechteckige* Isoquanten (vgl. Produktionstheorie-Fragen, Aufgabe 7) und damit auch rechteckige Faktornachfragefunktionen. Eine CES-Funktion kann für bestimmte Parameterkonstellationen dieselben Isoquanten besitzen. wie sie für die LEONTIEF-Produktionsfunktion typisch sind.

Hingegen besitzen ertragsgesetzliche Produktionsfunktionen grundsätzlich zum Ursprung konvexe, stetige Isoquanten und damit auch negativ geneigte Faktornachfragefunktionen. Dasselbe gilt für die COBB-DOUGLAS-Produktionsfunktion, die hyperbelartige Isoquanten besitzt.

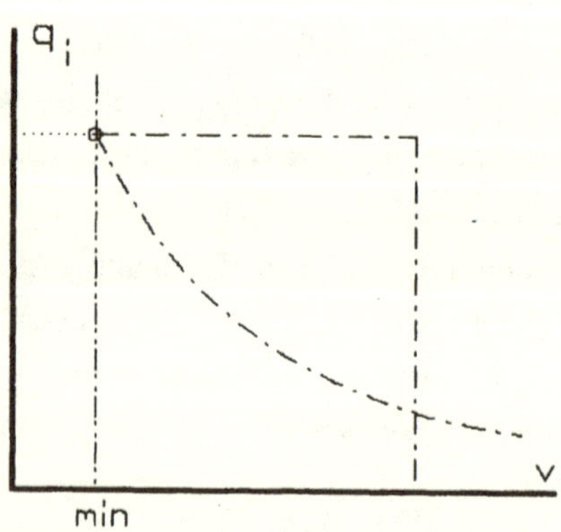

Aus der Argumentation ergibt sich bündig, daß der *Typus* der Produktionsfunktion, soweit er *rechteckige Isoquanten* produzieren *könnte* (d.h. unter gewissen parametrischen Bedingungen auch die CES-Produktionsfunktion), auch entsprechenden Einfluß auf die Gestaltung der *Faktornachfragefunktion* nimmt.

Aufgabe Nr. 31

Eine rechteckige Faktornachfragefunktion eines Polypolbetriebs ergibt sich zwingend, falls

o A: die Kostenfunktion für die Produktion linear ist
o B: die Produktionsfunktion vom Typ COBB-DOUGLAS ist
o C: es sich um eine LEONTIEF-Produktionsfunktion handelt
o D: es sich um eine CES-Produktionsfunktion handelt
o E: der Betrieb nur Maschinen, aber keine Arbeitskräfte einsetzt

Wie wir aus den Aufgaben 29 und 30 bereits wissen, ähnelt im Prinzip der Typus der Faktornachfragefunktion (rechteckig versus fallend) dem Typus der jeweiligen Isoquante. Eine *rechteckige* Faktornachfragefunktion wird sich mithin zwingend nur ergeben, wenn die Produktionsfunktion *rechteckige Isoquanten* aufweist.

Eine CES-Produktionsfunktion kann sowohl rechteckige Isoquanten besitzen (allerdings nur für den Sonderfall $c = \infty$) als auch "normale", d.h. *konvexe*, differenzierbare. Eine CES-Funktion ist damit nicht zwingend mit einer rechteckigen Faktornachfragefunktion verknüpft. Für Produktionsfunktionen vom Typ COBB-DOUGLAS, gleichgültig ob linear oder nichtlinear, gilt hingegen, daß sie *stets* zum Ursprung konvexe, differenzierbare Isoquanten aufweisen.

Eine lineare Kostenfunktion beinhaltet nicht notwendigerweise Limitationalität, sondern kann auch durch eine linear homogene, mit differenzierbaren Isoquanten versehene COBB-DOUGLAS-Funktion erzeugt worden sein. Schließlich läßt sich auch aus der Tatsache, daß der Betrieb ein Randoptimum realisiert, wie es z.B. bei CES-Produktionsfunktionen vorkommen kann, wenn er z.B. nur Arbeitskräfte aber keine Maschinen einsetzt, keineswegs folgern, daß die Faktornachfragefunktion rechteckig ist.

Aufgabe Nr. 32

Die Faktornachfragefunktion eines Polypolbetriebs ist stets durch folgende Eigenschaften gekennzeichnet

o *A: stets negativ geneigt*

o *B: springt stets auf den Wert* $v = 0$*, wenn die Erhöhung von* q *einen bestimmten kritischen Wert* q^* *überschreitet*

o *C: ist rechteckig, wenn die zugehörige Kostenfunktion linear ist*

o *D: ist rechteckig, wenn die Produktionsfunktion von limitationalen Einsatzverhältnissen gekennzeichnet ist*

o *E: ist immer dann rechteckig, wenn der Expansionspfad eine Ursprungsgerade ist.*

Wie bereits in den vorangehenden Aufgaben 29 - 31 dargestellt, ist die Faktornachfragefunktion genau dann *rechteckig*, wenn auch die *Isoquanten* der zugrundliegenden Produktionsfunktion rechteckig sind, d.h. genau im Fall der LEONTIEF-Produktionsfunktion sowie jenem Spezialfall der CES-Funktion, bei dem die Isoquanten für eine bestimmte Parameterkonstellation rechteckig werden.

Damit ergibt sich, daß in einem Polypol (im Monopol oder Oligopol können Rückwirkungen der Faktornachfrage durch die Größe des Betriebes gegeben sein und deswegen andere Aussagen zutreffen) die Form der Faktornachfragefunktion primär von der Produktionsfunktion bedingt ist.

Darüberhinaus aber haben alle Faktornachfragefunktionen, gleichgültig ob rechteckig oder von links nach rechts kontinuierlich und konvex zum Ursprung fallend, die Eigenschaft gemeinsam, daß sie auf die Faktoreinsatzmenge $v = 0$ zurückspringen, wenn ein bestimmter kritischer Grenzwert des Faktorpreises überschritten wird.

LEONTIEF-Produktionsfunktionen weisen zwar sowohl einen linearen Kostenverlauf als auch einem, als Ursprungsgerade darstellbaren, Expansionspfad auf. Jedoch teilen sie diese Eigenschaften auch mit anderen linear homogenen Produktionsfunktionen, deren Isoquanten differenzierbar sind und einen zum Ursprung konvexen Verlauf annehmen.

Aufgabe Nr. 33

Sämtliche, nach längerem Wettbewerb am Markt verbliebene Polypolisten arbeiten mit einer ertragsgesetzlichen Kostenfunktion. In diesem langfristigen Marktgleichgewicht gilt dann bezüglich der Grenzkosten K', der Stückkosten k, der Kostenelastität $\varepsilon_{K,y}$ und des Verkaufspreises p für jeden Betrieb:

o A: $K' = p$
o B: $k = p$
o C: $\varepsilon_{K,y} = -1$
o D: $p > k$
o E: $\varepsilon_{K,y} = 1$

Wir unterscheiden im allgemeinen das sog. *langfristige* und das *kurzfristige* Kostengleichgewicht auf dem Markt. Während das kurzfristige Gleichgewicht durch die Situation:

$$K' = p$$

dargestellt wird, gilt *neben* dieser Kurzfrist-Regel auch noch der Sachverhalt, daß der Wettbewerbsdruck den Preis auf die *Stückkostendeckung* herabgedrückt hat, was dem *Betriebsoptimum* des einzelnen Betriebes entspricht, so daß sogar

$$K' = p = k$$

gilt (Vgl. Graphik zu Aufgabe 19). Diese Bedingung muß mithin für *alle* im Markt verbliebenen Wettbewerbsteilnehmer gültig sein.

Die Tatsache, daß alle Wettbewerbsteilnehmer über einen ertragsgesetzlichen Kostenverlauf verfügen, beinhaltet darüberhinaus, daß K' = k oder anders formuliert:

$$K'/k = 1 \quad \text{bzw.} \quad \varepsilon_{K,y} = 1,$$

was sich daraus ergibt, daß der Quotient aus Grenzkosten und Stückkosten immer gleich der Kostenelastizität des einzelnen Betriebes ist.

Aufgabe Nr. 34

Auf einem Polypolmarkt, bei dem alle Betriebe mit einer ertragsgesetzlichen Kostenfunktion bei F > 0 arbeiten, sei wegen Heterogenität der Produktionsausstattung das langfristige Marktgleichgewicht noch nicht erreicht. Die sog. Grenzbetriebe arbeiten deshalb vorübergehend mit einem Gewinn G < 0. Für *alle anderen* Betriebe gilt mithin bezüglich ihrer Stückkosten k, variablen Durchschnittskosten k_v und Grenzkosten K' bei der gewinnmaximalen Absatzmenge:

o A: $K' = p$
o B: $K' \geq k$
o C: $k_v = p$
o D: $K' > k_v$
o E: $K' < k$

Im Gegensatz zu der Situation in Aufgabe 33 ist hier der Anpassungprozeß an das langfristige Wettbewerbs-Gleichgewicht noch im Gange, d.h. *neben* den Firmen, die aufgrund ihrer relativ günstigen Kostensituation auf dem Markt verbleiben werden (auch bei G = 0 liegt noch Vollkostendeckung vor!), gibt es noch Grenzbetriebe, die durch eine Kostenunterdeckung gefährdet sind.

Diese sogenannten *Grenzbetriebe* sind dadurch gekennzeichnet, daß sie gegenwärtig *Verlust* machen, weil für sie beim gültigen Preis die Stückkostendeckung, also $p \geq k$ *gerade nicht mehr* vorliegt, während für alle anderen noch $p > k_v$ gilt. Die Grenzbetriebe werden noch auf eine Preiserhöhung hoffen und deshalb die Aufgabe der Produktion noch nicht als unumgänglich ansehen. Betrachten wir hierzu die Graphik in Aufgabe 19: Ein Grenzbetrieb bietet im Intervall [BM,BO[an (d.h. die rechte Intervallgrenze gehört *nicht* mehr dazu).

Für alle Grenzbetriebe gilt natürlich auch in dieser Situation die *kurzfristige Gewinnmaximierungsregel* K' = p. Die Graphik zeigt dabei genau, wie sich in diesem Bereich die Grenzkosten *K'* und die Stückkosten *k* verhalten.

Aufgabe Nr. 35

Auf einem Polypolmarkt arbeiten alle Anbieter mit einer LEONTIEF-Produktionsfunktion, wobei auch Fixkosten F > 0 auftreten. Im langfristigen Marktgleichgewicht gilt dann bezüglich der Grenzkosten K', Stückkosten k und des Marktpreises p:

o *A: K' = p*
o *B: K' < p*
o *C: K' = k*
o *D: p = k*
o *E: p > k*

Wie wir bereits in Aufgabe 16 festgestellt haben, verhält sich ein Polypolist, der eine *lineare* Produktions- und damit Kostenfunktion besitzt, anders als wenn er mit einer *ertragsgesetzlichen* Kostenfunktion arbeiten würde: Er bietet nämlich an seiner *Kapazitätsgrenze* an.

Dieser Fall liegt hier vor, wobei die Existenz von Fixkosten F > 0 eine, wie in der nebenstehenden Abbildung gezeigt, fallende Stückkostenkurve k beinhaltet. Das langfristige Marktgleichgewicht bewirkt auch hier wieder, daß der Gleichgewichtspreis p_l^o auf den Betrag der Stückkosten *k* an der Kapazitätsgrenze gedrückt wird.

Da die Ordinatendifferenz zwischen der Stückkostenkurve und der Grenzkostenkurve dem Fixkostenstückanteil F/y entspricht, liegt hier im endlichen Bereich bis zur Kapazitätsgrenze der Wert der Grenzkosten *unter* dem der Stückkosten. Die "Grenzkosten=Preis"-Regel ist in diesem Falle nicht anwendbar, weil sie nur bei *steigenden* Grenzkosten eine eindeutige, gewinnmaximale Ausbringungsmenge determiniert.

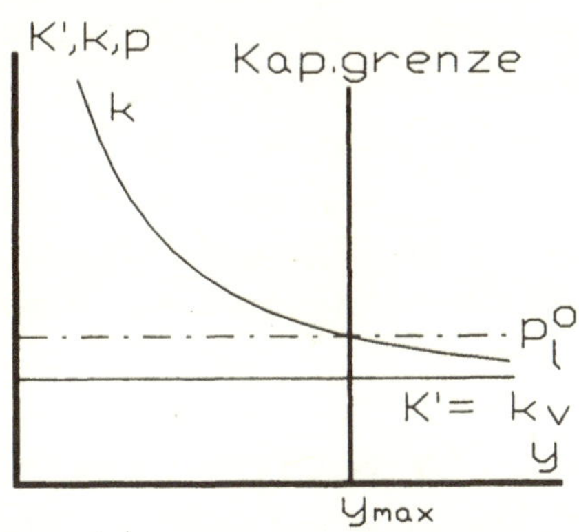

Aufgabe Nr. 36

Auf einem Polypolmarkt, dessen Anbieter alle mit einer linearen Kostenfunktion arbeiten, wobei auch Fixkosten F > 0 anfallen, erzielen die sog. Grenzbetriebe einen Gewinn G < 0. Für einen solchen Betrieb gilt bezüglich seiner Grenzkosten K', Stückkosten k und des Marktpreises p mithin zwingend:

o A: $K' = p$
o B: $K' \leq p$
o C: $p = k$
o D: $p < k$
o E: $p \geq k$

Der Unterschied zwischen dieser Aufgabe und der Aufgabenstellung in Aufgabe 34 ist vor allem, daß die Anbieter hier mit einer *linearen* Kostenfunktion arbeiten, was die gewinnmaximale Ausbringungsmenge nicht mehr nach der Regel U' = K' = p, sondern anders, nämlich nach Realisierung des Gewinnmaximums an der *Kapazitätsgrenze* y_{max} determiniert. Für einen sogenannten *Grenzbetrieb*, der, wie in der nebenstehenden Graphik gezeigt, die Gewinnschwelle noch nicht überschritten hat, weil ihn die Begrenzung der Ausbringung durch y_{max} quasi daran hindert, die weitergehende Fixkostendegression zu nutzen, gilt mithin, daß der sich aus der Differenz p - k ergebende *Stück*gewinn, *g* < 0 ist, mithin die an der Kapazitätsgrenze gemessenen Stückkosten *k* vom Marktpreis *p* gerade nicht mehr gedeckt werden.

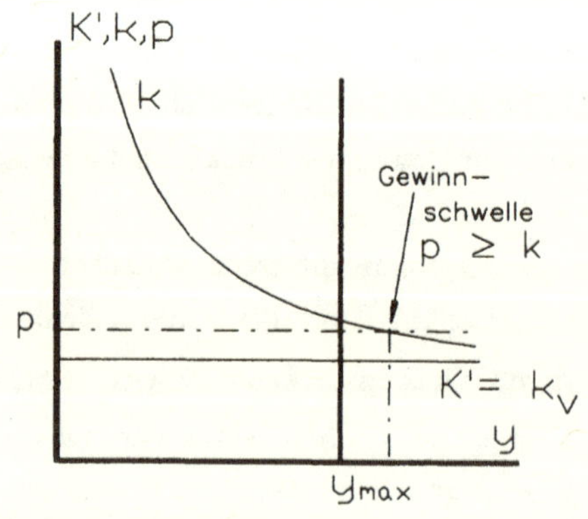

Andererseits liegt der Preis immer noch höher als die Grenzkosten bzw. ist bestenfalls im Grenzfall identisch mit den Grenzkosten *K'*, die (wegen der linearen Kostenfunktion) gleich den variablen Stückkosten k_v sind. Der Preis liegt mithin in dem Intervall, das durch die Stückkosten und die Grenzkosten an der Kapazitätsgrenze definiert ist, wobei er im Grenzfall die *untere Intervallgrenze*, nämlich K' bzw. k_v gerade berührt.

Aufgabe Nr. 37

Ein Duopol, bei dem jeder versucht, durch harten Wettbewerb den Marktpreis unter die Grenzkosten des anderen Duopolisten zu drücken, ist ein

o A: Kartell
o B: Duopol mit symmetrischer Verhaltensweise
o C: STACKELBERG'sches Duopol
o D: BOWLEY'sches Duopol
o E: ruinöser Wettbewerb

Ein Duopol-Wettbewerb mit *feindlichen Absichten* praktiziert, ist auf jeden Fall symmetrisch, wenn jeder Duopolist dies tut. Die Absicht, den Marktpreis dabei *unter* die Grenzkosten des Konkurrenten zu drücken - wobei dies auch für den eigenen Fall in Kauf genommen wird, stellt eine sogenannte *cut-throat-competition* (frei übersetzt als "Halsabschneider-Wettbewerb") bzw. *ruinösen Wettbewerb* dar. Das dahinterstehende Ziel ist, nach dem beabsichtigten Konkurs des Konkurrenten als einziger Marktteilnehmer auf dem Markt zu verbleiben. d.h. als Monopolist.

Demgegenüber ist das *STACKELBERG'sche Duopol* nicht symmetrisch, das *BOWLEY'sche Duopol* wiederum symmetrisch und auch aggressiv, benutzt jedoch nicht Preisgebote, die unterhalb der eigenen oder fremden Grenzkosten liegen. Wie die nebenstehende Graphik zeigt, sind mit diesen Verhaltenweisen in der Reihenfolge *COURNOT'sches* (C), *STACKELBERG'sches* (S) und *BOWLEY'sches* Duopol (B) und schließlich *ruinösem Wettbewerb* (R) zunehmende Marktmengen verknüpft, denen gleichzeitig ***abnehmende*** Marktpreise p_C, p_S, p_B und p_R gegenüberstehen, wobei nur der Kampfpreis p_R < K' *unter* den Grenzkosten liegt.

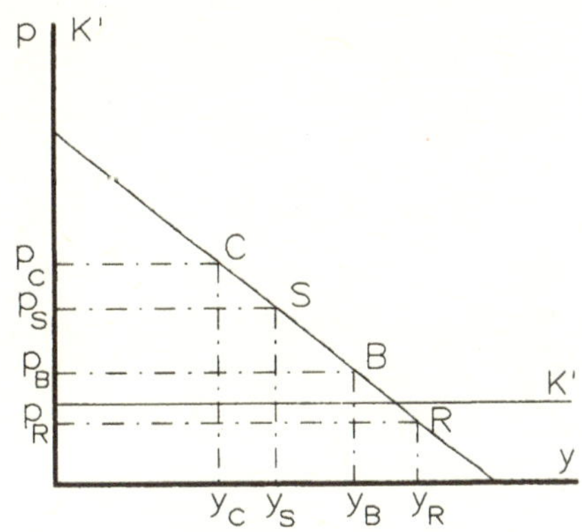

Ein Kartell hätte gerade das entgegengesetzte Preisverhalten zur Folge, da hier die Gesamtausbringung zugunsten eines (gemeinsamen) höheren Gewinns beschränkt wird.

Aufgabe Nr. 38

Ein Marktbeobachter stellt bei einem Polypol-Betrieb folgende Fakten fest: Eine negativ geneigte Faktornachfragefunktion, eine lineare Kostenfunktion und Fixkosten F > 0. Der Betrieb bietet an seiner Kapazitätsgrenze an. Hieraus kann man die folgenden zwingenden Schlüsse ziehen (bitte die richtigen markieren): Der Betrieb

o A: arbeitet mit einer LEONTIEF-Produktions-Funktion
o B: hat bei der gewinnmaximal angebotenen Menge eine Kostenelastizität gleich 1
o C: besitzt die Skalenelastizität 1
o D: besitzt eine homogene Produktionsfunktion mit einem Homogenitätsgrad r > 1
o E: maximiert seinen Gewinn

Unser Marktbeobachter schließt berechtigterweise aus der negativ geneigten Faktornachfragefunktion und der Tatsache, daß eine lineare Kostenfunktion vorliegt, daß es sich um eine Produktionsfunktion linearer Art mit *zum Ursprung konvexen Isoquanten* handeln muß. Eine solche könnte z.B. bei einer *linear homogenen* COBB-DOUGLAS- oder CES-Produktionsfunktion mit geeigneten Parametern vorliegen.

Zur linearen Kostenfunktion mit Fixkosten F > 0 paßt die Tatsache, daß der Betrieb an der *Kapazitätsgrenze* anbietet um seinen Gewinn zu maximieren, da es sich um einen Polypolbetrieb handelt. In diesem Fall ist die Kostenelastizität jedoch auf gar keinen Fall 1.

Da es sich jedoch um eine *lineare* Produktionsfunktion handelt, besitzt die *Skalenelastizität* (= Homogenitätgrad *r*) den Wert 1. Die *Gesamtheit* der beobachteten Fakten erfüllt eine notwendige Bedingung dafür, daß der Betrieb seinen Gewinn maximiert.

Aufgabe Nr. 39

Ein Marktbeobachter macht bei einem Polypol-Betrieb die folgenden Beobachtungen: Der Betrieb arbeitet bei ca. 80% Kapazitätsauslastung und erzielt bei der angebotenen Menge seinen maximalen Gewinn. Seine Kostenfunktion ist nichtlinear und nichthomogen. Hieraus kann man schließen, daß

o A: *er mit einer Produktionsfunktion des Typs* $y = min(v_1/a;\ v_2/b)$ *mit* $0 < a,b < 1$ *arbeitet (*v_1 *und* v_2 *bezeichnen Faktoreinsatzmengen)*

o B: *eine ertragsgesetzliche Produktionsfunktion vorliegen könnte*

o C: *der Betrieb mit einer CES-Produktionsfunktion arbeitet*

o D: *bei der Angebotsmenge Preis und Grenzkosten gleich sind*

o E: *bei der Angebotsmenge Preis und Grenzumsatz gleich sind*

Die Tatsache, daß der Betrieb bei 80 % seiner maximalen Kapazität arbeitet, dabei aber seinen Gewinn maximiert, deutet darauf hin, daß es sich nicht um einen Polypolbetrieb mit *linearer Kostenfunktion* und mithin auch nicht *linear homogener* Produktionsfunktion handeln kann, sondern, daß eine Produktions- bzw. Kostenfunktion zugrunde liegen muß, bei der im gewinnträchtigen Bereich *steigende Grenzkosten* vorhanden sind.

Dies kann grundsätzlich sowohl bei einem *ertragsgesetzlichen* Kostenverlauf wie auch bei einer nichtlinear homogenen Produktionsfunktion wie z.B. vom Typ COBB-DOUGLAS (oder CES für geeignete Parameter) der Fall sein. Da die Produktionsfunktion jedoch nichthomogen ist, ist die COBB-DOUGLAS-Funktion ebenso wie die CES-Funktion, ausgeschlossen, da beide homogen sind.

Da der Betrieb im gewinnträchtigen Mengenbereich offenkundig mit steigenden Grenzkosten zu rechnen hat und sich als Mengenanpasser verhält, gilt für die gewinnmaximale Menge mithin die üblich Bedingung:

$$K' = U' = p.$$

Aufgabe Nr. 40

Ein Unternehmer auf einem Markt mit ca. 10 Konkurrenten die, wie er, alle mit einer linearen Kostenfunktion arbeiten, möchte wissen, ob er faktisch auf einem Oligopol- oder einem Polypolmarkt anbietet. Welche(r) der folgenden "Tests" könnte(n) ihm den Unterschied zeigen ?

o A: *Eine notwendige Bedingung für einen Polypolmarkt ist, daß der Marktpreis unverändert bleibt, wenn ein Einzelner seinen Angebotspreis variiert*

o B: *Ist es ein Polypolmarkt, ist die Nachfrageelastiziät im Marktgleichgewicht immer gleich -1*

o C: *Führt die Preisänderung eines einzelnen zu Preisänderungen der Konkurrenten, so ist es ein Oligopolmarkt*

o D: *Im Polypol bietet jeder Betrieb mit einer linearen Kostenfunktion an seiner Kapazitätsgrenze an, im Oligopol nicht*

o E: *Im Oligopol ist der Monopolgrad jedes Betriebs stets $m > 0$, für ein Polypol gilt stets $m = 0$*

Ob ein Marktteilnehmer sich faktisch auf einem Polypol- oder Oligopolmarkt befindet, hängt nicht direkt von der *Zahl* der Konkurrenten ab, sondern primär davon, *wie* sie sich verhalten, was in gewisser Weise auch von der Zahl der Konkurrenten mitbestimmt wird. Reagieren die Anbieter auf Preisvariationen eines Konkurrenten, so ist dessen *Marktbedeutung* offenkundig groß genug und er agiert faktisch auf einem *Oligopolmarkt*. Darüberhinaus kann zur Unterscheidung auch die gewinnmaximale Menge des einzelnen Konkurrenten in Abhängigkeit von der Kostenfunktion herangezogen werden: Im Polypol veranlaßt ein linearer Kostenverlauf die einzelnen Polypolisten, an ihrer jeweiligen *Kapazitätsgrenze* anzubieten, weil diese Menge den maximalen Gewinn sichert. Für Oligopolisten hingegen liegt die gewinnmaximale Ausbringung i.d.R. *unter* der Kapazitätsgrenze, da diese durch die Regel $U' = K'$ selbst bei *konstanten Grenzkosten* definiert ist.

Auch der Monopolgrad kann prinzipiell zur Unterscheidung herangezogen werden. Er ist definiert als $m = (p-K') / p$. Er ist im Polypol aber nur bei *nichtlinearer* Kostenfunktion Null, da nur hier $p = K'$ ist, während im Oligopol und im Polypol mit linearer Kostenfunktion immer $p > K'$ gilt und mithin Monopolgrade von $m > 0$ entstehen.

Aufgabe Nr. 41

Ein den Weltmarkt beherrschendes Ölkartell beobachtet, daß bei einer Steigerung des Barrelpreises für Öl von 20 auf 22 $ die Absatzmenge um 5% sinkt. Was würden Sie dem Ölkartell, was den Verbrauchern raten, wenn Sie die Information besitzen, daß für die Ausbeutung der Ölquelle lediglich Fixkosten in Höhe von 2 Mrd. $ pro Jahr anfallen ?

o *A: Gewinn- und Umsatzmaximierung fallen für das Ölkartell zusammen, so daß sie den Ölpreis steigern müssen, um den maximalen Umsatz zu erreichen*

o *B: Das Ölkartell muß den Ölpreis senken, da dann mehr nachgefragt wird und so der Gewinn steigt*

o *C: Das Ölkartell macht seinen maximalen Gewinn, wenn es einen Preis setzt, der gleich den Grenzkosten ist*

o *D: Die Verbraucher sollten - falls sie dies können - ihre Gesamtausgaben für Öl auf derselben Höhe lassen wie vor der Preiserhöhung*

o *E: Die Verbraucher sollten sich so verhalten, daß ihre Nachfrageelastizität für Mineralöl dem Betrag nach kleiner wird*

Ein, den Weltmarkt beherrschendes Ölkartell ist quasi ein *Monopolist* für Öl mit einer fallenden Nachfragekurve und einer parabelartigen Umsatzkurve, wie in der nebenstehenden Graphik gezeigt. Da bei der Ölproduktion annahmegemäß nur Fixkosten anfallen, bedeutet dies, daß K' = 0, also die Grenzkosten des Ölkartells Null sind, mithin also Gewinnmaximierung und Umsatzmaximierung zusammenfallen. Des weiteren ergibt sich, wie die Umsatzparabel unmittelbar zeigt (vgl. Graphik), daß das Umsatzmaximum genau bei der *halben Sättigungsmenge* bzw. in der Mitte der Nachfragekurve anfällt, d.h. bei einer Nachfrageelastizität $\varepsilon_{x,p} = -1$.

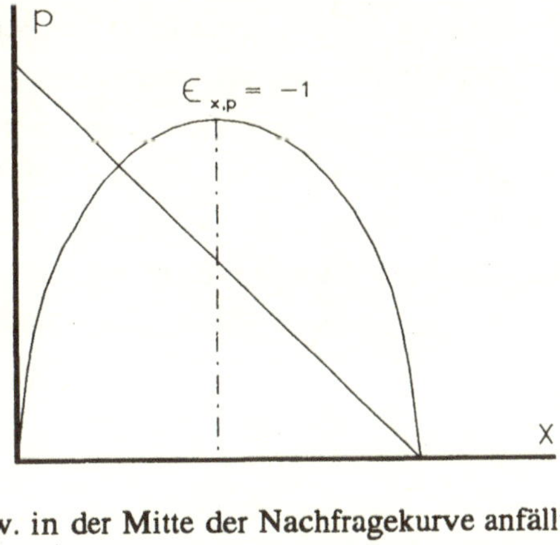

Der Ratschlag an das Ölkartell muß also davon ausgehen, ob der Betrag der faktischen Elastizität, kleiner 1 oder größer 1 ist. Wäre die Elastizität gerade $\varepsilon_{x,p} = -1$, so würde dies dem Ölkartell signalisieren, daß es bereits sein Gewinn- bzw. Umsatzmaximum erreicht hat. Für die hier zu klärende Frage brauchen wir nicht einmal die exakte Formel für die Ermittlung der Bogenelastizität zu bemühen. Eine simple und grobe Abschätzung zeigt, daß die Verbraucher *unelastisch* reagieren, denn sie veränderten ihre Menge nur um etwa 5% bei einer Preisveränderung von - grob gerechnet - 10%. Die Lage der Preise p = 20$ bzw. p = 22$ auf der Preis-Absatz-Funktion wäre also *rechts* von der Mitte der Nachfragekurve zu suchen. Das würde bedeuten, daß der Verkaufspreis des Ölkartells auf jeden Fall zu niedrig ist und eine *Anhebung des - Preises* eine Umsatz*zunahme* verspricht.

Umgekehrt wäre den Verbrauchern zu raten, dem Ölkartell zu signalisieren, daß es schon den maximalen Gewinn einfährt, d.h. zumindest nach außen ein Elastizitätsgebaren an den Tag legen, das der Elastizität $\varepsilon_{x,p} = -1$ entspricht. Dies beinhaltet *Konstanz der Gesamtausgaben* für Öl, denn bei einer Elastizität $\varepsilon_{x,p} = -1$ kompensiert der infolge minimaler Preis*steigerung* eintretende Effekt der Mengen*reduktion* gerade den *umsatzsteigernde* Effekt der Preis*steigerung*.

Der Rat, die Nachfrageelastizität (im Betrag) zu verkleinern, also *unelastischer* zu machen, wäre demgegenüber nur in einer Situation sinnvoll, wo die Elastizität betragsmäßig größer 1 ist,was nicht mit der Marktlage übereinstimmt. Auch der Ratschlag an das Ölkartell, die Grenzkosten bei der Preissetzung zu berücksichtigen, also p = K' zu setzen, wäre wohl kaum zweckmäßig, da die Grenzkosten, wie wir oben gesehen haben, Null sind ! Vielmehr stammt dieser Ratschlag aus dem Nähkästchen der Polypolmarktstrategen und ist für Monopole kontraproduktiv.

Aufgabe Nr. 42

Ein langfristiges Gleichgewicht auf einem Polypolmarkt beinhaltet, daß

o A: der Preis die Stückkosten aller Betriebe deckt

o B: der Preis lediglich die variablen Durchschnittskosten aller Betriebe deckt

o C: im Preis auch die Fixkosten gedeckt sind

o D: eine geringfügige Senkung des Marktpreises alle Betriebe zur Produktionseinstellung veranlassen würde

o E: alle im Markt verbliebenen Betriebe ihre gewinnmaximalen Mengen anbieten und absetzen

Man unterscheidet prinzipiell ein langfristiges und ein kurzfristige Marktgleichgewicht. Ein *kurzfristiges* Gleichgewicht ist i.a. dadurch gekennzeichnet, daß für Betriebe mit steigenden Grenzkosten die Bedingung p = K' gilt. Ein *langfristiges* Polypol-Gleichgewicht beinhaltet, daß das Mengenanpasserverhalten aller beteiligten Polypolisten über den bestehenden Wettbewerb die Gewinnmargen wegkonkurriert hat, so daß für alle Betriebe G = 0 gilt, wobei für Polypolisten mit steigenden Grenzkosten gilt: p = K' = k, während solche mit linearen Kosten nur p = k realisierten. Der damit verknüpfte "Null"-Gewinn beinhaltet natürlich Vollkostendeckung, so daß ein Verbleib im Markt nicht gefährdet ist.

Berechnen wir aus der Gewinnfunktion $G = U - K$ die entsprechende Stückkosten-Gewinnfunktion $g = p - k$, so zeigt sich, daß *unabhängig vom Typus* der Kostenfunktion durch den Wettbewerb langfristig stets $g = 0$ wird.

Da im *langfristigen* Gleichgewicht volle Kostendeckung vorliegt, würde eine geringfügige Preissenkung zwar für alle Betriebe einen Verlust bedeuten. Die Frage ist jedoch, *wie lange* diese Verlustsituation bestehen bleiben könnte. Bei einer Unterschreitung der variablen Durchschnittskosten k_v würden die davon betroffenen Betriebe "freiwillig" aus dem Markt ausscheiden. Dadurch würde sich das Angebot verringern und der Preisdruck würde tendenziell gemildert.

Aufgabe Nr. 43

Wenn sich ein Marktgleichgewicht eingestellt hat, bedeutet dies, daß

o A: *alle Nachfrager und Anbieter zum Austausch kommen*

o B: *die Nachfrager oder die Anbieter, die bereit sind, den Gleichgewichtspreis zu bezahlen, zum Tausch kommen*

o C: *ein bestimmter Preis existiert, bei dem die Schnittmenge aus angebotener und nachgefragter Menge maximal ist*

o D: *die Anzahl tauschbereiter Anbieter und Nachfrager maximal ist*

o E: *der aufgrund der Nachfragefunktion maximal mögliche Umsatz getätigt wird*

Ein Marktgleichgewicht beinhaltet, daß die angebotenen und nachgefragten Mengen bei einem bestimmten Preis p^o, dem sog. Gleichgewichtspreis, optimal zur Deckung kommen. Wie die etwas komplexeren Angebots-/Nachfragekurven auf Aktienmärkten und die dort üblichen Notierungen (z.B. "bezahlt g" = Geldmehrangebot) zeigen, kann es dabei auch im Gleichgewicht kleine Überhänge geben. Im Idealfall differenzierbarer Nachfrage-/Angebotskurven gilt im Gleichgewicht jedoch exakt $x_A = x_N = x^o$ (vgl. Graphik). Dies bedeutet dann, daß jeder, der den Gleichgewichtspreis zu bezahlen bereit ist, auf ein entsprechendes Angebot stößt und zum Tausch kommt. Unabhängig von der Ausgestaltung der Kurven ist der das Marktgleichgewicht kennzeichnende Gleichgewichtspreis durch die maximale Schnittmenge von Angebots- und Nachfragemenge gekennzeichnet, d.h. $\min(x_N, x_A) = \max$. Wer *nicht bereit* ist, den Gleichgewichtspreis p^o zu bezahlen, wird auch nicht zum Tausch kommen. Es spielt jedoch keine Rolle, wie groß die *Zahl* der Anbieter und Nachfrager ist, denn ein einzelner Anbieter kann mehr als *ein* Stück anbieten bzw. ein Nachfrager nachfragen. Wie wir aus der *Monopoltheorie* wissen, liegt der bei gegebener Nachfragekurve NN mögliche *maximale Umsatz* genau bei der halben Sättigungsmenge, d.h. in der *Mitte* einer linearen Nachfragekurve (Vgl. Aufgabe 6). Der Gleichgewichtspreis kann sich jedoch an fast beliebiger Stelle ergeben.

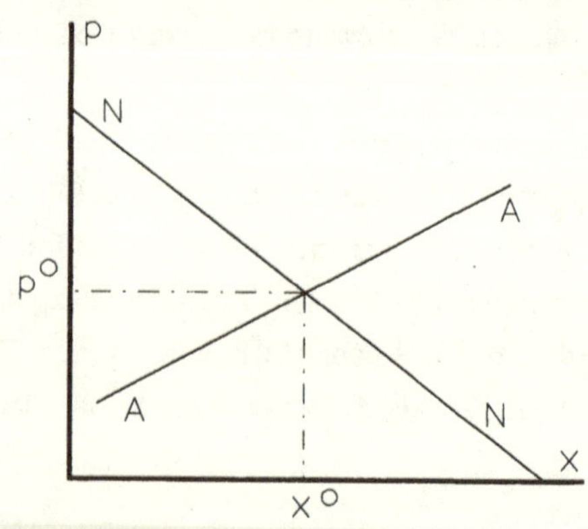

Aufgabe Nr. 44

Der sog. Monopolgrad *m*

o A: *ist genau dann gleich der negativen Nachfrageelastizität, wenn ein Monopolist seinen COURNOT'schen Preis realisiert*

o B: *kann verwendet werden, um in einem Monopol die Abweichung der Preissetzung vom theoretisch korrekten COURNOT'schen Preis zu messen*

o C: *kann verwendet werden, um auch in einem monopolistischen Konkurrenz-Markt die Abweichung von der idealen Polypol-Situation zu messen*

o D: *ist für ein echtes Monopol stets gleich 1*

o E: *ist für ein Polypol mit ertragsgesetzlicher Produktionsfunktion stets gleich 0*

Der Monopolgrad ist definiert als:

$$m = (p - K')/p$$

Der Vorteil dieser Meßziffer besteht darin, daß sie einerseits *echte* Monopolsituationen beschreibt, andererseits aber auch eingesetzt werden kann, um die faktische Abweichung des Preises von den Grenzkosten zu messen und dabei auch in Nicht- oder Quasimonopolsituationen die *monopolartige* Ausnutzung einer Marktstellung sichtbar zu machen, da diese sich entsprechend in einem Abweichen des Preises nach oben gegenüber einer idealen Konkurrenzsituation darstellen läßt.

Setzen wir in die Definitionsgleichung des Monopolgrades für K' das entsprechende Ergebnis der AMOROSO-ROBINSON-Relation für U' ein (Vgl. Aufgabe 6), da dies die allgemeine Gewinnmaximierungsbedingung U' = K' darstellt, so läßt sich leicht durch Umformung ermitteln, daß der Monopolist im Falle der *Realisierung* des COURNOT'schen Preises gerade einen Monopolgrad besitzt der dem *negativen reziproken* Wert der Nachfrageelastizität gleich ist, also $m = -1/\varepsilon_{x,p}$.

Daraus folgt, daß lediglich für Monopole deren Grenzkosten K' = 0 sind, der Monopolgrad *m* = 1 würde, da wir hier einen Umsatzmaximierer vor uns hätten, während beim *Polypol*, wegen des ertragsgesetzlichen Kostenverlaufs durch die Bedingung der mengenanpassenden Gewinnmaximierung p = K' festgelegt wird.

Aufgabe Nr. 45

Die Preis-Absatz-Funktion eines Betriebes auf einem Polypolmarkt

o A: *fällt kontinuierlich von links nach rechts*

o B: *ist konvex zum Ursprung mit einer durchgängig negativen Tangentensteigung*

o C: *ist im gesamten Bereich isoelastisch*

o D: *ist eine Parallele zur Mengenachse*

o E: *ist eine Parallele zur Preisachse*

Die *Preis-Absatz-Funktion* (PAF) eines Betriebes ist diejenige Kurve, der sich der einzelne Betrieb im Sinne einer Zuordnung von verlangtem Preis und absetzbarer Menge gegenübersieht. Da der einzelne Polypolist Mengenanpasser ist, und den Marktpreis nicht beeinflussen kann, ergibt sich seine individuelle Preis-Absatz-Funktion als *horizontale* Parallele im p/x-Diagramm.

Da die Steigung dieser Nachfragekurve konstant gleich 0 ist, schlägt dieses Steigungsmaß im Sinne der 1. Ableitung entsprechend in der Elastizitätsdefinition

$$\varepsilon_{x,p} = dx/dp \cdot (p/x)$$

auf das Ergebnis durch, so daß es vom (gleichbleibenden) Steigungsmaß dominiert wird und wir eine *isoelastische* Punktelastizität mit $\varepsilon_{x,p} = -\infty$ vor uns haben.

Aufgabe Nr. 46

Die Preis-Absatz-Funktion eines Monopolisten

o A: fällt kontinierlich von links nach rechts

o B: ist identisch mit der Nachfragekurve auf dem Markt

o C: ist notwendigerweise konvex zum Ursprung

o D: ist stets isoelastisch

o E: besitzt im gesamten Verlauf stets eine Nachfrageelastizität von -1

Da der Monopolist definitionsgemäß dem *gesamten* Markt gegenübersteht, ist seine individuelle Preis-Absatz-Funktion identisch mit der Nachfragekurve nach dem betreffenden Gut auf dem gesamten Markt und hat deshalb typischerweise im gesamten Bereich eine *negative* Steigung und damit auch Nachfrageelastizität.

Der unterstellte Kurvenverlauf ist jedoch *nur* dann isoelastisch, wenn die Form dieser Nachfragefunktion identisch ist mit einer *gleichseitigen Hyperbel* ($p \cdot x = \text{const}$). In diesem speziellen Fall wäre diese Kurve auch konvex zum Ursprung. Dies ist jedoch keineswegs zwangsläufig der Fall, sondern bestenfalls eine von vielen Möglichkeiten.

In der Regel wird die Nachfragefunktion wahrscheinlich einen anderen Verlauf nehmen, d.h. sich tendenziell eher einer Geraden mit stark wechselnden Punktelastizitäten annähern.

Aufgabe Nr. 47

Die individuelle Preis-Absatz-Funktion eines Betriebs auf einem heterogenen Polypol-Markt

o A: besitzt durchgängig eine horizontale Tangentensteigung
o B: besitzt einen sog. monopolistischen Bereich mit negativer Tangentensteigung
o C: besitzt u.U. mehrere Ausbringungsmengen y für die jeweils U'= K' gilt
o D: ist durchgängig unendlich elastisch
o E: ist isoelastisch

Bietet ein Polypolist ein *heterogenes* Gut an, so bewirkt dies, daß er sich in einem bestimmten mittleren Preisintervall quasi wie ein *Monopolist* verhalten kann, bei Überschreiten der Preisintervallgrenzen jedoch die Nachfrager ein Verhalten an den Tag legen, wie es für *homogene Polypolmärkte* typisch ist (d.h. hier: horizontale Preis-Absatz-Funktion, vgl. die Graphik).

Seine individuelle Preis-Absatz-Funktion ist somit durch *zwei* Horizontaläste gekennzeichnet, die unterschiedliches Preis-Niveau beinhalten und miteinander durch einen fallenden Verlauf eines Nachfragekurvenabschnittes - u.U. fließend - verbunden sind.

Da die hieraus abzuleitende Grenzerlöskurve U' einen sehr komplizierten Verlauf nimmt - nämlich U' = p in den beiden Horizontalästen und $U' = p \cdot (1+1/\varepsilon_{x,p})$, im monopolistischen Preisintervall - kann es bei U-förmigem Verlauf der K'-Kurve durchaus geschehen, daß sich *zwei oder sogar drei* Schnittpunkte (s. Graphik) der K'- mit der Grenzumsatzkurve ergeben. Hieraus folgt jedoch, daß auch das Elastizitätsverhalten der betreffenden Preis-Absatz-Funktion sehr veränderlich und lediglich im Bereich der Horizontaläste *unendlich elastisch* ist.

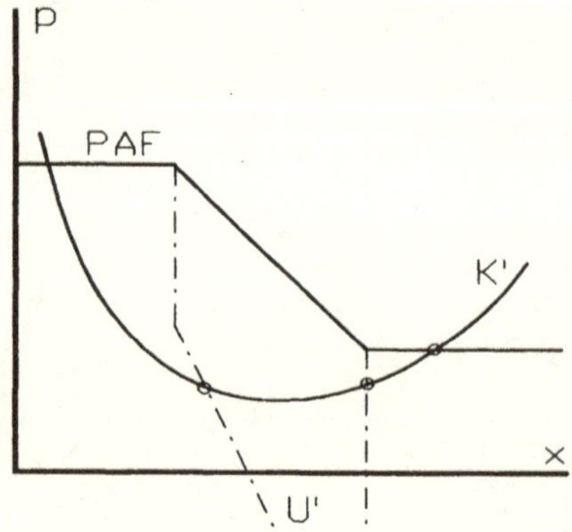

Aufgabe Nr. 48

Ein langfristiges Marktgleichgewicht auf einem Polypolmarkt ist dadurch gekennzeichnet, daß

o *A: alle Betriebe unabhängig vom Typ ihrer Kostenfunktion bei ihrer gewinnmaximalen Ausbringung stets dieselben Grenzkosten K' aufweisen*

o *B: alle Betriebe bei ihrer gewinnmaximalen Ausbringung dieselben Stückkosten k aufweisen*

o *C: alle Betriebe eine ertragsgesetzliche Produktionsfunktion haben. Bei einer homogenen Produktionsfunktion gibt es kein langfristiges Gleichgewicht*

o *D: alle Betriebe eine LEONTIEF-Produktionsfunktion aufweisen, weil bei allen anderen Funktionen nur kurzfristige Gleichgewichte möglich sind*

o *E: alle Betriebe mit Null-Gewinn arbeiten*

Ein langfristiges Marktgleichgewicht besteht - wie schon in Aufgabe 42 erläutert - wenn der Wettbewerb der Mengenanpasser zu einem Stückgewinn $g = 0$ geführt hat. Dies beinhaltet, daß der für alle gültige Preis gerade die Stückkosten k deckt und zwar *unabhängig* davon, welche Kostenfunktion der einzelne Polypolist besitzt.

Dies beinhaltet, daß Polypolisten mit einer *linearen* Kostenfunktion diese Stückkostendeckung an ihrer *Kapazitätsgrenze* realisieren. Dabei haben Betriebe mit einer *ertragsgesetzlichen* Kostenfunktion ihre gewinnmaximale Ausbringung bei der Menge, bei der die Stückkosten k ihr Minimum aufweisen. Für sie gilt im langfristigen Gleichgewicht gleichzeitig p = K' = k, mithin g = p - k = 0, während bei den Betrieben mit *linearen* Kosten auch an der Kapazitätsgrenze regelmäßig p > K' gilt (Graphik zu Aufgabe 35).

Es ist zwar faktisch nicht sehr wahrscheinlich, aber auch nicht ausgeschlossen, daß ein Polypolmarkt trotz Wettbewerb bei den Anbietern eine derartige Mischung von Produktionsfunktionen aufweist. Insbesondere aber ist die Realisierung eines langfristigen Gleichgewichtes nach der Regel $p_l = k_{min}$ unabhängig von der zugrundeliegenden Produktions- und damit Kostenfunktion. Der *Typ* der Kostenfunktion bestimmt nur die langfristig-gewinnmaximale Menge (also $k_{min} = K'$ bei nichtlinearen, $k_{min} = k_{ymax}$ bei linearen Kosten), nicht jedoch die Frage, *ob* sich ein Gleichgewicht herausbildet.

Aufgabe Nr. 49

Ein Gleichgewicht auf einem Oligopolmarkt beinhaltet notwendigerweise, daß

o *A: jeder Betrieb in seinem Stückkostenminimum anbietet*
o *B: jeder Betrieb so anbietet, daß seine Stück- und Grenzkosten gerade gleich sind*
o *C: jeder Betrieb an seiner Kapazitätsgrenze anbietet, wenn er eine lineare Kostenfunktion besitzt*
o *D: jeder seinen sog. COURNOT'schen Punkt realisiert, falls es sich um ein friedlich-adaptives Oligopol handelt*
o *E: die das Verhalten der Oligopolisten bestimmende Zielsetzung stabil ist.*

Oligopolmärkte sind in der Ausgestaltung der Gewinnmaximierung u.a. dadurch bestimmt, daß eine gewisse *Erwartungshaltung* gegenüber dem Verhalten der Mitkonkurrenten die Wahl oder Durchsetzung eigener Gewinnansprüche mitbeeinflußt. Wir definieren deshalb verschiede Oligopol-Typen um dieses Verhalten zu kennzeichnen. Bei *beidseitig friedliebendem* Verhalten spricht man vom sogenannten *COURNOT'schen* Oligopol, bei *asymmetrischem* Verhalten vom *STACKELBERG'schen* Oligopol oder bei *symmetrisch feindlichem* Verhalten vom sogenannten *BOWLEY'schen* Oligopol.

Jede dieser Oligopolarten weist die gemeinsame Zielsetzung der Gewinnmaximierung auf, allerdings in jeweils besonderer Ausprägung, was auch zu abweichenden Strategien führt. Im Falle eines COURNOT'schen Duopols z.B. benimmt sich jeder der beiden Oligopolisten adaptiv und erwartet dies auch vom anderen. Dies führt dazu, daß sich jeder bezüglich der ihm verbleibenden Absatzmöglichkeit verhält, als wäre er für diesen resultierenden Teilmarkt ein Monopolist auf dem er dann *seine* gewinnmaximale Menge bzw. COURNOT'schen Punkt realisiert. Die daraus resultierende Gewinnmaximierungsstrategie ist aber nur so lange stabil, als auch die *Zielsetzung* des COURNOT'schen Verhaltens aufrechterhalten wird.

Für *alle* Oligopolformen gilt gleichermaßen die Gewinnmaximierungsregel U' = K', die zugrundegelegte Strategie definiert aber, was U ist. Da Oligopole es mit fallenden Preis-Absatz-Funktionen zu tun haben, weichen ihre Gewinnmaximierungsstrategien deutlich von denen der *Polypolisten* ab. Für diese gilt es, z.B. jene Menge anzubieten, für die K' = p oder - im Fall linearer Kosten - die sich an der Kapazitätsgrenze ergibt.

Aufgabe Nr. 50

Bei einem *kurzfristigen* Marktgleichgewicht in einem Polypol

o A: *ist der monetäre Marktumsatz gleich dem maximal überhaupt möglichen*

o B: *gibt es u.U. einige Anbieter, die ihre Fixkosten nur noch teilweise decken*

o C: *können einige Anbieter kräftige Gewinne machen*

o D: *ist die bei gegebener Nachfrage- und Angebotsfunktion absetzbare Menge maximal*

o E: *gilt für alle Anbieter K' = p, unabhängig von ihrer jeweiligen Produktionsfunktion*

Ein lediglich *kurzfristiges* Marktgleichgewicht auf einem Polypolmarkt ist dadurch gekennzeichnet, daß K' = p, falls die Kostenkurve des Polypolbetriebs im relevanten Bereich ansteigt. Je nachdem, welche Stückkosten der einzelne Betrieb dabei ansetzen muß, können für einige Anbieter sich hieraus größere Gewinne ergeben, während für andere der Marktpreis gerade unter ihrem Stückkostenminimum liegt, was zwar zu einem negativen Stückgewinn (d.h. Verlust) führt, sie wegen der Kurzfristigkeit des Entscheidungshorizontes aber noch nicht dazu veranlassen wird, aus dem Markt auszuscheiden, da sie i.d.R. mit einem Wiederanstieg der Preise rechnen werden.

Aggregiert man sämtliche Angebotsmengen, die sich in dieser kurzfristigen Marktkonstellation ergeben, so erfüllt die sich ergebende Menge natürlich die Bedingungen eines Marktgleichgewichtes, d.h. unter den gegebenen Beschränkungen der resultierenden Angebots- und Nachfragekurve ist der *Marktdurchsatz* als *logischer Durchschnitt* aus angebotener und nachgefragter Menge *maximal.*

Dies bedeutet natürlich nicht, daß sich an dieser Stelle der maximale Marktumsatz in Geldeinheiten ergäbe, da dieser in Relation zur Gesamt*nachfragekurve* (bei halber Sättigungsmenge bzw. halbem Prohibitivpreis) steht und nicht notwendigerweise mit dem Marktgleichgewicht zusammenfällt. Keineswegs muß der Sachverhalt K' = p hierbei für alle Anbieter gelten, da bekanntlich diese Gewinnmaximierungsregel für Polypolisten mit *linearer Kostenfunktion* nicht zutrifft, weil diese an ihrer Kapazitätsgrenze anbieten.

Kapitel 6

Markttheorie

- Rechenaufgaben

Aufgabe Nr. 1

Ein Polypol-Unternehmen hat die Kostenfunktion K = 20 y + 1000. Welche(r) der folgenden Marktpreise p würde(n) den Betrieb veranlassen, die Produktion einzustellen, wenn die Kapazitäts-Grenze bei 1000 Stück liegt ?

o A: p = 25,--
o B: p = 19,85
o C: p = 19,--
o D: p = 20,90
o E: Keine der Antworten A - D ist richtig

Ein Polypolunternehmer wird üblicherweise seine Produktion dann *aufnehmen*, wenn im Preis die *totalen Stückkosten k* gedeckt sind. Sind hingegen lediglich die *variablen Stückkosten* k_v gedeckt, also p = k_v, so macht er einen Verlust in Höhe der Fixkosten, dem er jedoch nicht entgehen kann, weil dieser - solange der Betrieb nicht verkauft ist - auch "kurzfristig" anfallen würde, auch wenn er die Produktion ganz aufgibt. *Unterschreitet* der Preis die variablen Stückkosten k_v, so würde sich sein Verlust *zusätzlich* erhöhen, da er nun mit jedem Stück einen zusätzlichen Verlust macht, der den Fixkostenanteil übersteigt. Für die Berechnung dieser Größen gelten für den, mit linearer Kostenfunktion arbeitenden, Polypolisten grundsätzlich die Werte, die sich an der Kapazitätsgrenze y_{max} = 1000 ergeben. Die für die Fragestellung relevanten Größen K' = k_v sind jedoch von der Kapaziätsgrenze unabhängig und *überall gleich groß*.

Für die Entscheidung zur Produktions*einstellung* sind die *variablen* Stückkosten entscheidend, d.h. der Betrieb wird die Produktion solange aufrechterhalten, als $p \geq k_v$ ist. Da es sich hier um eine lineare Kostenfunktion handelt, gilt K'= k_v mithin k_v = 20 (aus der Ableitung dK/dy = K' der obigen Gesamtkostenfunktion). Er würde also bei allen Preisen die Produktion *einstellen*, die unter 20 DM liegen.

Für die *Aufnahme der Produktion* (hier nicht gefragt) wäre hingegen die Höhe der Stückkosten $k = k_v + F/y$ maßgebend. Da er zur Erzielung maximalen Gewinns an der Kapazitätsgrenze anbietet, müßte langfristig $p \geq k = 20 + 1000/1000$. Deckt der Preis diese Stückkostenhöhe langfristig, lohnt sich die *Aufnahme* der Produktion.

Aufgabe Nr. 2

Ein Polypol-Betrieb hat eine ertragsgesetzliche Kostenfunktion der Form:

$$K = y^3 - 20\,y^2 + 400\,y.$$

Welche Absatzmenge y^* wird er bei bei einem langfristigen Marktgleichgewicht liefern ?

o A: $y^* = 20$
o B: $y^* = 10$
o C: $y^* = 15$
o D: y^* = Kapazitätsgrenze
o E: Keine der Antworten A-D ist richtig

Während bei *linearen Kostenkurven* die gewinnoptimale Absatzmenge eines Polypolbetriebes an der Kapazitätsgrenze liegt (vgl. Aufgabe 16 Markttheorie-Fragen) und sich dort auch das Betriebs*optimum* ergibt, gilt bei einem Polypolbetrieb mit einer *Ertragsgesetzlichen Kostenfunktion*, wie hier gegeben, die normale Gewinnmaximierungsregel $U' = K'$, da die Grenzkosten steigen ($K'' > 0$). Das *Betriebsoptimum* - als langfristige, gewinnmaximale Absatzmenge - ergibt sich dort im Schnittpunkt der Grenzkosten K' und Stückkosten k (identisch mit dem Minimum der Stückkostenkurve)

Leiten wir die Grenzkostenfunktion her als erste Ableitung der Gesamtkostenkurve also

$$K' = 3\,y^2 - 40\,y + 400$$

und setzen sie der Stückkostenfunktion gleich, die wir ermitteln, indem wir $k = K/y$ bilden, also :

$$k = y^2 - 20\,y + 400,$$

so können wir durch Gleichsetzen der beiden Funktionen ihren Schnittpunkt ermitteln und anschließend die zugehörige Absatzmenge y^*.

Aufgabe Nr. 3

Ein Polypol-Betrieb ermittelt für seine Produktion die Kostenfunktion K = 12 y + 100 und eine Kapazitätsgrenze von 100. Welche(r) Marktpreis(e) p würde(n) ihm eine Produktions*aufnahme* lohnend erscheinen lassen ?

o A: p = 15.--
o B: p = 12.--
o C: p = 12,50
o D: p = 13,50
o E: Keine der Antworten A-D ist

Als logische Alternative zu Aufgabe 1 erscheint hier die Frage, ***ab wann*** d.h. ab welchem Preis die Produktionsaufnahme grundsätzlich ***lohnend*** ist. Wir können dies generell dahingehend beantworten daß ***immer*** bei Vollkostendeckung die Produktionsaufnahme sich lohnt, also wenn $p \geq k$ erfüllt ist.

Bei einem ***Polypolbetrieb*** mit linearer Kostenfunktion beinhaltet dies, daß an der Kapazitätsgrenze angeboten wird, die hier mit 100 vorgegeben ist, sofern dabei $p \geq k$, also Stückkostendeckung gegeben ist. Wir ermitteln *k*, indem wir die Gesamtkosten *K* durch *y* dividieren und die entsprechende Menge für die Kapazitätsgrenze konkret einsetzen. Also:

$$k = 12 + 100/y = \quad 12 + 100/100.$$

Bei allen Preisen, die diesen Betrag erreichen oder höher liegen, ist also die ***Aufnahme*** der Produktion lohnend.

Aufgabe Nr. 4

Ein Monopolist besitze die Preis-Absatz-Funktion x = 100 - 2 p. Seine Kostenfunktion lautet: K = 10 y + 100. Welcher COURNOT'sche Preis p_c bzw. welche Menge y_c kennzeichnen sein Gewinnmaximum ?

o A: $y_c = 20$
o B: $p_c = 40$
o C: $p_c = 30$
o D: er bietet gar nicht an, weil er Verlust machen würde
o E: Keine der Antworten A -D ist richtig

Bei dieser Aufgabe geht es um die Berechnung des COURNOT'schen Punktes, der durch den COURNOT*preis* p_c und die COURNOT*menge* y_c gekennzeichnet ist, aus der Angabe der Preisabsatzfunktion und der Kostenfunktion. Der gewinnmaximierende Monopolist findet seine gewinnmaximale Ausbringung y_c dadurch, daß er die Menge ermittelt, bei der die Grenzkosten K' gleich dem Grenzumsatz U' sind (abgeleitet aus G = U - K; es folgt G_{max} --> G' = 0 als Bedingung *erster Ordnung*).

Die Grenzkosten K' ergeben sich mit dK/dy, also K' = 10. Zur Ermittlung des *Grenzumsatzes* U' müssen wir die Gleichung zuerst nach p auflösen, bevor wir sie mit x multiplizieren können. Wir erhalten dann:

$$p = 50 - x/2$$

und nach Multiplikation mit x:

$$U = x \cdot p = 50x - x^2/2.$$

Hieraus erhalten wir U' = 50 - x. Setzen wir diese nun den Grenzkosten gleich,

$$K' = 10 = U' = 50 - x = 50 - y$$

so ergibt sich $y_c = 40$ und p_c durch Einsetzen in die obige Preisgleichung.

Eine kurze Überprüfung zeigt, daß der Umsatz in diesem Fall größer ist, als die Kosten (K = 10 · 40 + 100), sodaß von einem Verlust keine Rede sein kann.

Aufgabe Nr. 5

Ein Monopolist mit der Preisabsabsatzfunktion $x = 40 - p$ und der Kostenfunktion $K = 10\,y + 100$ macht einen maximalen Gewinn G^* in Höhe von:

o A: $G^* = 400$
o B: $G^* = 350$
o C: $G^* = 125$
o D: er macht Verlust !
o E: Keine der Anworten A - D ist richtig

Bei dieser Aufgabe ist nach dem ***maximalen Gewinn*** gesucht, den der Monopolist im COURNOT'schen Punkt macht. Hierzu müssen wir wieder $U' = K'$ setzen bzw. erhalten für K' durch Ableiten nach y:

$$K' = 10$$

Wir invertieren die Preis-Absatz-Funktion, erhalten mithin:

$$p = 40 - x.$$

Ausmultiplizieren mit x und anschließende Differentiation nach x ergibt:

$$U' = 40 - 2\,x.$$

Setzen wir dies nun gleich den Grenzkosten, so erhalten wir:

$$U' = 40 - 2\,x = K' = 10$$

und hieraus wegen $x = y$:

$$y_c = 15 \text{ und } p_c = 25.$$

Hieraus errechnet sich der Gesamtgewinn

$$G^* = U - K = 25 \cdot 15 - (10 \cdot 15 + 100)$$

Aufgabe Nr. 6

Ein Monopolist mit einem COURNOT'schen Preis $p_c = 20$ und Grenzkosten $K' = 6$ realisiert einen Monopolgrad *m* bei einer Nachfrageelastizität $\varepsilon_{x,p}$ von

o A: 0,54 < m < 0,65
o B: 0,66 < m < 0,8
o C: -1,45 < $\varepsilon_{x,p}$ < -1,4
o D: -1,71 < $\varepsilon_{x,p}$ < -1,6
o E: Keine der Antworten A - D ist richtig

Der Monopolgrad *m* ist definiert als

$$m = (p - K')/p$$

und kann sowohl in bezug auf den jeweils faktisch verlangten Preis *p* als auch den theoretisch abgeleiteten COURNOT'schen Preis p_c angewandt werden. Im letzteren Fall ist der COURNOT'sche Preis p_c zugrundegelegt und es geht um eine reine Einsetzung in die Formel:

$$m = (20 - 6)/20$$

Im Falle der Anwendung des COURNOT'schen Preises p_c seitens des Monopolisten können wir die Definitionsgleichung des Monopolgrades auch umformen in:

$$(p_c - U')/p_c = [p_c - p_c \cdot (1 + 1/\varepsilon_{ii})]/p_c$$

woraus sich durch weiteres Umformen ergibt:

$$m = - 1/\varepsilon_{ii}$$

D.h. wir erhalten in diesem Falle für die Nachfrageelastizität $\varepsilon_{x,p} = - 1/m$

Aufgabe Nr. 7

Ein Monopolist mit der Preis-Absatz-Funktion $x = 100 - p$ und der Kostenfunktion $K = 1000$ verkauft

o A: zum Preis von 50

o B: zum Preis von 60

o C: gar nicht, weil er Verlust machen würde

o D: die halbe Sättigungsmenge

o E: Keine der Antworten A - D ist richtig

Da der Monopolist mit einer Kostenfunktion $K = F = 1000$ und mithin $K' = 0$ arbeitet, läuft sein Verhalten auch bei Gewinnmaxierung auf das eines *Umsatzmaximierers* hinaus. Dies hat zur Konsequenz, daß er, die *halbe Sättigungsmenge* beim halben Prohibitivpreis verkauft, bzw dort, wo die Nachfrageelastizität $\varepsilon_{x,p} = -1$ (vgl. Graphik zu Haushaltstheorie-Rechenaufgaben Aufgabe 10) d.h.:

$$y_c = 100/2 = 50$$

bzw.

$$p_c = 100/2.$$

Sein Umsatz ergibt sich mithin zu:

$$U = y \cdot p = 50 \cdot 50 > F$$

und übersteigt die Fixkosten $F = 1000$ deutlich.

Aufgabe Nr. 8

Die Gesamtnachfragefunktion für ein Gut auf einem Markt sei $x = 10 - 0{,}2 \cdot p$. Angenommen das Güterangebot sei durch die Funktion $y = 4 + p$ gegeben, so ergeben sich Gleichgewichtspreis p^* und Gleichgewichtsmenge y^* wie folgt:

o A: $p^* = 7$
o B: $p^* = 5$
o C: $y^* = 9$
o D: $y^* = 11$
o E: Keine der Antworten A-D ist richtig

In dieser Aufgabe ist nach dem Schnittpunkt zwischen der *Angebotsfunktion*

$$y = 4 + p$$

und der *Nachfragefunktion* des Marktes:

$$x = 10 - 0{,}2 \cdot p$$

gesucht, die wir dadurch ermitteln, daß wir $x = y$ setzen, mithin:

$$10 - 0{,}2 \cdot p^* = 4 + p^*$$

und auf diese Weise p^* erhalten.

Die den Markt räumende *Gleichgewichtsmenge* y^* ergibt sich durch einfaches Einsetzen in eine der beiden Gleichungen, also z.B.:

$$y^* = 4 + p^*$$

Aufgabe Nr. 9

Ein Betrieb auf einem Polypolmarkt arbeite mit der LEONTIEF-Produktionsfunktion $y = \min(v_1/5; v_2/2)$. Die Faktorpreise betragen $q_1 = 2$ und $q_2 = 6$, die Fixkosten F = 1000, der Marktpreis betrage 30 GE. Ab welcher sicheren Absatzmenge y° lohnt sich für ihn die *Aufnahme* der Produktion ? Welche(r) Marktpreis(e) p^* würde(n) ihn auf lange Sicht zur Produktions*aufgabe* veranlassen ?

o A: y° = 125
o B: p^* = 24,99
o C: p^* = 21,99
o D: y° = 500
o E: Keine der Antworten A-D ist richtig

Bei dieser LEONTIEF-Funktion gilt für *effiziente* Produktion:

$$y = v_1/5 = v_2/2$$

Hieraus läßt sich das *optimale* Faktoreinsatzverhältnis ableiten:

$$v_1 = 5/2 \cdot v_2 = 2{,}5 \cdot v_2.$$

Wir können nun die *Kostenfunktion* ermitteln, um aus dieser die Stückkostenfunktion und damit die Deckungsmenge bei einem Marktpreis bei 30 Geldeinheiten zu berechnen. Es ergibt sich:

$$K = q_1 v_1 + q_2 v_2 + F = 2 v_1 + 6 v_2 + 1000$$

bzw. unter Benutzung des gerade abgeleiteten Faktoreinsatzverhältnisses umgeformt:

$$K = 2 \cdot 2{,}5 \cdot v_2 + 6 v_2 + 1000 = 11 v_2 + 1000.$$

Aus der LEONTIEF- Produktionsfunktion erhalten wir ebenso:

$$y = v_2/2 \quad \text{bzw.} \quad 2y = v_2.$$

Setzen wir dies nun ein, so erhalten wir die Gesamtkostenfunktion

$$K = 22y + 1000,$$

mit $K' = k_v = 22$. *Aufnahme* der Produktion bedingt $p \geq k$, wobei $k = K/y$, mithin $k = 22 + 1000/y° = 30$. Hieraus ergibt sich unmittelbar auch y°.

Eine *Aufgabe der Produktion* erfolgt bei Unterschreitung der *variablen* Stückkosten k_v.

Aufgabe Nr. 10

Ein Betrieb auf einem Polypolmarkt kann 3000 Exemplare seines Produktes für DM 15.000,-- und 5000 Exemplare für DM 20.000,-- herstellen. Die Produktionsfunktion ist linear. Wie hoch sind die Fixkosten F und welche(r) der Marktpreise p^* veranlaßt ihn zur Betriebsaufgabe ?

o A: F = 5000
o B: F = 7500
o C: $p^* = 2{,}45$
o D: $p^* = 3{,}75$
o E: Keine der Antworten A-D ist richtig

Wenn die *Produktionsfunktion*, wie im vorliegenden Falle, *linear* ist, so ist die *Kostenfunktion* ebenfalls linear. Wir könnten also für beide Situationen jeweils eine Kostengleichung folgender Art anschreiben:

$$K = k_v \cdot y + F$$

bzw. falls wir die eine von der anderen subtrahieren, folgenden Ansatz erhalten:

$$\Delta K = k_v \cdot \Delta y$$

oder eingesetzt:

$$5000 = k_v \cdot 2000,$$

woraus sich ergibt:

$$k_v = 5/2.$$

Setzen wir diesen Wert wiederum in die 2. *Gesamtkostengleichungen* ein, so erhalten wir die Fixkosten F aus:

$$20000 = k_v \cdot 5000 + F.$$

Der kritische Marktpreis p^* ergibt sich aus der Notwendigkeit der Deckung der variablen Kosten mit $p^* \geq k_v$. Werden die variablen Kosten nicht mehr gedeckt, so erleidet der Betrieb *neben* dem Verlust aus nicht gedeckten Fixkosten einen *zusätzlichen* Verlust, der aber durch die Betriebsstillegung vermeidbar wird.

Aufgabe Nr. 11

Auf einem Polypolmarkt bieten zwei Anbietergruppen mit unterschiedlicher Kostenfunktion an. Die erste Gruppe umfaßt 40 Betriebe und arbeitet mit der Kostenfunktion $K_1 = 8 + 0{,}2 \cdot y^2$, während die zweite Gruppe mit insgesamt 20 Betrieben auf der Basis der Kostenfunktion $K_2 = 0{,}5 \cdot y^2$ operiert. Wie groß ist das Markt-Gesamtangebot y^* und das Angebotsverhältnis der beiden Gruppen y_1 zu y_2 im Gleichgewicht bei einem Marktpreis von $p = 6$?

o A: $y^* = 900$
o B: $y^* = 720$
o C: $y_1/y_2 = 4/2$
o D: $y_1/y_2 = 5/1$
o E: Keine der Antworten A-D ist richtig

In einem Polypol mit einer, steigende Grenzkosten aufweisenden, Kostenfunktion ergibt sich die jeweilige betriebliche *Angebotsfunktion* als Teilbereich des ansteigenden Astes der betreffenden *Grenzkostenkurve*. Wir leiten daher zuerst die Grenzkosten ab:

$$K'_1 = 0{,}4 \cdot y \qquad \text{und} \qquad K'_2 = y$$

Die Angebotskurven für die Betriebe der beiden Gruppen lauten also:

$$p_1 = 0{,}4 \cdot y \qquad \text{bzw.} \qquad p_2 = y$$

Setzt man den Marktpreis gleich 6, also $p_1 = p_2 = 6$ und löst dann die jeweilige Gleichung des einzelnen Betriebs nach y auf, so zeigt sich, daß die Betriebe der Gruppe 1 jeweils 15 Stück beim gültigen Marktpreis anbieten würden, während die Betriebe der Gruppe 2 genau jeweils 6 Stück pro Betrieb anbieten.

Auf dem Gesamtmarkt mit 40 Betrieben in der Gruppe 1 und 20 in der Gruppe 2 ergeben sich mithin:

$$y = (40 \cdot y_1) + (20 \cdot y_2)$$

wobei sich die Angebotsmenge der Gruppe 1 aus der ersten Klammer und die der Gruppe 2 aus der zweiten Klammer ergibt, womit auch ihr Verhältnis festliegt.

Aufgabe Nr. 12

Auf einem Polypolmarkt arbeiten alle Hersteller mit der Kostenfunktion $K = y^3 - 60\,y^2 + 1000\,y$. Die Gesamtnachfrage ist durch die Funktion $x = 13000 - 10\,p$ gegeben. Welcher Gleichgewichtspreis p^* und welche -menge x^* kennzeichnen das langfristige Marktgleichgewicht ?

o A: $x^* = 11500$
o B: $x^* = 12000$
o C: $p^* = 100$
o D: $p^* = 150$
o E: Keine der Antworten A-D ist richtig

Für das *langfristige* Gleichgewicht auf einem Polypolmarkt (auch Kostengleichgewicht II genannt) gilt $p^* = K' = k$, wobei die Grenzkosten bzw. totalen Durchschnittskosten für alle Betriebe gleich sind. Setzen wir die Grenzkosten gleich den totalen Stückkosten *k*, so erhalten wir die entsprechenden Funktionen:

$$3\,y^2 - 120\,y + 1000 = p^* = y^2 - 60\,y + 1000.$$

Vereinfacht ergibt sich somit:

$$2\,y^2 = 60\,y$$

bzw. nach Division durch 2 y (y ungleich 0!)

$$y = 30.$$

Jeder einzelne Betrieb würde also unter den gegebenen Verhältnissen als optimale oder gewinnmaximale Ausbringungsmenge $y = 30$ Stück anbieten. Setzen wir diesen Wert wieder in die Stückkostengleichung ein, so erhalten wir

$$k = p^* = 30^2 - 2 \cdot 30^2 + 1000$$

woraus das gesuchte Ergebnis folgt. Setzen wir den entsprechenden Wert anstelle von p^* in die Funktion der Gesamtnachfrage ein, so erhalten wir:

$$x^* = 13000 - 10 \cdot p^*$$

Hieraus errechnet sich die *Gleichgewichtsmenge* x^* im langfristigen Marktgleichgewicht.

Aufgabe Nr. 13

In einem Polypolmarkt arbeiten alle Hersteller mit der Kostenfunktion

$$K = y^3 - 30\,y^2 + 245\,y$$

Die Gesamtnachfragefunktion laute $x = 1700 - 10\,p$. Wieviele Betriebe B trägt der Markt im langfristigen Gleichgewicht ? Ist in diesem Punkt die Nachfrage- oder die Kostenelastizität des einzelnen Polypolbetriebs dem Betrag nach höher ?

o A: B = 155

o B: B = 100

o C: B = 224

o D: der Betrag der Nachfrage-Elastizität des einzelnen Polypolbetriebs ist höher

o E: Keine der Antworten A-D ist richtig

Analog zur Aufgabe 12 gilt auch hier die Bedingung für *langfristiges* Gleichgewicht:

$$K' = k = p.$$

Auch hier erhalten wir die gewünschte Ausbringungsmenge indem wir die durch Ableitung erhaltene Gleichung für *K'* bzw. durch Division durch y erhaltene Gleichung für *k* gleichsetzen. Wir erhalten somit:

$$3y^2 - 60\,y + 245 = y^2 - 30\,y + 245 \qquad \text{bzw.} \qquad 2y^2 = 30\,y$$

Die Gleichgewichtsmenge des einzelnen Betriebes beträgt im sogenannten Betriebsoptimum $y = 15$. Zur Ermittlung der am Markt angebotsfähigen Betriebe B müssen wir zuerst den zugehörigen kostendeckenden Preis p ermitteln, den wir dann in die Nachfragefunktion einsetzen. Dieser Preis ergibt sich als Höhe der Stückkosten im sog. *Betriebsoptimum*. Also:

$$p^* = k = 15^2 - 2 \cdot 15^2 + 245$$

Bei diesem Preis lassen sich insgesamt am Markt

$$x = 1700 - 10\,p^*$$

Stück absetzen. Diese Menge, durch die oben ermittelte gewinnoptimale Menge des einzelnen Betriebs dividiert, ergibt dann die Anzahl der Betriebe, die der Markt trägt. Da es sich um einen Polypolmarkt handelt, ist die Preis-Absatzfunktion des *einzelnen* Betriebs eine *horizontale Gerade* mit Elastizität (minus) unendlich. Während die Kostenelastizität des Betriebs im Betriebsoptimum wegen $\varepsilon_{K,y} = K'/k$ gerade 1 ist.

Aufgabe Nr. 14

In einem COURNOT'schen Duopol hat Anbieter 1 die Kostenfunktion $K_1 = 30$ und Anbieter 2 die Kostenfunktion $K_2 = 50$. Beide stehen der Gesamtnachfragefunktion $x = 30 - p$ gegenüber. Daraus ergeben sich die Angebotsmengen y_1 bzw. y_2, resp. der Marktpreis p^*:

o A: $y_1 = 20$
o B: $y_2 = 15$
o C: $y_1 = 15$
o D: $p^* = 15$
o E: Keine der Antworten A-D ist richtig

Da beide Duopolisten nur *Fixkosten* haben und somit ihre Grenzkosten $K' = 0$ sind, folgt aus dem COURNOT'schen Duopol, das *adaptives* Verhalten von beiden verlangt, daß sich beide wie *Umsatzmaximierer* bezüglich der ihnen restlich *verbleibenden* Marktnachfrage verhalten. Das Umsatzmaximierungs-Verhalten beinhaltet damit jeweils die Lieferung der sogenannten *halben Sättigungsmenge*, da hier gerade gilt:

$$U' = K' = 0.$$

Die Marktsättigungsmenge x_s ergibt sich beim Preis $p = 0$ aus der Nachfragekurve:

$$x_s = 30 - p = 30.$$

Wir können danach die Angebotsmenge der beiden Duopolisten formulieren als:

$$y_1 = ½ \cdot (x_s - y_2) \quad \text{bzw.} \quad y_2 = ½ \cdot (x_s - y_1)$$

Setzt man in dieses Ergebnis $x_s = 30$ ein und substituiert y_2, so erhält man:

$$y_1 = ½ \cdot (30 - ½ \cdot (30 - y_1) = 15 / 1,5$$

Setzen wir diesen Wert entsprechend in die Gleichung zur Bestimmung von y_2 ein, so erhalten wir auch für y_2 den gleichen Wert. Beide Duopolisten beliefern also den Markt mit einem Angebot von:

$$y = y_1 + y_2 = 20$$

Der zugehörige Marktpreis läßt sich nun unmittelbar durch Einsetzen von $x = y = 20$ aus der Nachfragefunktion ermitteln.

Aufgabe Nr. 15

Zwei Duopolisten mit den Kosten $K_1 = 40$ und $K_2 = 30$ sehen sich der Marktnachfrage $x = 18 - p$ gegenüber. Sie realisieren ein COURNOT'sches Duopol. Welche der folgenden Situationen wird (bzw. werden) eintreten ? (Vergleichen Sie die Gewinne !)

o A: Da jeder seine gewinnmaximale Position realisiert, geht es immer so weiter
o B: Anbieter 2 verliert seinen Marktanteil
o C: Anbieter 2 wird schließlich Monopolist
o D: Anbieter 1 wird schließlich Monopolist
o E: Keine der Antworten A-D ist richtig

Wie schon in Aufgabe 14 haben wir hier zwei Duopolisten in einem *adaptiven Duopolverhalten* (= COURNOT'sches Duopol) mit den Grenzkosten $K'_1 = K'_2 = 0$ vor uns, so daß aus dem gewinnmaximierenden Verhalten Umsatzmaximiererverhalten wird. Die Marktsättigungsmenge beträgt im vorliegenden Fall, d.h. beim Preis p gleich Null, $x_s = 18$. Damit erhalten wir analog zu Aufgabe 14 die beiden Gleichungen für adaptives Anbieterverhalten, nämlich:

$$y_1 = (18 - y_2)/2 \qquad \text{bzw.} \qquad y_2 = (18 - y_1)/2$$

woraus sich durch Einsetzen ergibt:

$$2y_1 = 18 - 9 + y_1/2. \qquad \text{bzw.} \qquad y_1 = y_2 = 6$$

und den entsprechenden Marktpreis zu

$$p_c = 18 - 2 \cdot 6 = 6.$$

Jeder der beiden Anbieter erzielt unter den gegebenen Bedingungen einen maximalen Umsatz von 36 ($U = p_c \cdot y_c = 6 \cdot 6$) Die Gewinne der beiden ergeben sich danach zu:

$$G_1 = 36 - 40 = -4, \qquad \text{bzw.} \qquad G_2 = 36 - 30 = +6.$$

Da der erste Anbieter mit den höheren Fixkosten $K_1 = 40$ einen permanenten Verlust von $G = -4$ erleidet, wird er wohl nach einiger Zeit sein Angebot einstellen müssen.

Aufgabe Nr. 16

Der Besitzer eines Lebensmittelladens in einem Wohngebiet verhalte sich quasi wie ein Monopolist, da die nächsten Geschäfte ca. 1 Km entfernt liegen. Unter der vereinfachenden Annahme daß er nur ein einziges Produkt verkauft, ist seine Preisabsatzfunktion im Preisintervall [80, 20] durch $p = 100 - 0{,}3 \cdot y$, seine Kostenfunktion durch $K = 28 \cdot y + 100$ gegeben. Wie hoch ist der COURNOT'sche Preis p_c und wie hoch der Monopolgrad *m*, wenn er den Verkaufspreis *tatsächlich* mit $p = 50$ ansetzt ?

o A: $p_c = 72$
o B: $p_c = 64$
o C: $0{,}43 < m < 0{,}47$
o D: $0{,}51 < m < 0{,}55$
o E: Keine der Antworten A - D ist richtig

Der Anbieter befindet sich in einer monopolistischen Konkurrenz-Situation und bestimmt seinen COURNOT'schen Punkt, d.h. Preis p_c und Menge y_c nach der Gewinnmaximierungsregel des Monopolisten U' = K'. Durch Ableiten der Kostenfunktion nach y erhalten wir K' = 28. Den Grenzerlös U' erhalten wir, indem wir die Preis-Absatz-Funktion mit y multiplizieren und hinterher nach y ableiten. D.h. also:

$$U = 100 \cdot y - 0{,}3 \cdot y^2 \qquad \text{und}$$

$$U' = dU/dy = 100 - 0{,}6 \cdot y.$$

Setzen wir nun U' = K', so erhalten wir:

$$100 - 0{,}6 \cdot y = 28 \quad \text{bzw.} \qquad y_c = 72/6 \cdot 10$$

und durch Einsetzen in die Preis-Absatz-Funktion:

$$p_c = 100 - 0{,}3 \cdot y_c$$

den zugehörigen Monopolpreis p_c. Der Monopolgrad ist allgemein definiert als:

$$m = (p - K')/p$$

Verlangt der Monopolist nun nicht den COURNOT'schen Preis p_c, sondern weniger, nämlich wie hier z.B. p = 50, so ergibt sich durch Einsetzen:

$$m = (50 - 28)/50.$$

Aufgabe Nr. 17

Ein Polypolist arbeite mit der Produktionsfunktion $y = 3\sqrt{(v_1 \cdot v_2)}$. Die Kapazitätsgrenze liege bei 2400 Stück. Die Faktorpreise betragen $q_1 = 4$ und $q_2 = 9$. Welche(r) Verkaufspreis(e) p würden für ihn eine Aufnahme der Produktion lohnend machen, wenn er von Fixkosten in Höhe von F = 1200 ausgehen muß, wie hoch sind hier seine Grenzkosten K' ?

o A: p = 4,50
o B: p = 4,00
o C: K'= 4,50
o D: K'= 4,00
o E: Keine der Antworten A - D ist richtig

Unter dem Gesichtpunkt der *Gewinnmaximierung* bzw. *Kostenminimierung* ergibt sich primär eine Einhaltung der *Minimalkostenregel*, also:

$$y'_1/y'_2 = q_1/q_2.$$

Durch Ableiten und Gleichsetzen erhalten wir:

$$v_2/v_1 = 4/9 \qquad \text{bzw.} \qquad v_2 = 4/9 \cdot v_1.$$

Setzen wir das Faktoreinsatzverhältnis in die Produktionsfunktion ein, so ergibt sich

$$y = 3\sqrt{(4/9\, v_1 \cdot v_1)} = 3 \cdot 2/3 \cdot v_1 = 2 \cdot v_1$$

Berücksichtigen wir das optimale Faktoreinsatzverhältnis auch in der *Kostengerüstfunktion*:

$$K = q_1 v_1 + q_2 v_2 + F \qquad \text{bzw.} \quad K = 4\, v_1 + 9\, v_2 + 1200 = 8v_1 + 1200.$$

Unter Verwendung des obigen Ergebnisses $y = 2 \cdot v_1$ ergibt sich hieraus:

$$K = 4y + 1200.$$

Ermitteln wir hierzu die ***Stückkosten k*** bei der Produktionsmenge y_{max}, so ergibt sich:

$$k = 4 + 1200/y \qquad \text{bzw.} \qquad k = 4 + 1200/2400$$

Der sich für *k* ergebende Betrag muß für eine Produktionsaufnahme auf jeden Fall durch den Marktpreis gedeckt werden. Die Grenzkosten ergeben sich durch die erste Ableitung der gerade ermittelten *Gesamtkostenfunktion*.

Aufgabe Nr. 18

Ein Poypolist, der mit der Produktionsfunktion $y = 3 \cdot \sqrt{(v_1 \cdot v_2)}$ an der Kapazitätsgrenze $y_{max} = 1800$ produziert, hat Fixkosten $F = 1000$. Die Faktorpreise betragen $q_1 = 9$ und $q_2 = 4$. Wie lautet seine *Faktornachfragefunktion* für Faktor 1 die er unter den gegebenen Bedingungen realisiert, wie hoch ist der sich ergebende maximale Gewinn G^* bei einem Marktpreis $p = 6$?

o A: $v_1 = f(q_1) = 3600/q_1$

o B: $v_1 = f(q_1) = 2900/(q_1-3)$

o C: $G^* = 3900$

o D: $G^* = 2600$

o E: Keine der Antworten A - D ist richtig

Unter Einhaltung der *Minimalkostenregel* $y'_1/y'_2 = q_1/q_2$, eingesetzt:

$$v_2/v_1 = 9/4,$$

ergibt sich ein Faktoreinsatzverhältnis von $v_1 = 4/9 \cdot v_2$. Die *maximale* Ausbringung y_{max} verursacht Kosten in einer Höhe, die wir aus der *Kostengerüstfunktion* unmittelbar ableiten können.

$$K = 9 \cdot 4/9 \cdot v_2 + 4 \cdot v_2 + 1000 = 8v_2 + 1000.$$

Setzen wir nun - unter Verwendung der Produktionsfunktion - die sich bei y_{max} ergebende Einsatzmenge des Faktors 2 ein, so erhalten wir:

$$K_{max} = 8 \cdot 900 + 1000 = 8200.$$

Bietet der Polypolist nun typischerweise an der Kapazitätsgrenze an und variiert hierbei der Preis des Faktors 1, so erhalten wir nach der *Minimalkostenregel*:

$$v_2/v_1 = q_1/4 \qquad \text{bzw.} \qquad v_1 \cdot q_1 = 4 \cdot v_2$$

bzw. für die Kosten:

$$K = v_1 \cdot q_1 + 4 \cdot v_2 + 1000,$$

woraus wir erhalten

$$K_{max} = 8200 = 2v_1 q_1 + 1000 \text{ bzw. } 2 v_1 q_1 = (8200 - 1000).$$

Der maximale Gewinn bei einem Marktpreis von $p = 6$ ergibt sich dann zu:

$$G = p \cdot y_{max} - K_{max} = 6 \cdot 1800 - K_{max}.$$

Aufgabe Nr. 19

Die Duopolisten A und B sehen sich der gemeinsamen Preisabsatzfunktion p = 90-x gegenüber. Beide haben die Kostenfunktion K = 40 und verhalten sich im Sinne des COURNOT'schen Duopols. Welchen Marktpreis p_c erzielen sie hierbei? Nach einiger Zeit bemerkt B, daß er einen höheren Gewinn erreicht, wenn er seine sog. Unabhängigkeitsposition wählt (= STACKELBERG'sches Duopol). Welche Menge x_B bietet er an?

o A: $p_c = 30$
o B: $p_c = 45$
o C: $x_B = 45$
o D: $x_B = 30$
o E: Keine der Antworten A - D ist richtig

Die *COURNOT'sche Gleichgewichtslösung* für die beiden Duopolisten ergibt sich analog zum Lösungsgang in Aufgabe 15 zu jeweils 1/3 der Sättigungsmenge x_s, also:

$$y_1 = y_2 = 30 \qquad \text{bzw.} \qquad p_c = 30.$$

Entdeckt nun der *Duopolist B*, daß er eventuell durch STACKELBERG'sche Verhaltensweise einen höheren Gewinn für sich alleine realisieren könnte, so errechnet sich die gewinnmaximale Angebotsmenge y_B^{St} aus einer neuen (linearen) Preis-Absatz-Funktion (PAF) die durch 2 Punkte gekennzeichnet ist: einmal durch Preis und Menge, die sich ergäben, wenn nur der Duopolist A auf dem Markt wäre (= Monopolsituation des A) und den alternativen Preis/Mengen-Kombinationen mit denen A jeweils adaptiv auf B reagiert. Von dieser PAF haben wir bereits den Monopolpreis des A, der sich - wegen fixer Kosten, mithin K' = 0 via halbe Sättigungsmenge - als halber Prohibitivpreis errechnet, also:

$$p_A^* = (90 - 0)/2 = 45$$

Da das adaptive Verhalten des A einen linearen Zusammenhang ergibt (vgl. Aufgabe 15), können wir die STACKELBERG'sche Preis-Absatz-Funktion mit Hilfe eines *zweiten* Punktes bestimmen. Diesen Punkt haben wir oben bereits errechnet (D_{A+B} in der untenstehenden Graphik):

$$p_c = 30 \qquad \text{bei} \qquad y_1 = y_2 = 30$$

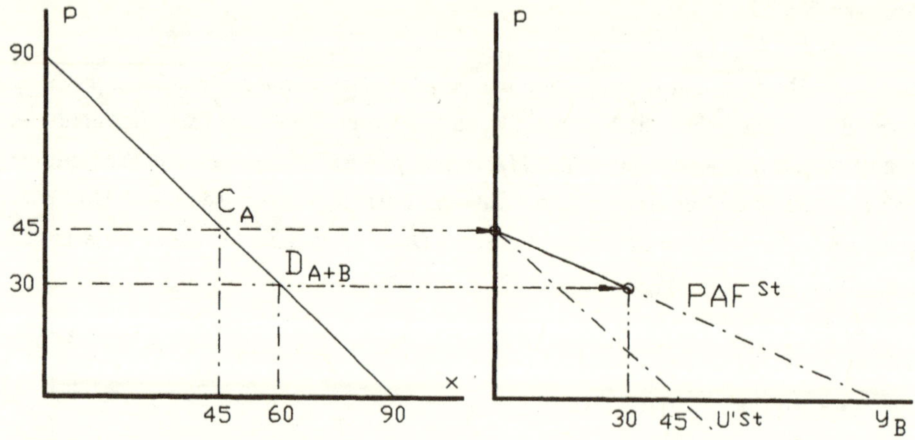

Setzen wir nun diese beiden Punkte in eine sog. *2-Punkte-Form* ein, so erhalten wir die neue "STACKELBERG'sche" PAF des B:

$$p_B^{St} = 45 - (45 - 30)/(0 - 30) \cdot y_B^{St} = 45 - y_B^{St}/2$$

Um zu dieser PAF den zugehörigen Grenzumsatz zu erhalten, multiplizieren wir zunächst die STACKELBERG'sche PAF mit der Ausbringungsmenge y_B, wobei wir

$$U_B = 45y - y^2/2$$

erhalten und hieraus durch Differenzieren den zugehörigen Grenzumsatz:

$$U'_B = 45 - y_B.$$

Der STACKELBERG'sche Duopolist ermittelt hieraus "seine" gewinnmaximale Ausbringung nach der allgemeinen Gewinnmaximierungsregel U' = K' (hier wieder K' = 0).

Somit ergibt sich $y_B^{St} = 45$, d.h. die ***halbe Sättigungsmenge***. A müßte, falls er sich nach wie vor *adaptiv* verhält, daraufhin die Menge $y_A = 0$ ausbringen, was allerdings angesichts der Umstände wenig wahrscheinlich ist.

Aufgabe Nr. 20

Auf einem Polypolmarkt arbeiten alle Anbieter mit der Produktionsfunktion $y = \min(v_1/2; v_2/3)$. Die Faktorpreise betragen $q_1 = 3$ und $q_2 = 5$, die Fixkosten sind $F = 0$. Die Marktnachfrage sei durch die Funktion $p = 600 - 0{,}1 \cdot x$ gekennzeichnet. Wieviele Betriebe B trägt dieser Markt *langfristig*, welcher Gleichgewichtspreis p^* stellt sich ein, wenn jeder Betrieb von Faktor 2 maximal 60 Einheiten einsetzen kann?

o A: 290 < B < 320
o B: 130 < B < 160
o C: $p^* = 21$
o D: $p^* = 25$
o E: Keine der Antworten A - D ist richtig

Im vorliegenden Fall handelt es sich um eine LEONTIEF-Produktionsfunktion, deren effizientes Faktoreinsatzverhältnis sich wie folgt ergibt:

$$y = v_1/2 = v_2/3 \qquad \text{bzw.} \qquad v_1 = 2/3 \cdot v_2$$

Im *langfristigen* Gleichgewicht wird der Marktpreis durch Wettbewerb auf die Kostendeckung der Durchschnittskosten *k* gedrückt. Im vorliegenden Fall ergibt sich aber wegen F = 0:

$$k = k_v = K'$$

d.h. die Kostendeckungsbedingung reduziert sich auf $p^* \geq K'$. Um K' zu ermitteln, bilden wir zuerst die Kostengerüstfunktion:

$$K = q_1 \cdot v_1 + q_2 \cdot v_2 = 3 \cdot v_1 + 5 \cdot v_2$$

und unter Einsetzen des Faktoreinsatzverhältnisses

$$K = 7\, v_2 \qquad \text{bzw.} \qquad K = 3 \cdot 7 \cdot y = 21\, y.$$

Durch Differenzieren der Kostengleichung erhalten wir entsprechend K' = 21. Damit ergibt sich auch der langfristige Gleichgwichtspreis p* mit demselben Wert. Da der einzelne Betrieb von Faktor 2 maximal 60 Einheiten einsetzen kann, ergibt sich damit der maximale Output pro Betrieb zu:

$$y_{max} = v_2/3 = 20$$

Lösen wir die Marktnachfragefunktion nach x auf, erhalten wir:

$$x^* = 6000 - 10p^*$$

Teilt man diese Absatzmenge durch den Maximaloutput des einzelnen Betriebes, so ergibt sich die entsprechende Anzahl *B* von Betrieben, die der Markt langfristig tragen kann.

Drei Jahre Computer-Korrektur

Ein Erfahrungsbericht

Im folgenden soll für interessierte Leser und Leserinnen ein kurzer Bericht über die Erfahrungen mit einem computergestützten Korrektursystem für Multiple-Choice-Aufgaben (MC-Aufgaben) in der Ökonomik gegeben werden, das nun schon mehr als drei Jahre erfolgreich im Einsatz ist. Die Klausuren die mit diesem System bearbeitet werden, sind ausnahmslos im Grundstudium angesiedelt, betreffen aber inhaltlich sowohl Einführungsveranstaltungen, wie auch die Standardklausuren der Mikro- und Makroökonomik, mit einem Jahresanfall von ca. 1300 Klausuren (inklusive der Wiederholungsklausuren).

Wie bereits im Vorwort erwähnt, wurde dieses System eingeführt, um die Probleme einer sehr knappen Personaldecke - insbesondere im Bereich des Mittelbaus - angesichts steigender Belastungen aus der zunehmenden Zahl der Studierenden abzufangen. Durch die Zeiteinsparungen bei den äußerst zeitintensiven Korrekturen im Grundstudium konnte eine Verbesserung des Betreuungsangebots im Hauptstudium erreicht werden. Die Einführung der neuen Methode wurde den Studierenden gegenüber mit dieser Argumentation begründet und von ihnen weitgehend akzeptiert. Zu dieser Akzeptanz trug auch bei, daß in einer Übergangsphase die unvermeidliche Verschlechterung ihrer Chancen in bezug auf die erzielten Noten bzw. Durchschnitte "wohlwollend" in Betracht gezogen wurde. Hierzu war eine Veränderung des Anspruchsniveaus aber bestenfalls in minimalem Umfang nötig, die größte Rücksichtnahme bestand in einer sich über 3 Semester hinziehenden langsamen Anpassung der Aufgabenstruktur (zunächst mehr Rechen- vs. Textaufgaben). Als Konsequenz änderten sich die Durchschnittsnoten sowie Durchfallquoten gegenüber dem alten System nur wenig und sind nach einer Anpassungphase nunmehr sogar etwas besser als vor 3 Jahren, wobei die Prüfkriterien (z.B. "ausreichend" bei 50% der maximal möglichen Punktzahl) nicht verändert wurden.

Die Struktur der Aufgaben (welche Anteile von Rechen-/Logik-/Wissensaufgaben) kann mit dem System grundsätzlich frei variiert werden und erlaubt ein sehr breites Abprüfen des gesamten Stoffes, sowohl hinsichtlich des Stoffumfangs als auch bezüglich verschiedenartiger Anforderungskriterien, was aus Sicht der Lehre pädagogisch durchaus erwünscht sein dürfte.

Die Fragen-Datenbank ist mittlerweile hinreichend groß, wird aber mittels geeigneter Kontrollstatistiken weiter gepflegt und auch noch erweitert. Im Schnitt sehr schlecht beantwortete Fragen werden daraufhin überprüft, ob das sich darin spiegelnde Anspruchsniveau bewußt gewollt ist oder ob es sich nur um ungeschickte Formulierungen handelt, die dann entsprechend verbessert werden. Durch die vorgeschriebene Zweitkorrektur wird dieser Aspekt darüberhinaus einer steten Prüfung unterzogen, so daß diese typische Gefahr von MC-Klausuren einer effektiven Kontrolle unterliegt.

Die Studierenden werden angehalten, in der Klausur zuerst den ca. 10-seitigen *Aufgaben*bogen zu beantworten, der z.B. in Mikroökonomik knapp 50 Aufgaben enthält, indem die für richtig befundenen Lösungen auf diesem Bogen (vor-)markiert werden. Erst in den letzten 10 Minuten der Klausurzeit sollen sie diese Ergebnisse auf das maschinenlesbare *Lösungs*blatt übertragen (Vgl. Anhang zu diesem Bericht). Dieser Übertrag sollte eigentlich nur noch rein mechanisch sein und nicht nocheinmal zum Überdenken der Fragen führen. Leider lassen sich manche Studierende jedoch hierzu verführen, was in Extremfällen sogar die ganze Klausur gefährden kann. Manche greifen dann zu dem Mittel, den Lösungsbogen mittels TippEx zu korrigieren (was nicht zulässig ist), oder verlangen einen zweiten (manchmal auch einen dritten) Lösungsbogen. Diese Fälle beschränken sich jedoch auf maximal 5% der Teilnehmer und Teilnehmerinnen.

Wir arbeiten an einem vereinfachten Verfahren, diesem Problem dadurch beizukommen, daß die zweite, dritte oder auch vierte Spalte als *zusätzliche* Lösungsspalte zugelassen (was bei weniger als 50 Fragen gut möglich ist, vgl. Lösungsbogen am Ende) und entsprechend ausgewertet wird, wenn in den(r) vorausgehenden Spalte(n) *alle* Möglichkeiten markiert wurden. Da das Lesegerät grundsätzlich alle 200 Aufgaben einliest, ist auch die Auswertung mit dem Computer kein Problem.

Mit wachsender Gewöhnung der Studierenden an diese Prüfungsmethode ergibt sich ein Lerneffekt, der die Zahl der Problemfälle zunehmend reduziert. Zu diesen zählen typischerweise:

- keine (oder fehlerhafte) Markierung der Matrikelnummer
- keine Markierung der verwendeten Klausur-Version

Diesen Problemen begegnet man am besten dadurch, daß man alle Lösungsbögen *vor* dem Maschinenlesevorgang einmal in Augenschein nimmt, solange Aufgabenblatt (es trägt Versionsnummer und Namen) und Lösungsbogen physisch noch zusammenhängen. Da die Matrikelnummer immer zusätzlich von Hand auf den Lösungsbogen geschrieben wird, kann man eine Fehlkodierung dadurch notfalls korrigieren. Als die beste Lösung für das Problem unkorrekter Matrikelnummern erwies sich jedoch die Vorkodierung des Lösungsbogens mit Hilfe des Laserdruckers, d.h. die Beschriftung des Lösungsblattes mit den identifikationsrelevanten, bei der Prüfungsanmeldung von den Studierenden angegebenen persönlichen Daten (Name, Fach, Matrikelnummer), die relativ gut automatisiert werden konnte. Diese Sicherheitsmaßnahme wird nur dann hinfällig, wenn Studierende nacheinander mehrere Bögen anfordern und dann in Zeitnot geraten, weil sie nach einem Fehler die Kodierung des Lösungsbogen immer wieder von vorne beginnen.

Die bisherigen Erfahrungen bestätigen immer wieder, daß eigentlich nur die "Erstlinge" in bezug auf dieses System Schwierigkeiten haben und auch hier nur ein gewisser Prozentsatz. Potentielle Probleme lassen sich auch dadurch in Grenzen halten, daß in den letzten Stoffstunden zu der betreffenden Klausur der Lösungsbogen anhand einer Overhead-Folie besprochen wird oder zum Bestandteil eines Skripts gemacht wird (vgl. Anhang)

Durch verschiedene Kontrollverfahren sind wir auch in der Lage, die tatsächlich vom Prüfling bearbeitete Klausurversion (wir verwenden meist drei) zu identifizieren. Stimmt diese nicht mit der angegebenen überein, kann man eine Nachkontrolle einschalten, die dann aufdeckt, ob der Kandidat oder die Kandidatin einfach die Lösungen nach dem Bogen eines anderen Teilnehmers kopiert hat. Ein ebenfalls vorhandener Sitzplan ermöglicht einen weitestgehenden Nachvollzug des zustandegekommenen Ergebnisses.

Studierende sind bekanntlich sehr erfinderisch, was die Ökonomisierung des Lernaufwandes zum Bestehen der Prüfung anbelangt. Viele (zu viele !) konzentrieren sich eher darauf, die richtige Lösungsnummer einer Aufgabe zu memorieren, als sich die richtige Lösung durch *Verstehen* von Zusammenhängen zu erarbeiten. Eine besonders moderne Version dieses Memorierens ist die Nutzung einer kleinen elektronischen Datenbank, wie sie z.B. für Telefonnummern im Handel und auch von den meist erlaubten Taschenrechnern kaum zu unterscheiden sind. Man gibt dann die ersten Buchstaben der Textaufgaben ein und programmiert außerdem die richtigen Lösungsnummern. Zwar kann man bei dem hier vorgestellten Verfahren natürlich für jede Klausur auch den Wortlaut hinreichend ändern, um dem entgegenzutreten, ein viel einfacheres Gegenmittel, das demnächst bei uns Einzug halten wird, ist jedoch, nicht nur die hier vorgestellten fünf Lösungen parat zu haben, sondern etwas mehr, aus denen dann der Computer zufällig auswählt und durch Permutation immer wieder neue Konstellationen schafft. Den Studierenden wird deshalb empfohlen, lieber gleich den richtigen Weg zu wählen (d.h. den Stoff zu verstehen), weil der Versuch der "Abkürzungen" sich letztlich nicht lohnen wird.

Das hier vorgestellte Verfahren zeigt seine Effizienz erst so richtig, wenn eine hinreichend große Datenbank für Fragen existiert (ab ca. 200 Fragen). Der hierfür erforderliche intellektuelle Input muß aber nicht in einem Zug erbracht werden, sondern kann kumulativ über mehrere Jahre erfolgen. Beim ersten Einsatz genügt es, soviel Fragen zu erzeugen, wie die Klausur haben soll. Diesen Input hat man bei Standard-Klausuren ohnehin, wenn man davon ausgeht, die Teilaufgaben traditioneller Klausuren zu MC-Aufgaben umzufunktionieren. Was als neuartige Aufgabe auf die Prüfer zukommt, ist eine gewisse Umgewöhnung auf die Art der (MC-bezogenen) Fragestellung, für die man aber auch im Laufe der Zeit zunehmend Kompetenz erwirbt. Beim ersten Mal mag es besonders angeraten sein, die Aufgaben zunächst in einem größeren Kreis zu diskutieren, um die größere Sensitivität dieser Aufgabenart in bezug auf den Wortlaut zu berücksichtigen (manche Aufgaben können, je nach "Perspektive", so oder so aufgefaßt werden, man selbst entdeckt zunächst aber nur eine Lesart).

Es ist natürlich trivial, hier zu sagen, daß der Aufgabentext und die hierzu generierten Lösungen sowohl jeweils für sich, als auch im Kontext untereinander *eindeutig* sein müssen. Sollte jedoch einmal bei einer Aufgaben dieses Ziel doch verfehlt worden sein, so bietet sich eine einfache Lösung an: Man nimmt die für die mißglückte Aufgabe angesetzte Punktzahl aus der Bewertung heraus und setzt die für das Bestehen der Klausur definierte Punktzahl entsprechend herab. Durch die Erfolgskontrolle des durchschnittlichen Abschneidens je Aufgabe hat man darüber hinaus einen guten Hinweis darauf, inwieweit einzelne Aufgaben möglicherweise unsaubere oder unklare Formulierungen aufweisen.

Liegt die Aufgaben-Datenbank vor, so ergibt sich der Arbeitsaufwand für eine MC-Klausur mit ca. 300 Teilnehmern zu *insgesamt* ca. 7-8 Stunden. Dieser Zeitaufwand setzt sich etwa wie folgt zusammen:

- 0,5 - 1 Stunde für die Selektion der Klausuraufgaben inklusive Ausdruck der Aufgabentexte für mehrere Versionen,
- 3-4 Stunden für das Kopieren/Heften der Klausur-Aufgaben-Bögen (ca. 3000 Blatt)
- ca. 1,5 Stunden für das Überprüfen der Korrektheit der ausgefüllten Lösungsbögen
- weitere 1,5 Stunden für einen *zweifachen* Lesevorgang des Lesegeräts.
  (den Rest - Ausdruck aller Listen bzw. Scheine - erledigt der Computer)

Spart man sich die manuelle Überprüfung der Lösungsbögen, bleibt das Lesegerät bei jedem inkorrekten Bogen stehen. Der fehlerhafte Bogen muß dann herausgenommen und entsprechend behandelt werden, worauf der Lesevorgang wieder gestartet wird. Diese Vorgehensweise weist jedoch ein höheres Maß von Störgrößen auf, so daß man dabei letztlich mehr Zeit benötigt als mit der sorgfältigeren Vorkontrolle. *Vereinzelte* Unterbrechungen lassen sich auch bei der genannten Kontrolle nie völlig vermeiden, jedoch ist der Gesamtarbeitsablauf hierbei wesentlich flüssiger.

Zusammenfassend ist festzuhalten, daß die Bearbeitung einer derartigen Klausur i.d.R. in insgesamt einem Tag von 1 Person zu schaffen ist. Dies dürfte gegenüber dem Gesamtzeitaufwand einer Standardklausur eine erhebliche Zeitersparnis sein, die für die Lehre oder auch Prüfaufgaben im Hauptstudium eingesetzt werden kann. Alternativ könnte sie auch für eine dichtere Erfolgskontrolle schon im Zuge des Vorlesungs- und Übungsbetriebs mithilfe desselben Verfahrens verwendet werden, um so Verbesserungen des Lehrerfolgs herbeizuführen.

Nachdem wir im Institut für Sozialforschung nunmehr seit mehr als drei Jahren mit diesem System erfolgreich arbeiten, obwohl die hierzu benötigten Software-Komponenten noch ergonomische Defizite aufweisen und auch noch nicht optimal aufeinander abgestimmt sind, möchten wir es nicht mehr missen. Die Akzeptanz des Systems auf Seiten der Studierenden dürfte im wesentlichen dadurch gewachsen sein, daß das Prüfsystem transparent ist und im Grunde zu keinen schlechteren Ergebnissen geführt hat, als das traditionelle System. Die "didaktischen" oder pädagogischen Implikationen in bezug auf die Breite des Stoffs werden ebenfalls ohne größeres Murren ertragen, von vielen sogar als "richtig" vermerkt oder wenigstens als ausbildungs-logisch toleriert. Die Einbeziehung der Studierenden in die, aus den gegebenen Sachzwängen abzuleitenden "Not"-Maßnahmen mittels ausführlicher Informationen ist allerdings ratsam. Wenn durch die Offenlegung der Sachverhalte jedoch klar wird, daß das MC-System nicht nur Schattenseiten hat, sondern auch Vorteile aufweist, wie etwa die Verbesserung der Betreuung im Hauptstudium, ziehen die Studierenden meist am selben Strang. Dies zu erreichen, ist sicherlich eine ganz wesentliche Vorbedingung, damit das Verfahren auch das leisten kann, was es im Sinne einer Effizienzsteigerung des Prüfungswesens leisten soll und muß, sollen die Unversitäten in der derzeitigen Situation nicht an der Überfüllung ersticken.

Sachregister:

Allokation 45

AMOROSO-ROBINSON-Relation 39, 76, 81, 163-165, 167, 168, 175, 207

Angebot 15, 45, 75, 77, 85, 167, 190, 205, 206, 230, 231, 234

Ausgabenfunktion 39, 81

Axiome 64

Band-Wagon-Effekt 61

Bogenelastizität 37, 78, 80, 86,204

Börsenkurs 85

BOWLEY'sches Duopol 171, 172, 199

CES-Produktionsfunktion 118

COBB-DOUGLAS-Funktion 92, 94, 96, 97, 112, 114, 116, 118, 120, 126, 127, 131, 135, 137, 138, 141, 154, 187, 191-193, 200, 201

COURNOT'sches Duopol 166, 172, 199, 231, 166, 171, 172, 190, 199, 230, 231, 235

Durchschnittskosten 11, 98, 99, 106, 124, 125, 128-130, 134, 135, 151, 153, 196, 205, 228, 237

- variable - 106, 128, 135

Durchschnittsproduktivität 114, 133, 144

EDGEWORTH 17, 23, 49

EDGEWORTH-Box 17, 23, 49

Effizienz 109, 143, 242

Einkommen 11, 16, 24, 28-31, 38, 45-48, 55, 60, 62, 63, 69-71, 86, 119

Einkommens-Konsum-Kurve (EKK) 11, 29, 30, 70, 72, 101, 119

-effekt 32, 50

-elastizität 16, 28, 30, 31, 39, 43, 46-48, 55, 71, 78, 86

Elastizität 37,43

ENGEL 30, 31

Engelkurve 29, 30, 43, 55, 69, 71, 72,

Ertragsgesetz 90ff, 102, 111, 112, 114, 117, 127, 133f, 149, 191f, 201, 211, 218

Expansionspfad 101, 102, 118, 119, 123, 126, 127, 132, 133, 143, 194

externe Konsumeffekte 60ff

Faktor-

-kombination 89, 105, 109

-nachfrage 148, 158, 191, 194

- kurve 101, 119

Fixkosten 11, 90, 98f., 103, 122, 123, 125, 128, 130, 135, 146, 148, 151, 153, 154, 156, 159f, 169, 174, 175, 179, 182, 188ff, 197f, 200ff, 213ff, 230ff, 237

Geldillusion 60

Gesamtkostenfunktion 97, 125, 152, 217, 225, 233

Gesamtkostenkurve 98, 124, 125, 136, 160, 218
Gewinn 11, 163, 169, 171, 173, 175, 177ff, 182f, 188ff, 196, 198, 200ff, 211, 221, 234f
GIFFEN 28, 50
Gleichgewicht(s) 20, 40f, 45, 110, 166, 181f, 190, 195, 205f, 211f, 227ff, 237
kurzfristiges - 205
langfristiges - 205, 211, 229
- preis 75, 77, 185, 197, 224, 228
- kurs 85
GOSSEN 20, 22, 26, 53, 58
Grenz-
-ausgabe 31, 39, 81, 84
-ertrag 113
-betrieb 196, 198
-kosten 11, 97ff, 103, 106, 124f, 128ff, 134ff, 149, 152, 153, 156, 163, 165ff, 169ff, 177, 181ff, 186, 188ff, 195ff, 201ff, 207, 211f, 220ff, 227f, 230f,
-kostenkurve 98f, 130, 136, 149, 178, 182f, 197, 218, 227
-nutzen 20, 22, 25f, 54, 57f, 67
-produktivität 91, 105, 109, 114, 132f, 133, 137, 138, 184
-rate der Substitution (GRS) 17, 22f, 25, 41, 45, 51f, 54, 57f, 101,110
-rate der Transformation (GRS) 41, 89,101, 107, 109, 110
GRS 24f, 29, 40, 45, 49, 70, 89, 92
GRT 89, 93, 110
GRtS 41, 89, 92f, 100, 101, 105, 107, 109, 116ff, 141
Gut 15f, 18f, 21f, 27f, 30, 42, 46-50, 56, 59, 61, 67, 69, 72f, 79, 81f, 98, 108, 126, 167, 174, 176, 209f, 224, 240f
inferiores - 28, 32, 46

Handelsoptimum 89, 109, 110
Haushaltsoptimum 25f, 29, 40, 45, 54, 58, 67f, 79, 100f, 105
homothetisch 93, 126

Indifferenz 19, 44
-kurve 17, 23, 25, 29, 33, 41, 51f, 54, 56ff, 70, 89, 100f, 119, 155
isoelastisch 35, 43, 59, 79, 93, 103, 115
Isokostenlinie 119, 126
Isoquante 89, 92ff, 96, 100f, 109, 112, 116ff, 141, 191ff
JEVONS 53

Konkurrenz 165, 176, 207, 232
Kontraktkurve 17, 23, 49
Konvexität 24, 51, 52
Kosten 23, 98f, 101ff, 105, 111, 123f, 130, 163, 173, 179, 182, 184, 186, 188ff, 196, 205, 211, 212, 220, 226, 231, 234f

Kosten-
- elastizität 103
- funktion 90, 173
- gerüstfunktion 90
Kreuzpreiselastizität 36

LEONTIEF 92, 95ff, 112, 114, 116ff, 121, 126, 131, 134ff, 138, 143, 145, 150, 159, 187, 191ff, 197, 200, 211, 225, 237

Markt 15, 42, 61ff, 74ff, 79f, 164, 166, 171ff, 177, 180, 185f, 195f, 199, 202, 205, 207, 209f, 213, 224, 227, 229f, 235, 237
-gleichgewicht 40, 195ff, 202,
-preis 15, 99, 164ff, 172, 184, 186, 189, 198f, 202, 208, 213, 219, 225f, 227, 230, 231, 233ff, 237
Mengenanpasser 183, 186, 201, 208
MENGER 53
Minimalkostenkombination 100, 101, 105, 119, 123, 142, 147, 154, 156, 158
Mitläufereffekt 61f
MKK 102, 141, 147, 148
Monopol 166, 168ff, 174ff, 189, 194, 207
-grad 11, 165, 202, 207, 222, 232

Nachfrage-
-funktion 38, 60, 83

Nachfrage-
-kurve 33ff, 40, 42, 59, 74ff, 81, 119, 164, 176, 185, 203, 204, 206, 208f, 213, 230
-überhang 77

Niveau-Grenz-
-Ertrag 91
-Produktivität 91, 132, 137, 138
Nutzen 11, 19, 26, 44, 53, 198
-funktion 25, 29f, 33, 43, 53, 58, 64, 67ff, 73, 79, 155
-index 53, 58, 64

Offer-curve 59
Oligopol 171, 173, 194, 202, 212

PAF 11, 208, 235, 236
PARETO 17, 23, 45, 49, 53, 89, 109
-Optimum 17, 49
PKK 11, 33, 119
Poypol 178, 180ff, 197ff, 208, 217
Präferenz 19, 64
-ordnung 18, 44, 60
Preis-
-Absatz-Funktion (PAF) 164, 176, 178, 208, 223, 235
-elastizität 28, 34ff, 39, 43, 76, 78, 80f, 83f, 163, 165, 168, 175
-Konsum-Kurve 33, 35,59
-vektor 40, 45
Produktions-
-elastizität 114, 131, 133, 144

Produktions-
-funktion 90-97, 102ff, 111-118, 120-124, 126f, 130-138, 141-148, 150, 154, 156-159, 183, 187, 191-194, 197, 200f, 207, 211, 226, 233f, 234, 237
-möglichkeiten-Kurve 110
-optimum 108
-theorie 100, 101, 119, 143, 192
Prohibitivpreis 34, 78f, 168, 213, 223, 235
Produktivität 105, 133, 137
Punktelastizität 71, 78, 81, 86, 208

Randoptimum 25, 54, 58, 100

Sättigung 20, 51
-(s)menge 64, 77
Skalen-
-elastizität 91, 93f, 96, 103, 104, 112, 115, 120, 127, 130-135, 137, 145, 200
-faktor 115
Snob-Effekt 62f
STACKELBERG'sches Duopol 166, 171, 199, 235

Stückkosten 11, 97-99, 103, 106, 124, 125, 128f, 149, 152-154, 156, 160, 163, 169f, 174, 181-183, 186, 188f, 195-198, 205, 211, 213, 217f, 225, 228f, 233

Substitution(s) 11, 17, 22f, 25, 40, 41, 45, 49, 51f, 54, 56-58, 69, 72, 79, 89, 92f, 95, 100f, 105, 107-110, 116, 118, 120, 138, 141, 146
periphere - 138
-effekt 32, 50, 56

Tausch 23, 49, 206
Transformationskurve 41, 89, 93, 107, 110, 155
Transitivitätsaxiom 64

Ursachenabschnitt 34, 37
Umsatzfunktion 76

VEBLEN 61
Verbrauchsfunktion 122

Walras 53
Wertgrenzprodukt 184
Wirkungsabschnitt 34, 37

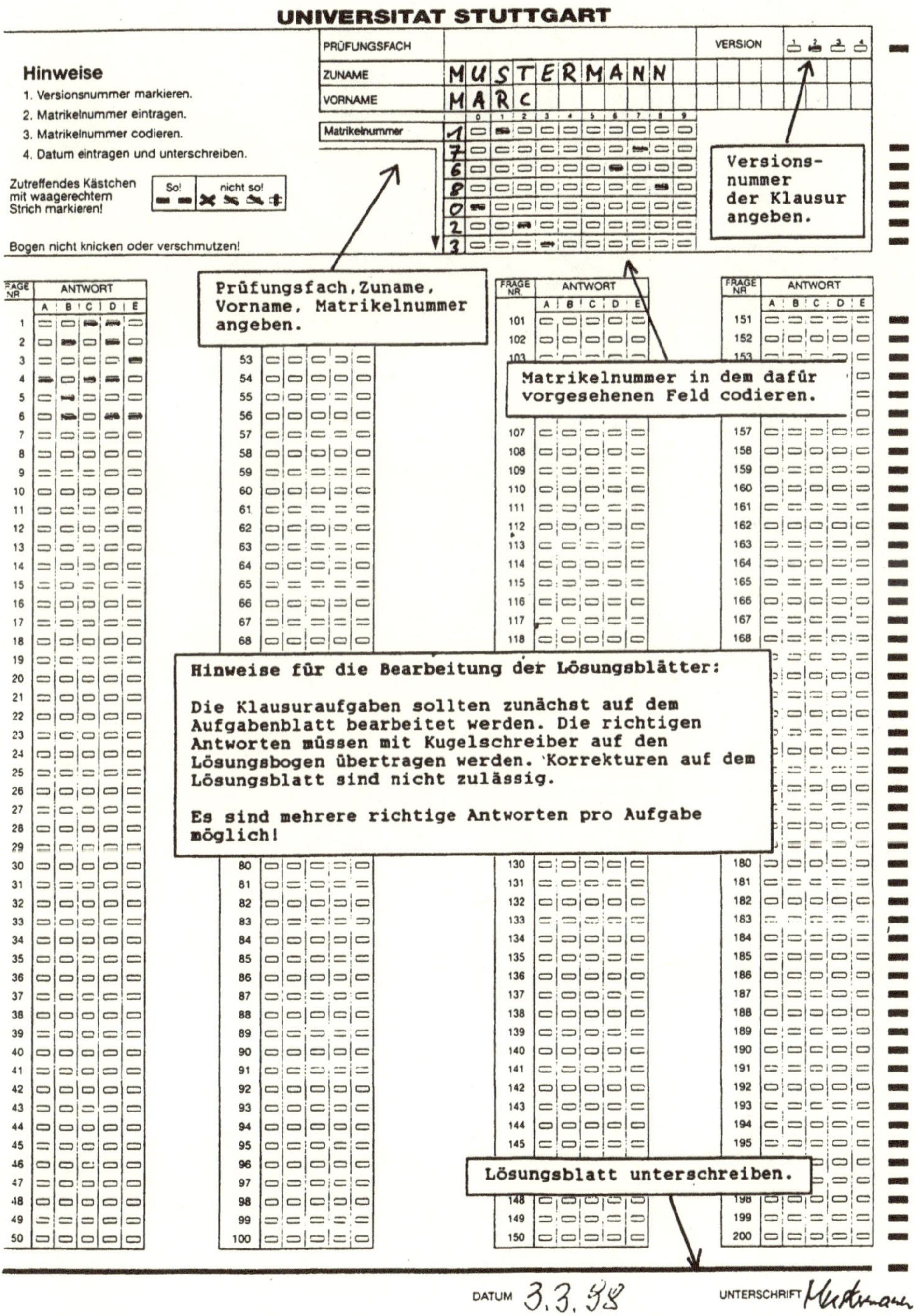

UNIVERSITAT STUTTGART

Hinweise

1. Versionsnummer markieren.
2. Matrikelnummer eintragen.
3. Matrikelnummer codieren.
4. Datum eintragen und unterschreiben.

Zutreffendes Kästchen mit waagerechtem Strich markieren! So! nicht so!

Bogen nicht knicken oder verschmutzen!

PRÜFUNGSFACH

ZUNAME MUSTERMANN

VORNAME MARC

VERSION 1 2 3 4

Matrikelnummer 1768023

Versions-nummer der Klausur angeben.

Prüfungsfach, Zuname, Vorname, Matrikelnummer angeben.

Matrikelnummer in dem dafür vorgesehenen Feld codieren.

FRAGE NR. ANTWORT A B C D E

Hinweise für die Bearbeitung der Lösungsblätter:

Die Klausuraufgaben sollten zunächst auf dem Aufgabenblatt bearbeitet werden. Die richtigen Antworten müssen mit Kugelschreiber auf den Lösungsbogen übertragen werden. Korrekturen auf dem Lösungsblatt sind nicht zulässig.

Es sind mehrere richtige Antworten pro Aufgabe möglich!

Lösungsblatt unterschreiben.

DATUM 3.3.98 UNTERSCHRIFT Mustermann

www.ingramcontent.com/pod-product-compliance
Lightning Source LLC
LaVergne TN
LVHW042237300926
849161LV00003B/383